書系緣起

早在二千多年前，中國的道家大師莊子已看穿知識的奧祕。莊子在《齊物論》中道出態度的大道理：莫若以明。

莫若以明是對知識的態度，而小小的態度往往成就天淵之別的結果。

「樞始得其環中，以應無窮。是亦一無窮，非亦一無窮也。故曰：莫若以明。」

是誰或是什麼誤導我們中國人的教育傳統成為閉塞一族？答案已不重要，現在，大家只需著眼未來。

共勉之。

微權力

The End of Power

From Boardrooms to Battlefields and Churches to States, Why Being In Charge Isn't What It Used to Be

摩伊希斯・奈姆　著　Moisés Naím　陳森　譯

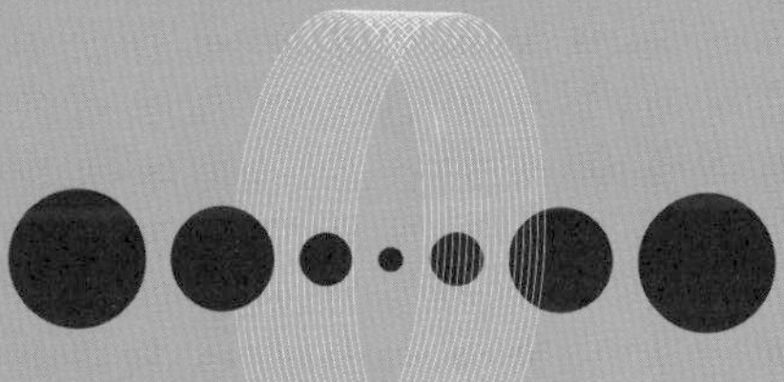

推薦序

由「歷史終結」到「權力終結」！

南方朔

人類小到個人、大至區域、國家、社會和社區，公司或團體，都有它的意志，要使它的利益極大化。這種意志就是權力的源起，因此我們可以說，整個人類史一大半就是部權力史。人類的生存競爭，對他者的支配、侵略、奴役或戰爭，遂不斷周而復始地上演。而有支配，必定有反支配，有侵略就會有反侵略，這種正反兩股力量的爭逐，就是政治，也是歷史！

由於歷史乃是正反兩股力量的永恆交會，所以權力的戲劇永遠不會停歇，但在某個階段，若最大的權力主宰了秩序，就會使反向的權力暫時止息，形成穩定的局面。就以一九九〇年代為例，由於俄國勢衰，美國獨大，於是美國論者遂有了「歷史終結」的幻想。所謂「歷史終結」乃是說歷史的舞台只剩一種價值，一種權力，不再有正反兩種力量對立的頡抗。法蘭西斯．福山為了合理化美國霸權而提出的「歷史終結論」大概維持了十年左右。而到了現在，已被摩伊希斯．奈姆（Moisés Naím）的「權力終結論」所取代。如果說「歷史終結論」是在替美國的權力獨大找理由，那麼「權力終結論」就是顯示了美國的徬徨，美國權力獨大並沒有給美國及美國人民帶來更大的利益與福祉，反而加速了美國的衰退感、無力感及人們對政經的不滿。由「歷史終結論」到「權力終結論」，乃是通俗評論界的強大轉折！

近年來研究國際政治及全球各國內政的早已發現到，從二十一世紀起，人類已進入了新的巨變年代。

最大的變化乃是「強權遊戲」的規則已變。二十一世紀初，美國相信美式民主及美式資本主義已成了「大美帝國統治下的和平」（Pax Americana）下世界的唯一標準，這乃是「歷史終結論」的核心。但美國獨大卻使得美國獨斷獨行，在南亞中亞的阿富汗、在中亞的伊拉克、在北非的利比亞、在東非的索馬利亞、在中亞的敘利亞大動刀兵，美國樂觀的相信可以因此征服全世界。但美國料想不到的，卻是因此而激發廣泛的武力反抗潮，各國的反抗民兵已懂得從事「絕對不對等的反抗式戰爭」，利用他們的弱裝備面對美國的強裝備，使得美國付出了慘痛代價。這是一九六〇和七〇年代越戰經驗的再現。尤其是敘利亞和伊拉克的伊斯蘭國反抗民兵面對美國的巡弋飛彈及無人轟炸機，反而越打越強，阿富汗神學士民兵也屢屢有斬獲。更重要的是，美國的霸權以前可以掩蓋事實，任意操弄世界輿論，但這種伎倆，各國現在已經學會；美國意圖利用敘利亞反抗軍濫行使用化學武器，嫁禍給敘利亞政府軍，這種謊言詭計就被俄國揭穿，美國在阿富汗濫炸傷及平民，也被爆料。這些發展已使得美國在行使絕對優勢的軍事權力時不能再肆無忌憚，也使得世界強權有了更多制衡。在世界範圍內軍事強權已不像以往那麼得心應手。近年來美國的強勢作風頗受到國際社會反對，美國內部因而出現了「美國霸權沒落論」，但美國霸權其實並未沒落。美國的軍事權力仍是世界上的獨大獨強，但是今天的世界對於強權獨斷獨行，對人類的平等福祉並未做出任何貢獻，只是帶來更多災難，已有所覺悟並開始反對，遂使得強權限制增多。強權不能隨心所欲，乃是世界變了，強權卻未變。

除了世界對強權有了更多覺悟外，近代各國內政也有了巨變。從十八世紀以來，政黨民主和自由資本主義隨著西方勢力擴張已成了普世信念。理論家也相信政治權力的自由競爭可使政治臻於相對的至善。但從二十世紀後期開始，人們已發現自由民主並非如此，政黨的競爭會造成它們向平庸集中，政客只要選票，並不會致力於問題改善。但人們對政治的期望和要求並不會減少。於是人民對政府政黨的不信任增多，英國廣播公司曾委託蓋洛普做了調查，人民對政府不滿的高達百分之六十五，美國也達百分之六十。由於人民對政府不滿，政府動輒得咎，所以近年來政治理論家已出現了「民主政治超載論」及「過多元主義」的「民主癱瘓論」；最值得注意的，乃是一九九〇年代後，由於網際網路的發達，到了所謂「電訊民主」的時代，人們已可透過電腦和手機來表達不滿及展開不滿動員，這使得政府的政權能力更為下降；從此政黨及國家更加受制於公司財團，更加向富人傾斜，而對最根本的所得分配、貧富不均則無所指責。這乃是美國人民的不滿會高昇、爆發占領華爾街運動的原因。占領華爾街運動乃是人民對政治和體制不滿到了極致，人民對政府政黨的權力不信任到了最高點。根據最新的研究，歐美人民對所有的公共性權力，如政府、議會、教會、工會都不再相信，超過百分之六十的人表示，人只能相信自己和家人。近代公共權力的無能和不再使人相信，已徹底改變了人們的時代心靈！

由於主流的權力秩序在二〇一四和一五年已在歐洲出現巨變。從前的主流政黨開始式微，激進的新黨和小黨開始竄起。希臘的「激進左派聯盟」取得了政權，法國的「國民陣線」和英國的「獨立黨」成為第三大黨。重大問題已不能靠議會決定，而必須溢出代議政治，用公民投票來決定，而這些新興勢力已不再親美，反而是親俄。最近最突兀的變化，就是英國執政的保守黨開始脫美親中，保守黨政府不理會美國的警告，奉先加入中國的「亞投行」。英國女王伊莉莎白二世也高規格邀請中國領導人習近平訪英。最近加拿大大選，自由黨的小杜魯道大勝。他就是北美第一個親中政黨。歐美方面，由於美國的獨斷獨行，已開始親俄親中，整個歐美的主流權力體系開始出現地動山搖。它已成了美國權力界最熱的話題。

因此，二十一世紀的現在，乃是個全球權力結構、權力關係和權力行為已發生重大變化的時刻，特別是以美國為主軸的部分變化最大。由於摩伊希斯・奈姆乃是《外交政策》總編輯，他的工作性質就是觀察和分析美國公私領域的權力變化。因此他對當今世界各種權力體的消長，當然在資訊和趨勢上，都有很清楚的掌握，由知識理論的觀點來看，這種權力的變化可說是權力問題已出現「典範轉移」。奈姆很準確地掌握到了權力本質的改變節奏。對於權力本質、權力關係和權力行為的變化，奈姆其實並不是先覺者。近代的領導學早就注意到當代權力者所面對的挑戰日增，並早已提出了警告。學者們認為，舊式的權力行為之所以式微，最主要的原因乃是舊式的共識已不合時宜，所以權力行為所產生的孔隙，才日益被新的參與者占領。因此對於主流的權力角色，它們必須致力於創造新共識；另外則是當代社會學家也強調，權力結構出現危機，顯示出權力主宰者已需要開始大轉型。至於一九八〇年代西方即出現了「政治批判理論」，在批判理論中有一個支派叫做「危機理論」，在該理論中，更強調當代已需要對左右意識形態展開大整合。由以上的概要敘述，人們當知道權力出現危機，新的另類權力崛起，這已是個老問題。奈姆的這本《微權力》只不過是本綜合性、更切合時宜的新著作而已！

《外交政策》雜誌乃是美國主要的政策研究刊物，它從美國的觀點看世界，捍衛美國的核心利益。因此在這美國霸權面臨挑戰的時刻，這份雜誌及他的工作者自然格外敏銳，而對權力的萎弱知所警惕，也希望美國能重建信心，在權力的運作上能有所改革。只是奈姆乃是主流圈的人物，他能準確看出權力的變化趨勢，而在如何改革這一點，他卻弱了一點。因此當我們在拜讀此書時，最好將它視為權力發展的大趨勢之書，至於如何改善改革，每個人應保留自己的主觀判斷。就我個人而言，我認為美國主宰世界已久，無論對美國外部或內部已告嚴重的僵化，這乃是它的權力運作出現危機的真正原因。若要改變，美國在內部已需民主深化，建立更參與的民主；至於對外，美國則應改變它窮兵黷武的權力風格，致力於世界和平；特別是美國在資本主義體制上更需要大改革。當權力能公平，能參與，能增進人類的福祉，這種權力就永遠不會終結！

譯者序

權力變革的時代來臨，你準備好了沒有？

陳森

這厚厚幾百頁的書，內容其實只有一句：理解如何獲取、維持及喪失權力。

或許你說，我不會追權逐利；什麼權力不權力，老子不屑一顧，落得逍遙自在。

對不起，我會說，你錯了。

不論你有否注意，也不論你是否願意，如法國哲學家傅柯（Michel Foucault）所說：「權力無所不在。」即是，不論你有否注意，也不論你是否願意，自出生到死亡，你一直身處權力的漩渦。

權力是什麼？

如《微權力》此書列出：哲學家亞里斯多德認為，權力、財富及友誼是構成人快樂的三項元素。人類在個人層面會本能地追求權力，統治者會本能地鞏固及擴大自己的權力範疇，這前提幾乎已是哲學界的共識。十六世紀時，馬基維利在治國之道入門的《君王論》表示，奪取領土及政治權力「的確是人之常情，且非常普遍，人們在其能力範圍內必然會這樣做。」十七世紀的英國哲學家霍布斯在其探討人類本性及社會的經典作品《利維坦》中進一步解說：「吾以為人類第一之共通欲望，厥唯貪權，得一更求其二，死而後已。」兩百五十年後，尼采於一八八五年藉其《查拉圖斯特拉如是說》中英雄主角之口：「只要我看到有生命的地方，我就找到權力控制的慾念。就是在奴僕的慾念中，我也會找到當主人的慾念。」

而本書對權力提出的定義是：「權力是指揮或阻止其他團體或個人在當下或未來採取行動的能力，換言之，權力是我們施加給他人，引領他們去做原本不會做的行為。」

對筆者而言，權力，是定階級、定高低：有權力者在上、無權力者在下，在上者可指揮在下者。不過，這個在上在下的階級並非單一、固定的。一個人在某一圈子是高位、到了另一圈子可變成低位；例如一個爸爸在公司可能是低層，但在家是高位。同時，就算在同一圈子，這個階級高低也可以起微妙的變化；而巨大的變化，大家耳熟能詳：每次的政治革命，目的就是改變原有的階級。

自有人類歷史以來，權力的獲取、維持及喪失可說已建立了一定的模式。不過，發展到二十一世紀的今天，本書作者提出一個特別且非常重要的觀察：沒有任何一個領域可免疫於權力更易得到、更難使用、更難維持——權力正在衰退。

作者在此書提出權力的衰退，這是十分具洞見的；但筆者以為權力衰退帶來的問題，事實上遠大於書中描繪以至現今世人們所想到的，大家實有必要正視這問題的嚴重性。

權力這詞語今天好像很負面；而筆者在此想提出的是對權力本質的尊重。其實權力並非一面倒的等於剝削欺壓。對權力本質的尊重，在於權力的來源：在於一個人的權力應來自其解決問題的能力、為別人解決問題的能力。然而，今天的世界權力來自位置、過程——例如一個人身處的位置，或者他在一場選舉中勝利。但這是否代表這人有解決問題的能力？

這種權力帶來的問題，是癱瘓了整個社會、整個世界的進步。例如書中所提出的否決權便是很好的例子：一些國家沒有意見、更甚者是沒有解決問題的能力，但是只因擁有否決權，局面就變成我不懂解決，但我有權不讓你去嘗試解決——於是，整個世界膠著了，停頓無法向前、無法進步。

這種阻礙世界進步的權力，其實是權力的濫用。這是權力光譜的一個末端。此書作者提出權力的衰退，這是權力光譜的一個末端；而光譜的另一端，並不是權力的興旺，而是權力的濫用。權力的衰退，是有地位（或解決問題的能力）而沒有權力；權力的濫用，是有權力而沒有地位（或解決問題的能力）。而今天我們普遍陷入這兩個末端。

是以，我們無須驚訝現今各地政府的政策都只淪為最易得到的政策，而不是最有前瞻性可以解決問題的政策。

尤其現今社會已踏入科技改進世界的新世代，但環顧世界各地的政策亦無法同步跟上科技潮，社會只有變得越來越分裂。

舉目一看：全球世界各地的占領示威活動愈見頻繁，台灣、香港、埃及、連日本也舞動起來。過去所有的當權者：國家政府機關、教廷、跨國企業、大型軍隊、國際性慈善基金會、傳統政黨、社運人士……全部受影響，無一倖免。反過來，每一個市民、每一個個體，同樣的，也全部受影響，無一倖免。

為什麼？

最簡單最隨手可得的答案：網際網路、智慧型手機帶來變革——答案就是這麼簡單？

《微權力》提供另一角度的看法：「增長革命、遷移革命和心態革命無遠弗屆，沒有任何一個領域可免疫於權力更易得到、更難使用、更難維持。」

這書告訴大家，權力的運作模式已經起了變化。過去守衛當權者的權力壁壘今天已經開始倒塌。世界的新局面已經來臨。

本書作者說：「儘管壁壘已經解體，但權力的重組才剛開始而已，不過，根本性的變革已經出現。」

好的，我明白了。但這對我們有什麼影響？

當權者要維護鞏固本身的權力，自然要捕捉權力的變化；為理想而戰、爭取平等、民主、自由等等的美麗口號維權人士，本書更是必讀。過去「團結才是力量」這金科玉律，今天好像漸漸瓦解。維權人士嘴邊常說要賦權（empower）給每一個人，但是，當每一個人被賦予權力，我們準備好了沒有？

有人以權力來維護私利，有人以權力來爭取公義。如書中所說：「認清權力壁壘以及壁壘正在升起還是走下坡，你便能解答有關權力的大部分謎題。」

《微權力》這書跟你剖析這權力變革新世代。先知先覺、後知後覺、不知不覺，你想當那一類人？

各界讚譽

紐約時報暢銷書、華盛頓郵報暢銷書
臉書年度選書、金融時報年度好書、華盛頓郵報年度推薦好書

過去只有龐大的政府、軍事和其他組織握有權力，這本書探索權力如何轉移到個人手上。我深深相信讓人們擁有更多權力會是個趨勢，我很期待讀這本書，探索這主題的細節。

——臉書執行長祖克柏（Mark Zuckerberg）

《微權力》將改變你讀新聞的方式，思考政治的方式，以及看待世界的方式。

——美國前總統比爾・柯林頓（Bill Clinton）

奈姆在本書中所提出的許多趨勢，正是我個人擔任巴西總統時的第一手觀察，但他描述這些趨勢的方式相當原創，讀起來十分愉快。所有掌權者或希望掌權者都該讀一讀這本書。

——前巴西總統卡多佐（Fernando Henrique Cardoso）

了不起的新書，無論是企業主管、政治人物、軍事高層、社會運動人士，甚至是宗教領袖，所有領導階層都會感興趣。為何權力已變得越來越容易於取得，越來越難以行使？讀者會有全新的認識。《微權力》將在全球引發激烈而重要的辯論。

——金融大鱷喬治・索羅斯（George Soros）

讀了《微權力》後，就會用不同的眼光看待世界。摩伊希斯・奈姆對於權力如何以驚人的新方式取得、行使和失去，提出了充滿說服力和原創性的觀點。

——《赫芬頓郵報》創立人雅里安娜・赫芬頓（Arianna Huffington）

奈姆是全球最犀利的一位觀察家。在《微權力》中，他用引人入勝的新視角說明，為何掌權者正面臨更多前所未有的挑戰。從商業到政治再到軍事，探討權力在人類投入的多種領域中移轉的特質。奈姆以大開眼界的方式將不常相關的現象連結起來，迫使我們重新思考身處的世界如何發生變化，我們又必須如何因應。

——政治經濟學人法蘭西斯・福山（Francis Fukuyama）

在摩伊希斯・奈姆的新書《微權力》中，十分深入說明權力實際上正在衰退。我確實認為這樣的論點很有說服力。

——參謀長聯席會議主席，馬丁・登普西上將（General Martin Dempsey）

我讀得津津有味，對於「奇異」這樣的大型企業而言，特別有切身之感。

——奇異公司執行長傑夫．伊梅爾特（Jeff Immelt）

令人興奮、愉快、充滿說服力的論述，探討權力如何變得越來越衰退、短暫、有限。

——《巴倫周刊》尼克．格里斯佩（Nick Gillespie）

誰說了算？這本書回答：沒人說了算。特別獨裁專制的國家、先進的軍事武力、過去控制資訊的媒體組織，以及向來認定何者才是正統的宗教機構，全都失去了控制。但讀者可能不同意，他們會被激怒。

——《金融時報》年度好書

奈姆說，權力並非從一個國家轉移到另一個國家，並非從一個政黨轉移到另一個政黨，並非從一種商業模式轉移到另一種商業模式；而是「權力正在衰退」。

——《華盛頓郵報》年度推薦好書，高登．戈斯坦（Gordon M. Goldstein）

令人激賞的前《外交政策》編輯摩伊希斯．奈姆，這是他的精采新作。前總統柯林頓與我聊到埃及情勢時推薦的。

——《華盛頓郵報》理查．柯涵（Richard Cohen）

摩伊希斯．奈姆的《微權力》為可能成為現代林肯的人說了一則警世故事。奈姆以新方式剖析大課題，作為勇氣十足。現在這個時刻，政府、大銀行、媒體大亨和財富集中都因為過度壯大遭到批評，權力因此降下百分之一。奈姆認為，無論是政治、企業、軍事、宗教還是工會，所有領域的領袖在處理弱勢對抗強權的情況時，面臨的問題都比過去更大更複雜。

——《華爾街日報》

深諳世故的分析……在探討國際間權力的衰退上是高度原創、跨不同學科的沉思……真正重要的貢獻在於有力地描繪出那些發人省思的動能，切入了全球權力布局的多場角力。

——《華盛頓郵報》

令人著迷……這本書應該會引發一場辯論：當越來越多人掌權時，世界要如何統治？

——Foreign Affairs

奈姆論述國家、企業和傳統利益集團已越來越難以捍衛自己堡壘的方式，引人入勝……（他）辯才無礙，立論明確。

——《金融時報》

二十世紀後期，戰後井然有序、一切都在意料之中的世界瓦解了，為此，過去二十年來人們想尋找一種普遍的說法，《微權力》就是以廣博而發人深省的方式從容解釋。

——《天主教國家紀事報》

曾任《外交政策》總編輯和世界銀行常務董事的奈姆，深知遍及全球權力的樣貌……切合當下、富有洞察力且強而有力的寓言。

——《出版者周刊》星號書評

全球掌權的組織正在失去控制人心的力量，得不到尊重。作者認為無論是政府、軍事、宗教或商業的機構，其權力都將衰退……資料豐富，分析得引人入勝。

——《柯克斯書評》

學者與專欄作家奈姆解釋：「權力是我們行使在別人身上，導致對方以某種原本沒有的方式來產生行為的東西。」他以權力衰退立論，表示權力不再能使人信服；更易取得，更難行使，更易失去。總統、金融服務業與石油公司的主管、國際宗教領袖與政治人物還是會繼續行使強權，但力量不及前人；今日的領導者會因為公民運動、全球市場以及無所不在的媒體遭遇更多的挑戰、競爭對手與限制。在全球新的投資活動、企業、議題以及更多層面，權力的衰退都已趁機入室，但也非常可能造成不穩定。奈姆的結論是，現在的我們在面對惡劣觀念和不良領導者時更為脆弱，他強烈建議，大家不是要著迷於「誰／什麼是第一」，而是談論那些國家、政治運動、企業與宗教，到底有什麼內幕。這是一本符合時下又不會過時的書。

——Booklist

目次

序
緣何成書——個人筆記

權力感覺上可以很抽象，但是習慣擁有權力的人——亦即那些有權有勢之士——每每對權力的盛衰感受至深。畢竟，位處權力之人內心最清楚自身權力的限度，自身地位該獲得的權力若與實際權力不對等，就會感到沮喪。一九八九年二月，當時我三十六歲，祖國委內瑞拉當時的民選政府委任我為貿易產業部部長。在我們選舉大獲全勝後不久，人民擔心新政府計劃削減資助和提高燃料價格，首都卡拉卡斯因此出現暴動。整座城市癱瘓了，四處籠罩著暴力、恐懼、混亂。儘管我們在大選中獲得壓倒性勝利和執政權，帶來勝利的經濟改革方案卻意外地不再代表希望與繁榮，反而變質為街頭暴力的觸發點，帶來更大的貧窮，更深的不公平。

我在許多年後才釐清當時的深刻體會：我認為我應有的權力與我實際操控的權力其實相差甚遠。我身為政府的經濟官員，原則上手握大權；實際上我可以調動的資源、人手、組織，更概括來說，可以落實的事情其實深受限制。我的同事甚至上至總統亦有同感。我們不願意承認我們的政府其實是個跛足巨人。我當然願意將責任推諉到委拉瑞拉本身——我們的無力感源於政府的積弱人盡皆知、執行機構的機能不全。這種缺點不是全世界都有的。

後來我才發現世界上很多人也同樣感受到這股無力感，對於那些曾經行使權力的人來說，這幾乎是全世界的普遍現象。我曾訪問帶領巴西邁向成功的前總統卡多佐（Fernando Henrique Cardoso），這位受人尊敬的領導一語中的地指出：「我常常很訝異人們認為我擁有很多權力，」他對我這麼說，「一些非常了解局面的政治老手也會走進我的辦公室提出各種要求，這說明他們誤認為我手上的權力大於我真正擁有的權力。我常常感嘆，他們並不知道今天在位的總統權力其實受到多大的限制。當我與其他國家領袖會面時，我們也常常分享這方面的相同經歷。每個國家元首的一大困難點就是要讓人明白，我們實際的權力與人民的認知有差距。」

在德國大受歡迎的政治人物，前副總理兼外長費雪（Joschka Fischer）亦有同感。「我從年幼就開始嚮往權力，為之著迷。」可是費雪告訴我，「我人生最大的震撼是發現所有氣勢莊嚴的政府皇宮與外表裝飾其實都是空殼。政府機關宏偉的外觀，讓人無法看清內部人員受限的權力。」

隨著時日過去，我逐漸發覺，除了國家元首和政府高官有此感慨，原來商業領袖和基金會、大機構的主事者也有同感。問題不僅只於高官達人因為各界對權力的想像與現實有別而感慨，而是權力本身受到史無前例的攻擊。一九九〇年後的每一年，我都會參加在瑞士達沃斯舉行的世界經濟論壇（World Economic Forum）年會，全球最呼風喚雨的商界人士、政府官員、政治人物、傳媒、非政府組織、科技、宗教、文化界達官貴人齊聚一堂。我也有幸出席幾乎全球當權者都會參與的峰會並在會上發言，例如畢德堡會議（Bilderberg Conference）、太陽谷舉行的年度傳媒娛樂大亨會議、國際貨幣基金年會。每一年與各與會者傾談都能引證我的預感：有權有勢之士運用的權力已越來越受限。對於我探索的問題，大家反應也是一致：權力變得越來越薄弱、瞬變，並且受到束縛。

這本書並不是呼籲大家同情那些有權勢的人，他們對無力感的哀嘆在這贏家通吃的世界亦無須我們安撫。我的目的是描述權力衰退的影響。我在本書會探索權力衰退的過程——成因、呈現方式、後果——不只探討它對全球最富有的百分之一的人的影響，還有更重要的一群人：數量龐大並且人數與日俱增的中產階層，以及每日在掙扎中求生的民眾。

摩伊希斯．奈姆

二〇一三年三月

第1章　權力的衰退

這本書談的是權力。

更準確地說，此書講述權力——令他人做事或令其停止進行的能力——正在經歷的本質變化具有歷史意義，足以改變世界。

權力正在流散，掌權已久的大玩家正面對越來越多後起之秀與小型勢力的挑戰。掌權者在行使權力時也正面對更多的限制。

我們討論權力演變時卻常常誤解，甚至輕視其變化的幅度、性質以及其延伸的後果。我們很容易受誘導，只著眼於網際網路及新科技帶來的影響，只著眼於權力如何由一方流向另一方，或者只專注解答「文化軟實力」是否可以取代「軍事硬實力」等等問題。這些討論的觀點角度並不全面，甚至會妨礙我們明白真正導致現今權力取得、行使、維持及瓦解的基本驅動力。

我們知道權力正由勞動力轉移至腦力；由北轉向南，由西轉向東；從舊型企業巨獸轉向靈活變通的新創公司；從穩固的獨裁者轉向廣場上的人民、網路世界。單單只道出權力正由一個大陸或國家流向另一個，或者正傾瀉到新的參與者身上，都不足夠。權力正在經歷更為根本性的突變，這現象仍未受到廣泛關注更遑論理解。對立的國家、企業、政黨、社會運動、機構或獨立領袖縱然仍跟過去一樣你搶我鬥地爭奪和維持權力，但權力本身正在消散。

權力正在**衰退**。

簡單來說，權力可以換得的成果已日漸式微。在二十一世紀，權力更容易獲得，卻更難行使，並且更容易失去。無論在會議室、戰地抑或是網路空間，權力鬥爭一如往常激烈，可獲得的回報卻在遞減。這些殘酷的爭鬥掩蓋了權力本身正在加速衰敗的事實。若想要了解一個改造二十一世紀的最重要趨勢，關鍵就是去理解權力如何失去其價值，並且去面對這情況的艱鉅挑戰。

這並不是在說權力已經徹底消失，或是現在已經沒有人權傾天下。美國總統、中國國家主席、摩根大通或殼牌石油總裁、紐約時報執行主編、國際貨幣基金組織的首腦、教宗等人仍坐擁極大權力，可是卻都遜於上一任。上一代的領袖們不只面對的挑戰者及競爭者較少，行使權力時亦較少遇上限制，譬如公民運動、環球市場及媒體監督。是以，今天的當權者一旦做出錯誤決定，通常要較其上一任更立即地付出代價，而且代價更大。他們重新打造行使權力的方式以因應新現實，引發的連鎖效應觸及人際互動的每一層面。

權力的衰退正在改變世界。

這本書的目的就是要證明以上的大膽推論。

你聽說過小詹姆斯·布萊克嗎？

權力衰退的驅動力來自四方八面，這些因素不但環環相扣亦是前所未見。要探究箇中緣由，我們不是要去想軍事理論家克勞塞維茲（Clausewitz）、《財富》環球五百強企業，或是美國最高收入者僅占其人口百分之一，卻不成比例地掌握了全美的大部分收入。我們要參考的是小詹姆士·布萊克的經歷：一位來自鄰近紐約布魯克林的貝德福德—斯泰弗林特（Bedford-Stuyvesant），一個工人階層家庭的國際象棋棋手。

布萊克以十二歲之齡躋身大師級別，在美國國際象棋聯合會的七萬七千名會員中，只有不足百分之二的菁英擁有這稱號，而且當中年齡低於十四歲的僅有十三人[1]。二〇一一年，布萊克更有機會挑戰成為「國際特級大師」。「國際特級大師」是由世界國際象棋聯合會根據棋手在錦標賽與頭銜棋手對奕的表現而授予的終身稱號，亦是國際象棋棋手的最高殊榮[2]。

布萊克成為大師後，他便跟隨美國有史以來最年輕的國際特級大師雷·羅布森（Ray Robson）的腳步前進。來自佛羅里達的羅布森於二〇〇九年十月獲得國際特級大師頭銜，當時他尚有兩周才滿十五歲[3]。

1. Dylan Loeb McClain, "Masters of the Game and Leaders by Example," *New York Times*, November 12, 2011.
2. 「國際特級大師」這名銜自一八三八年起被採用，直至二十世紀初才開始廣泛流行。當時錦標賽偶爾以國際特級大師指定賽事為名，例如於一九〇七年和一九一二年分別舉辦的奧斯坦德（Ostend）世界象棋錦標賽和聖塞巴斯提安（San Sebastian）象棋錦標賽。一九五〇年，世界象棋聯合會（法語：*Federation Internationale des Echecs* 或簡稱 FIDE）首先引進「國際特級象棋大師」之官方名銜，這稱號的意義則隨著國際象棋的歷史轉變。在二十世紀初，這個名銜意指「被視為具能力挑戰世界公開賽冠軍級殊榮的參賽者，但約八十年後，變成有人下賭注相信可奪取此名銜的世界冠軍。」（"*World Championship*" *Oxford Companion to Chess*, p. 450; Hooper and Whyld, *Oxford Companion to Chess*, p. 156）。
3. Robson, *Chess Child: The Story of Ray Robson, America's Youngest Grandmaster*.

布萊克的國際象棋生涯是從自學開始。他先在凱馬特超市買了一套便宜的塑膠象棋，很快便藉著國際象棋書籍及電腦程式增進棋藝。他的偶像是一九五〇年代的世界象棋冠軍，俄羅斯棋手米哈伊爾・塔爾（Mikhail Tal）。除了喜歡下棋外，推動布萊克的動力是博奕賜予他的權力。他曾跟記者說：「我喜歡支配其他棋手的棋步。」此話清楚反映了人類對權力與生俱來的欲望[4]。

可是布萊克和羅布森的年少得志在國際象棋界已不再罕見，他們現在代表著全球新趨勢，這個新現象橫掃過長期封閉的國際象棋界。棋手開始學習棋藝、獲得大師級成就的年齡越來越低；擁有「國際特級大師」頭銜的棋手已由一九七二年的八十八人，增加至現時的歷史新高：逾一千兩百人。隨著新進棋手擊敗世界冠軍的次數增加，每名棋手可占據世界排名首位的時間也越來越短。此外，今日擁有「國際特級大師」稱號的棋手背景也比他們的前輩更多元。根據作家馬克思的觀察：「一九九一年蘇聯解體時，世界排名前九位的國際象棋棋手都來自蘇聯。在那之前的四十三年間，只有三名世界冠軍並非蘇聯訓練出來的棋手。」[5]

好景不再。現時來自不同國家及社區的挑戰者都有能力問鼎世界冠軍的寶座，當他們成功攀上最高位後，卻要面對十分艱鉅的衛冕之路。國際象棋部落客格林加德（Mig Greengard）觀察到：「全球現時有多達兩百名棋手在有利形勢下發揮良好，就足以擊敗世界冠軍。」[6]換言之，現今國際特級大師擁有的權力已不如往昔。

何以解釋國際象棋界的等級制度變化？其中一個原因（但只是部分）是數位革命。現在國際象棋棋手可透過電腦程式模擬世界頂級棋手數以百萬計的棋局；棋手甚至可以利用軟體推敲出每一步棋會引發的棋局變化，例如棋手可以重下任何一盤棋，鑽研各種情況下的招數，並熟習個別棋手的套路及癖好。網際網路因而拓展了全球國際象棋棋手的視野，也開發了來自不同社會階級、不同年齡層棋手的無限可能，小詹姆士．布萊克的故事便是最佳例子。任何人只需要上網，便能從數不清的國際象棋網站獲取數據以及和其他棋手切磋的機會[7]。

這並非單純的科技發展故事。以來自挪威的年輕冠軍棋手卡爾森（Magnus Carlsen）為例，他以十九歲之齡於二〇一〇年成為國際象棋世界冠軍，根據馬克思在《紐約客》對卡爾森的介紹，卡爾森的成功在於他獨闢蹊徑、出人意料的策略（與他驚人的記憶力有關）不同於以電腦為基礎的訓練。「與他大部分的對手相比，卡爾森花在電腦訓練的時間較少，棋路不落窠臼。他更相信自己的判斷。對於那些習慣以軟體練習、運用數據的棋手，卡爾森的博奕策略顯得難以捉摸。」[8]

全球經濟、政治、人口及移民模式的變化，也都是國際象棋界權力結構瓦解的原因。邊界開放和交通成本下降，讓棋手有更多機會到世界各地參與錦標賽。教育水平提升，識字率、算術能力、兒童健康得到改善，都為象棋「國際特級大師」提供更多的新血。當今是

4. James Black, 引述自Michael Preston, "12-Year-Old Brooklyn Chess Champ Eyes Bold Move: Becoming Youngest Grandmaster Ever," *Daily News*, June 2. 2011.
5. D. T. Max, "The Prince's Gambit," *The New Yorker*, March 21, 2011, http://www.newyorker.com/reporting/2011/03/21/110321fa_fact_max.
6. Mig Greengard, 引述同上。
7. Edward Tenner, "Rook Dreams," *The Atlantic*, December 2008.
8. Max, "The Prince's Gambit."

史上首次城市人口超過農村人口；自一九九〇年代起，不少貧窮國家都受惠於長期的經濟發展，過去有數以百萬的家庭無法負擔孩子學習象棋、甚至不知象棋為何物，現在出現了新的可能。倘若你住在與世隔絕的窮鄉僻壤，無電力供應，更沒有電腦，每天要花大量時間獲取食物或將水運回家中，你要成為世界級的國際象棋高手實非易事。要想利用網路，必須先改善生活中許多基本條件。

從國際象棋到周遭的各事各物

當然，國際象棋是個經典的權力比喻。過去國際象棋世界級冠軍的圈子狹小、結構緊密、穩定，可是曾經守護這圈子的壁壘遭到蠶食，某些情況來說甚至已消失。那些阻礙人們了解棋藝策略、晉身頂尖棋手的障礙已不再那麼令人生畏。

權力世界正在經歷的變化大體上和國際象棋界一樣。壁壘倒塌令地方及地緣政治改觀，影響企業爭取消費者、主要宗教爭取信徒，或是非政府組織、學術機構以至各學派的意識形態、哲學及科學的紛爭。在所有和權力有關的領域中，權力正在衰退。

有些轉變跡象清楚得令人吃驚；有些則是經過專家分析及學術研究發掘的成果。

我們先從地緣政治談起。從一九四〇年代開始，主權國家的數目增加了三倍；不僅國與國之間有競爭、戰事及協商，主權國家也會與許多跨國及非國家組織交手。舉個實例，現今最年輕的國家南蘇丹成立於二〇一一年，便是由多個非國家組織共同催生的，出力最多的是基督教福音派組織撒瑪利亞救援會（Samaritan's Purse）。這組織由葛福臨（Franklin Graham）領導，他是美國知名福音布道家葛培理牧師（Billy Graham）之子。

在今天，即使國家之間爆發戰爭，軍事大國進攻的力道也已大不如前。強弱懸殊的戰爭越來越常見，大型軍隊經常要面對小型非傳統的軍事力量，如叛亂分子、分離分子及民兵策動的攻勢。軍事力量較弱一方獲勝的次數也在增加。哈佛大學一項卓越的研究指出，一八〇〇年至一八四九年間發生的強弱懸殊戰爭裡，兵力及武器裝備較弱的一方實現戰略目標的比例只得百分之十二。情況在一九五〇年至一九九八年間出現轉變，弱勢一方報捷的比例急升至百分之五十五。受多種因素影響，敵對雙方的政治及軍事戰略角力成為左右勝負的主因，軍事實力的差距反而顯得沒那麼重要。因此，兵力強大、船堅砲利的國家無法確保軍事優勢。推動這轉變的主因是弱勢一方低成本重傷亡的攻擊能力大增，阿富汗戰爭和伊拉克戰爭中使用的簡陋爆炸裝置（IEDs）便是很好的例子。一名駐阿富汗的美國海軍將領估計，其小隊中百分之八十的人命傷亡都是由這些製作簡單的爆炸裝置導致的；在伊拉克戰爭中，這種裝置造成盟軍三分之二的死傷。就算美國國防部不惜斥鉅資採取應對措施，包括斥資一百七十億美元購置五萬台無線電頻率干擾器，以期干擾簡易爆炸裝置的遙控引爆設備（手機、車庫門開關器），這些裝置的殺傷力還是略勝一籌[9]。

9. Ivan Arreguín-Toft, "How the Weak Win Wars: A Theory of Asymmetric Conflict," *International Security* 26, no. 1 (2001): 93-128; Ivan Arreguín-Toft, "How a Superpower Can End Up Losing to the Little Guys," *Nieman Watchdog*, March 23, 2007, www.niemanwatchdog.org 關於簡陋爆炸裝置（IEDs）的影響，見Tom Vanden Brook, "IED Attacks in Afghanistan Set Record," USA Today, January 25, 2012.

獨裁者及黨派領袖的權力亦開始衰落，他們的數目也在減少。在一九七七年，全球共有八十九個獨裁國家，到了二〇一一年，數字已銳減至二十二個[10]。時至今日，世界上有超過一半的人口活在民主的土地上。「阿拉伯之春」的震盪傳揚至世界各個角落，包括清廉選舉尚未穩定之地，以及當權者或政權希望永久統治的區域。有些不民主地區也容許不同的黨派，今天少數黨派代表席位比一九八〇年代大幅增加了三倍。每一處的政黨領袖都曾遭遇挫敗，因為他們的競爭對手不再是密室內定的候選人。在成熟的民主體制中，約有半數的主要政黨在選舉黨內領導者時會採用黨內初選或其他代表性的選舉方式，希望可以讓一般黨員有更多選擇。無論是芝加哥、米蘭、新德里抑或是巴西利亞，各地的政治領袖都會告訴你，他們已經無法再像前人般理所當然地控制選舉及發號施令。

這趨勢也席捲商界。毋庸置疑，財富集中在一小撮人手中，富者越富，腰纏萬貫的富人會利用其財勢獲取政治權力。這趨勢令人擔憂，亦不為世俗接受，但並不是形塑企業領袖和富有投資者權力運作的唯一力量。

事實證明，即使美國最富有的百分之一人口亦無法躲開財富、權力和地位突如其來的變化。面對收入不平等，經濟大衰退發揮了矯正效應，尤其嚴重影響富人的收入。加州柏克萊大學經濟學教授賽斯（Emmanuel Saez）指出，大衰退使美國最富有的百分之一人口的收入下降了百分之三十六點三；其餘百分之九十九的美國人收入只萎縮了百分之十一點六[11]。芝加哥大學布斯商學院的卡普蘭（Steven Kaplan）的計算結果顯示，最富有的百分之一美國人的收入在二〇〇七年占全美總收入百分之二十三點五，而二〇〇九年已降低至百分之十七點六。根據賽斯的統計數據，這百分比連續幾年都在下滑。誠如弗蘭克（Robert Frank）在《華爾街日報》的報導所指：「超高收入者遭受的打擊最大。美國國稅局數據顯示，在二〇〇七年至二〇〇九年間，收入達一百萬美元或以上的美國人數急跌四成至二十三萬六千八百八十三人，整體收入也銳挫近五成；跌幅遠高於總收入為五萬美元或以下的美國人，後者同期跌幅不足百分之二。」[12]當然，這並不能說明在以美國為首的先進民主國家中，貧富差距沒有顯著加劇，事實恰好相反，收入不均的現象正在急速惡化。但這現況也不應阻礙我們了解不少富裕人士和家庭在經濟危機中遭受的打擊，他們的財富和經濟實力確實顯著下跌。

況且，個人收入與財富已不再是獲取權力的唯一途徑。率領大型企業的管理階層往往比那些「純粹」的富豪享有更多權力。這些企業領袖現在的收入亦遠較以往豐厚，惟其任期卻和國際象棋冠軍一樣越來越短。一九九二年，美國財富五百強企業的董事長在下一個五年中連任的機會是百分之三十六，一九九八年下降至百分之二十五。二〇〇五年，美國企業董事長的平均任期已縮短至六年，而這趨勢是全球性的。二〇一一年，全球最大兩千五百家上市公司的董事長離職率是百分之十四點四；即使以企業管理層穩定見稱的日本，大企業董事長的非自願離職人數在二〇〇八年也增加了三倍[13]。

---

10. Martin Wolf, "Egypt Has History on Its Side," *Financial Times*, February 15,2011. 二〇一一年的最新數字取自第四政體研究項目內的二〇一一全球報告，該報告由喬治梅森大學編制（根據Wolf的來源）。
11. Emmanuel Saez, "Striking It Richer: The Evolution of Top Incomes in the United States (Updated with 2009 and 2010 Estimates)," March 2, 2012, http://elsa.berkeley.edu/~saez/saez-UStopincomes-2010.pdf.
12. Robert Frank, "The Wild Ride of the 1%," *Wall Street Journal*, October 22, 2011.
13. 這裡引述關於商業及管理人員離職率的實例和數據之來源，可參閱第八章的注。

企業本身也遭逢同樣命運。一九八〇年，傲居行業前五名的美國企業在五年後跌出五強的可能性僅為百分之十，但是在二十年後可能性已上升到百分之二十五。環顧今天美國和全球五百強企業排行榜，最近十年才上榜的企業數量足證，相對的後起之秀正在取代傳統企業巨頭的位置。在金融領域，銀行正在喪失權力和影響力，被新興、靈活的對沖基金取代：在二〇一〇年下半年，全球經濟陷入嚴重危機，排名前十名的對沖基金（當中多數不為公眾所知）賺得的利潤比全球六大銀行的總盈利還要高。當中最大的對沖基金管理的資金達到天文數字，賺取豐厚利潤，但其員工總數不過幾百名。

與此同時，企業面對令名譽、收入和價值受創的「品牌災難」時也更脆弱。一項研究顯示，在過去二十年間，全球最知名品牌母公司在五年內經歷品牌災難的風險由百分之二十急升百分之八十二。英國石油公司、老虎伍茲及梅鐸新聞集團的財富都曾因不利傳聞在一夜之間大幅萎縮。

再舉一個企業界權力流散的例子，企業界新種類：貧窮國家跨國公司（poor-country multinationals）（來自發展程度較低的國家）正在崛起，部分甚至已取代或接管了全球最大的企業。一九九一年至二〇一〇年間，發展中國家的投資額由一百二十億美元激增至兩千一百億美元。全球最大的鋼鐵集團安賽樂米塔爾（Arcelor Mittal）的前身是一九八九年才成立的印度米塔爾鋼鐵公司（Mittal Steel）[14]。當美國人津津有味地喝著美國色彩濃厚的百威啤酒時，啤酒生產商安海斯—布希公司（Anheuser-Busch）早已在二〇〇八年落入比利時英博啤酒集團手中。英博啤酒集團是全球最大的啤酒公司，二〇〇四年由巴西和比利時的兩家啤酒廠合併組成，公司的董事長是布里托（Carlos Brito），來自巴西。

這些趨勢甚至已從傳統的權力舞台——戰場、政界和商界——進入慈善界、宗教界、文化界以及個人領域。二〇一〇年，晉身億萬富豪的人數達到歷史新高，每年名單上總有些名字會消失，亦會有來自世界各地名不經傳的新貴躋身榜上取而代之。

慈善事業不再是大型基金會、社會團體和國際組織的專利，已被各式小型基金會進軍，捐助方式也起了顯著變化，現在不少捐助者已繞過傳統的慈善機構，直接提供支援給受助者。一九九〇年代，美國個人及機構投進的國際捐助增加了三倍，該數字在一九九八年至二〇〇七年又再升一倍至三百九十六億美元——比世界銀行的年度捐助額多出一半。美國在一九七五年有四萬家基金會，到了二〇一二年數量已逾七萬六千家。演員、運動員及慈善活動知名常客，如歐普拉、柯林頓、安潔莉娜裘莉和波諾，都為慈善捐款注入了強大動力。當然，比爾蓋茲夫婦、巴菲特和索羅斯等人捐助成立的大型基金會，也在顛覆大型慈善業機構主導的傳統運作模式。數以千計的科技新貴及對沖基金經理人快速投身慈善事業，投入的金額更是過去難以想像。「公益創投」（Venture Philanthropy）興起，催生了專門為公益資金用途提供建議、支援和集資管道的新產業。美國國際開發總署（USAID）、世界銀行和福特基金會等不僅要面對來自網路及其他技術領域的競爭者，亦要備受公眾監督、應付社會運動分子、受助者和東道國的更多要求。

14. 安賽樂米塔爾公司的網站：www.arcelormittal.com.

類似故事亦在宗教界上演。世上多個根深蒂固宗教的權力也以引人側目的速度在衰落。例如，聖靈降臨派的勢力在羅馬教廷和主流新教教會的傳統大本營國家逐漸擴展。一九六〇年的巴西，聖靈降臨派與基督靈恩派的教徒僅占巴西總人口百分之五，二〇〇六年數字已上升至百分之四十九。（該比例數字在南韓為百分之十一，美國百分之二十三，奈及利亞百分之二十六，智利百分之三十，南非百分之三十四，菲律賓百分之四十四，肯亞百分之五十六，瓜地馬拉百分之六十。）一般來說聖靈降臨教會都是服務當地信徒的小型教會，但也有個別教會擴展到國外，例如聲稱擁有四百萬信徒的巴西上帝王國世界教會（IURD）和奈及利亞的救贖基督教會（RCCG）。一名奈及利亞牧師在烏克蘭首都基輔設立了一個教會，其信徒人數達到四萬。同時，專家們口中的「有機教會」（organic churches）——基層、全民參與、沒有等級的教會——亦如雨後春筍出現，對天主教和英國國教帶來挑戰。原本權力已不甚集中的伊斯蘭教則繼續各自為政，從學者和伊瑪目在電視節目上解說的矛盾教義可見端倪。

類似的變化也蔓延至勞工、教育、藝術、科學，甚至專業運動領域，漸漸組成了一幅拼圖。在拼圖中，權力散落在來自五湖四海、出人意料之外的更新、更微小的參與者，形勢宛如國際象棋界。他們的行事為人方式與傳統當權者長久使用的一套截然不同。

我知道，要爭辯權力正在衰退實與當下普遍的認知相悖——我們仍生活在一個權力趨向更集中的時代，掌權者的權力比以往更強盛更牢不可破。很多人確實認為權力有如財富：錢能生錢，越有錢越多錢；權也能生權，越有權越多權。從這角度看，權力和財富集中的循環可視為人類歷史的主要驅動力。世上誠然仍有許多坐擁巨大權力的機構及人士，他們的權力相當穩固；但本書在稍後的章節會證明，以這稜鏡觀看世界無法看到一個非常重要的面貌：事物正在變化的法則。

我們將看到，權力不僅簡單從一部分具有影響力的當權者手中轉移到另一方手中，而是權力本質有了更徹底和複雜的轉變。權力變得更垂手可得，事實上，在當今世界擁有權力的人的確更多了；可是權力的使用範圍縮小了。即便奪得了權力，權力的行使卻越來越難。我們會就此再做解釋。

是什麼變了？

權力之所以鞏固，是因為壁壘保護了當權者，擋開了競爭者的衝擊。這壁壘不單阻止競爭對手成長成為有實力的挑戰者，同時加強鞏固當權者的主導地位。當權者一直固有著一切：選舉規則、軍隊警察的軍火庫、資本、資源壟斷、廣告預算、專利技術或受歡迎的品牌，甚至宗教領袖的道德權威和政治家的個人魅力。

然而權力壁壘在過去三十年迅速瓦解，現在它們更容易被削弱、征服和繞過。我們將探討的本土和國際政治、商業、戰爭和宗教等領域會顯示，這現象背後的原因不僅僅是人口和經濟轉型，或是資訊科技普及，而是關乎政治變局和人們的期望、價值觀，以至社會規範的劇變。雖然資訊科技（包括但不限於互聯網）在獲取和行使權力時具有舉足輕重的角色，但歸根究柢，權力壁壘變得不堪一擊是由於有更多元素出現了**本質**變化，例如許多貧窮國家的經濟迅速增長、人口遷移模式、醫學與醫療保健、教育，甚至生活態度和文化習俗——簡言之，是人類生活的範圍、狀態和潛能的變化。

畢竟當今人類生活與我們祖先最大的不同，並非在於我們使用的工具，或管治我們的社會規則有差異，而是現今人口數量遠比以往龐大，人類壽命更長，身體更健康，知識水平和教育程度更見改善，食不果腹的人數不再空前絕後，我們有更多時間和金錢做其他追求。假如我們對現居地不滿意，現在的遷徙更容易、更價廉。隨著人類壽命延長與富足，我們的親密程度及居住密度也上升。我們與他人的接觸增多，我們的抱負因此被刺激，變得更遠大，我們的機遇也越來越多。當然，健康、教育和富足尚未遍及世界每個角落。貧困、不公、戰爭、疾病、社經發展的挑戰仍舊存在。但人類壽命、知識水平、嬰兒死亡率、營養攝取、收入水平、教育程度及人類發展的各項數據均表明，世界已起了翻天覆地的改變——連同我們的認知與態度——直接影響獲取、維持及失去權力的形式。

我們會在接下來三章做詳細解釋。第二章將清楚實際地探討權力如何應用在各領域，列舉行使權力的多種途徑，釐清權力在不同面向如影響力、說服力、強制力和權威的分別，並展示當權者如何在權力壁壘的保護下得以擴展及益發集權——直到壁壘被侵蝕失去保護功能。第三章將集中研究權力如何在多個不同領域中強化。我會提出以下幾道問題：為什麼行使權力時，其威力與背後的組織規模成正比？為何一直以來大型、有階級制度、中央集權的組織都是行使權力的主導者？這種權力與組織規模的結合在二十世紀達到高峰。儘管現實已出現了慘痛的變化，但今日的辯論與討論核心仍聚焦在這觀點上。

第四章將詳細說明人類生活巨變帶來的新挑戰，為何這會令築起壁壘並鞏固權力、不讓挑戰者逼近更困難。這些變化源於劃時代的三大革命的本質轉變：**增長**革命（the *More* revolution）、**遷移**革命（the *Mobility* revolution）、**心態**革命（the *Mentality* revolution）。增長革命的特徵是各種增長，例如國家的數目、人口、生活水平、識字率和市場上的商品數量；遷移革命則是指人類、貨物、資本、思想及價值觀正以難以想像的速度擴展至世界各角落（包括以往因位置偏遠而交通無法抵達的地區）；最後，心態革命反映了上述革命為人類思維模式、期望與抱負帶來的重大改變。

相信讀者已熟悉上述三大革命的某些範疇，但是這些轉變如何讓權力更易取得卻更難行使和維持，此問題仍未有深入探討，因此第四章將介紹這同步發生的三大革命如何瓦解權力壁壘，如何不斷阻礙權力行使的效力。它們嚴格束縛住龐大的集權式現代組織，這些組織龐大的資產已不能繼續保證其主導地位，有時甚至會成為組織的包袱。不同形式的權力得以體現的情境——包括強制、約束、說服和引誘——已經改變了，改變成箝制權級，或將其全部打回原形，改變其規模上的優勢。

權力的衰退：是新現象？是真的？那又怎樣？

我們即將探討的改變造就了不同領域的創新者和新秀，但不幸的是，受惠者名單也包括海盜、恐怖分子、叛亂分子、駭客、走私販、偽造者以及網路罪犯[15]。這些改變也給支持民主的社會行動者帶來機會——包括議題狹隘與極端的偏激政治團體——不論在民主或專制國家，他們都可以透過嶄新方式贏得政治影響力，繞過或打破現存政治體制的嚴謹內部結構。二〇一一年夏天，為數不多的馬來西亞社運人士決定仿效馬德里太陽門廣場的「憤怒者」（Indignados）運動，占領了吉隆坡獨立廣場。一石激起千層浪，當時幾乎無人能預料這行動會激發性質相近的「占領華爾街」運動，浪潮席捲過全球近兩千六百座城市。

即使一連串的「占領運動」並未引發任何實質上的政治變化，但其影響值得注目。誠如一九六〇年代編年史學者季特林（Todd Gitlin）指出：「公共話題轉向在那久遠的六〇年代需時三年才可體現，話題如殘酷的戰爭、貧困的生活、低劣的政治、被壓抑的民主諾言……但是在二〇一一年，這只需要三星期。」[16]就速度、影響力、創新的橫向組織形式而言，「占領運動」的發展在在反映出，傳統政黨過去掌控了社會成員表達不滿、希望和訴求的管道，如今他們的壟斷地位遭到蠶食。在中東地區，始於二〇一〇年的「阿拉伯之春」不但沒有顯露疲態，反而繼續蔓延至全球——各個專制政權都感受到其引發的迴響。

一如早前所述，商業社會也經歷著類似變化。就算是來自市場封閉小國的小型企業，其業務也可以成功取得突破，有些甚至可取代雄霸數十年的大型跨國企業和知名品牌。

在地緣政治方面，小腳色——小國或非國家——亦獲得新機遇，可以否決、干預、引導和阻礙強國與國際貨幣基金組織等多國組織的共同決策。隨手舉些例子：波蘭否決了歐盟的低碳經濟路線圖；土耳其和巴西破壞了強國與伊朗就核問題的談判；維基解密泄露美國外交機密；蓋茲基金會挑戰世界衛生組織在打擊瘧疾的領導地位。類似例子在貿易、氣候變遷及許多其他議題的全球談判越來越常見。

這些新崛起而且漸露頭角的「小型參與者」每一個都不盡相同，它們所在的領域南轅北轍，但仍有共同處：它們都不再需要透過規模、範疇、歷史或固有傳統發揮作用。它們象徵一種新權力的崛起，我們不妨將其稱為「微權力」，而這種權力在過去並沒有多少發揮空間。本書想爭辯的就是在今時今日，改變世界的已越來越不是大型當權者之間的競爭，而是微權力的崛起，以及它們挑戰當權者的能力。

權力的衰退並不代表當權者就此消失，而是大型政府、大型軍隊、大型企業和大型學府將面對前所未有的束縛和限制，但是它們仍然會躋身權力階層，其一舉一動仍足以左右大局，只是影響力不如它們自身渴望的重大，也不如它們預期的多。儘管當權者弱化看起來純粹是件好事（畢竟權力衍生出腐敗，不是嗎？），它們被降級卻可能引起複雜的社會動盪、混亂和運作癱瘓的問題。

我會在接下來的章節告訴你權力如何加速衰退，儘管坊間看到的是相反的趨勢，像是「巨者回歸」，上一個十年末期出現的「大到不能倒」，中美兩國軍費穩步增加、全球收入和財富差距日益懸殊。相較起現時政策制定者及分析家所聚焦的表面趨勢及發展，權力衰退才是眼下更為重要及影響深遠的議題。

本書特別針對權力的兩大傳統看法：第一種執著於用互聯網解釋權力轉變，尤其在政治

15. 參閱我的另一著作 *Illicit: How Smugglers, Traffickers and Copycats Are Hijacking the Global Economy.*
16. Todd Gitlin, *Occupy Nation: The Roots, the Spirit, and the Promise of Occupy Wall Street* (New York: HarperCollins, 2012).

及商業領域；第二種鬼迷心竅地認為地緣政治守護者起了變化，他們認為某些國家（特別是美國）的衰弱及另一些國家（中國最為明顯）的崛起，是現今主導世界變化的大趨勢。

權力衰退並不特別由互聯網驅使，亦不可概括地訴諸資訊科技進步。互聯網及其他科技毋庸置疑正在改變政治、社會運動、商業活動，當然也包括權力的本質，但是這個基本角色太常被誇大及誤解。嶄新的資訊科技只是工具，而工具要發揮影響力，需要的是使用者。相對的，使用者在操作工具時要有目標、方向及動力。臉書、推特及簡訊強化了「阿拉伯之春」示威者的力量，可是實際上驅動群眾走上街頭的卻是國內外的情勢，不是那些供人使用的資訊工具。參與推翻埃及總統穆巴拉克的示威者達數百萬人，但就算在運動最高峰，臉書上公認有助於鼓動示威者的專頁只有三十五萬名粉絲。最近一項研究顯示，在埃及與利比亞起義期間，在推特點擊相關資料連結的用戶，百分之七十五都不是來自阿拉伯國家[17]。美國和平研究所也曾研究「阿拉伯之春」期間的推特用戶使用模式，該所總結：新媒體「不論在國內的集體行動或地區性的傳播，都不見其擔當重要角色。」[18]

在眾多示威推動力中最首要的是當地年輕人的人口現況，例如突尼西亞、埃及與敘利亞，他們的年輕人的健康與教育程度較以往更好，卻因為無法覓得工作而深感挫折。再者，同樣的資訊科技一方面給予普通民眾權力，同時也引發監控、壓制及操控民眾的新途徑——例如伊朗的「綠色革命」夭折，當地政府便以資訊科技確認及緝捕運動參與者。因此，若是否定資訊科技特別是社交媒體在我們目擊的改變中扮演的關鍵角色，抑或解釋資訊科技廣泛傳播及應用就是改變的唯一原因，兩者都是錯誤的說法。

此外，我們亦不應將權力衰退與當下最「時興的」權力轉移混為一談：自從美國走疲、中國崛起不證自明地被視為這時代地緣政治變局的關鍵，分析家與評論家便熱衷於剖析——人人各持己見，有人慶祝，有人不滿，亦有人提出警示，各種程度的細緻分析應有盡有。估算歐洲衰弱及金磚國家（巴西、俄羅斯、印度、中國、南非）崛起會伴隨帶來什麼情況、「其餘」的國家又會如何，就成為專家與業餘指揮家最熱門的猜謎遊戲。但是國家間的競爭不斷在變（競爭一直以來都在變），只把目光釘死在哪個國家走下坡、哪個國家得勢，在根本上就失了焦，非常危險。因為每一批新贏家都會對一項發現傷透腦筋，那就是未來每個掌權者都會察覺，他們的自由度與行使權力的效力大抵會遭遇前人未遇過的限制。

更甚者，這些變化累積的效應正在加速蠶食道德權威及執政合法性。這趨勢的其中一個例子便是已有大量文獻證明，公眾對專業人士、公共機構的信任下降。不單單是領導人更容易受責難，以往受當權者引領的大眾亦越來越意識到有眾多的可能性存在，更看重個人的自我實現。今天我們已不再問我們可以為國家做什麼，而是問我們的國家、雇主、速食供應商及熱愛的航空公司可以如何為我們服務。

假如我們只聚焦眼下的紛爭，而無法預視未來大幅度的權力衰退，代價將會非常沉重。這會帶來迷惑，妨礙我們解決關鍵、複雜、應急切關注的問題，從應對金融危機、失業、貧窮，乃至於資源短缺、氣候變化等。現時我們身處在一個矛盾的時代，即使我們比以往更警覺並了

17. Joseph Marks, "TechRoundup," *Government Executive*, November 2011, p. 43.
18. Aday et al., "New Media and Conflict After the Arab Spring," p. 21.

解上述種種問題，卻無法果敢、有效地解決這些問題。歸根究柢，原因就是權力的衰退。

究竟權力是什麼？

一本探討權力的書必須要為權力下定義；同樣也需要解釋，為何要研究權力這太初已在但又最難以捉摸的議題。

自社會形成後，權力聚焦人類的行為，推動競爭。哲學家亞里斯多德認為，權力、財富及友誼是構成人快樂的三項元素。人類在個人層面會本能地追求權力，統治者會本能地鞏固及擴大自己的權力範疇，這前提幾乎已是哲學界的共識。十六世紀時，馬基維利在治國之道入門的《君王論》表示，奪取領土及政治權力「的確是人之常情，且非常普遍，人們在其能力範圍內必然會這樣做。」[19]十七世紀的英國哲學家霍布斯在其探討人類本性及社會的經典作品《利維坦》中進一步解說：「吾以為人類第一之共通欲望，厥唯貪權，得一更求其二，死而後已。」[20]兩百五十年後，尼采於一八八五年藉其《查拉圖斯特拉如是說》中英雄主角之口：「只要我看到有生命的地方，我就找到權力控制的慾念。就是在奴僕的慾念中，我也會找到當主人的慾念。」[21]

這並不是說人生只會單一地追求權力，愛、性、信念、其他慾望及情感肯定都在人生中擔當一定角色。同樣可以肯定的是，權力是種探求，永恆不斷地驅動人類。長此以來，權力建構社會，協助關係的支配，指揮個人與個人、社會群體及國家之間的互動。權力染指奮鬥、競爭、組織的每一個範疇：國際政治及戰事、國內政治、商界、科學研究、宗教、社會活動如慈善及示威、所有社會及文化領域。甚至可以說，權力也染指我們最親密的愛情及家庭關係，甚至我們使用的語言以至夢想。本書雖然沒有關注最後提及的範疇，但並不代表這些範疇得以免疫，不受我打算解釋的趨勢影響。

本書要以務實的手法探討權力，目的是理解如何獲取、維持及喪失權力。在進入討論前，我們需要一個可用的定義：**權力是指揮或阻止其他團體或個人在當下或未來採取行動的能力**，換言之，權力是我們施加給他人，引領他們去做原本不會做的行為。

這種探討權力的務實手法並非本書原創，也不具爭議。即使權力先天就是個複雜的議題，很多社會學家為權力下的務實定義也和上述所提大同小異，我的說法其實是附和經常被引用的政治學家道爾（Robert Dahl）在一九五七年所寫的經典文章《權力的概念》（*The Concept of Power*）：「A有權力於B，在於A可以令B做出B本身不會做的事。」權力的不同行使方式及表現，諸如影響力、說服力、強制力及權威——我們將在下一章節探討——都包含在這框架下，即是一方成功令另一方以某種方式或不以某種方式行事。[22]

權力正如哲學家所言，大抵是我們與生俱來的一種重要原動力。但是當權力化為行動時卻天生具有關係性。我們不能光靠代表性資料來度量權力，例如誰擁有最大型的軍隊、最

19. Machiavelli, *The Prince*, ch. 3, http://www.constitution.org/mac/prince03.htm.
20. Hobbes, *Leviathan*, ch. 11, http://www.bartleby.com/34/5/11.html.
21. Nietzsche, *Thus Spake Zarathustra*, ch. 34, http://nietzsche.thefreelibrary.com/Thus-Spake-Zarathustra/36-1; see also Meacham, "The Story of Power," *Newsweek*, December 20, 2008.

富有、最多人口數目或最多豐足資源等等。現實中，沒有任何人的權力是完全穩定且可以度量，每一個體或機構的權力都會隨環境變化。權力運用需要兩方或以上的關係或交流：主與僕、統治者與公民、雇主及職員、父母與孩子、老師與學生，或者是個人、政黨、軍隊、企業、機構甚至國家間的複合組合。一如每單位的權力因不同情況而有所不同，每一單位可以指揮或者阻止另一單位的行動——即是權力——也會不斷轉變。涉及的單位越少，單位的特性變化越少，特定權力的分布越穩定。但是當數量、身分、動機、能力及其他特性變更，權力布局亦會隨之改變。

這並不只是個抽象的變化。我的意思是，權力有其社會功能，其角色並不只在於施行統治及造就勝利者與失敗者，權力也組織團體、社會、市場及世界。霍布斯對此解釋得很清楚，他認為，由於追求權力是股原始慾望，所以人類生來就矛盾且會競爭。如果沒有權力的約束及指示，人類的本性無限發揮，人類會爭鬥不休，直至沒有剩下任何可以鬥爭的東西為止。然而，如果人們服從一個「共同權力」，人們便會將力量集中在建設社會，而不是摧毀社會。霍布斯接著說：「在缺乏令人敬畏的共同權力時期，人們身處的狀況叫做戰爭」，而「這場戰爭是每一個個人對每一個個人的戰爭。」[23]

權力衰退：什麼正危在旦夕？

權力的圍牆倒下，打通了新手通往權力世界的大門，改變了國際象棋界的本質，也改變了人類其他重要領域的競爭本質——我們在以下的章節會詳細解釋。

這些新手是我們早前提及的微權力——一種全新的權力：並不巨大，不具壓倒性；大型、專業機構的權力通常有強制性，但這股相對權力可以抗衡、限制大玩家的操控。這種權力來自創新及進取，是，但也來自新延伸的技術領域如否決、拖延、牽制及干擾。這些在戰爭期間常被反動者使用的典型策略，如今已擴展至許多其他領域而且行之有效。不單只對積極進取的創新者打開新視野，也包括極端分子、分離分子、各種非以爭取整體社會進步為目標的人。這些新參與者的數量正在明顯地迅速增長，如果我們繼續無視權力衰退不做補救，後果將不堪設想。

眾所周知，權力過度集中會危害社會，特別在於表面上專注做好事的領域——看看醜聞如何困擾天主教教廷便可知曉。但是當權力極度分散、淡化及衰落時，情況又會如何？哲學家早已知道答案：混亂及無政府狀態。霍布斯口中的「所有人與所有人交戰」與安康社會是對立的；權力的衰退正好冒著製造這局面的風險。當任何人都有足夠權力限制他人的自主決定行事能力，但沒有任何一人擁有權力實行其屬意的行動，這個世界將無法做出決定、太遲做出決定、決定被削弱至無效。沒有公認規則及當權機構給予的可預測性及穩定性，即使是

22. Dahl, "The Concept of Power"；另見Zimmerling, "The Concept of Power" 第一章。其他較具學術性的定義由兩名知名學者Michael Barnett和Raymond Duvall於二〇〇五年提出：「權力是存在於和透過社會關係所產生效應的結果，以塑造行為者決定他們形勢和命運的能力。」依照這種定義，他們提出了權力形式的分類：強制性、組織性、結構性和生產性。見Barnett和Duvall的 "Power in International Politics."

23. Hobbes, *Leviathan*, ch. 13, http://www.bartleby.com/34/5/13.html.

最不受束縛的畫家、音樂家及文學作家也會缺乏實踐生命抱負的能力；因為實踐個人生命抱負的起點是某程度一貫、系統的方法來評價他們的勞動成果（也就是加上某些形式的智慧產權保護）。政黨、企業、教會、軍隊及文化機構在過去數十年累積的知識及經驗，也正面臨瓦解的威脅。當權力越來越不穩定，我們的生活便更容易受眼前的短線利益及恐懼主宰，也會更難以規劃自己的行動與未來。

上述風險因素交集會導致異化。大型權力組織已與我們並存多時，而傳統上權力的壁壘牢不可破，我們已習慣在這框架中編織自己的生命意義，我們選擇做什麼、接受什麼、挑戰什麼，都臣服在這框架下。倘若我們變得太異化，權力衰退可能會帶來破壞。

我們迫切需要理解及正視權力衰退的本質和其種種後果。即使上述風險並未造成無政府狀態等混亂，顯然已干預了我們處理這時代重大問題的能力。從氣候變遷、核擴散、經濟危機、資源枯竭、疾病、全球「最底層十億人」的長期貧窮問題、恐怖主義、走私、網路犯罪等等，現今世界面臨的複雜問題與日俱增，都需要更多來自不同背景的各方人士攜手解決。權力的衰退在以下角度看是個令人鼓舞的趨勢，因為它為全球的新投機事業、新企業以及新聲音創造更多空間與機會，但會為穩定性帶來危險。我們如何在歡迎多元聲音、意見、新概念、創新之際，不讓情況嚴重癱瘓，導致累積的成果毀於一旦？理解權力的衰退將是我們身處在重生世界中找尋出路所邁出的第一步。

第2章 了解權力
權力如何運作、如何保持

早上六時四十五分，鬧鐘比平常早半小時響起，因為上司堅決要你出席一個你覺得沒意義的會議。你原本會和上司爭論，但是下周剛好是年度考績審核，你不希望你的升職泡湯。此時，收音機播出新款豐田 Prius 廣告：「這是全美最省油的汽車」，你已經厭惡每周要花很多油費，你最愛拿鄰居來比較，對方已買了 Prius，你為何還不買？因為你沒錢付頭期款。和女兒一起吃早餐，你發現她正在吃巧克力玉米球而不是營養穀麥——你上星期已和她約定，如果她吃營養穀麥就讓她戴耳機聽音樂……現在她雖然戴着耳機，吃的卻還是巧克力玉米球。妻子和你爭論誰該提早下班去接女兒放學，你贏了，可是心裡感到內疚，於是你試著補償，同意帶狗出去散步。你和狗兒踏出門，外面正在下雨，狗兒不肯動，無論你做什麼，狗兒就是一動也不動。

日常生活中，我們以各式身分做出大大小小的決定，我們是公民、員工、消費者、投資者、家庭成員，我們要記住自己的權力範圍及權限。不論是爭取加薪或升職、工作、推動一個當選的公職人員投票通過我們支持的方案、與伴侶計畫旅遊、讓孩子吃有益的食物，我們常常需要有意或無意地估算自己的權力，衡量我們有多少能力令別人跟隨我們的意願行事。

我們也受他人權力轄制，飽受伴隨而來的怒氣與麻煩牽制：我們的雇主、政府、警察、銀行、電話及網路供應商都引導我們以特定方式去做某些事或不去做某些事。話雖如此，我們還是追求權力，有時是以非常自覺的方式。

有時，權力行使的方式斬釘截鐵也非常殘忍，因此導致後患無窮。即使海珊與格達費倒台已久，曾經遭受迫害的人民就算只是聽到兩人的名字，仍然會怕得發抖——這反應在遭受殘暴罪行的受害者中十分常見，就算凶手已被逮捕多時，受害者仍然被恐懼糾纏。過去或現在，不論以隱晦或炫耀的方式行使權力，我們都可以感受到權力的存在。

然而，不管權力對日常生活及思想有多大影響，權力總是逃到我們的理解範圍之外；除非是極端的情況，例如我們被套上手銬、被罰款、被降職、受辱、被毆或面對懲罰，我們傾向從情緒被威脅而不是肉身受壓力來感受權力。正因為權力從太初就已經存在，如此基本、普遍地存在我們的日常生活中，我們很少會停下來分析權力——找出它的實際來源、理解權力如何運用、權力可延伸的範圍、什麼能限制權力繼續延伸。

這是有合理原因的：因為權力難以度量，嚴格來說根本無法度量。你無法將權力逐點計分、劃分等級，只能按權力顯現出來的媒介、來源及表現方式分等級。例如誰有最多銀行存款？哪家公司有收購能力？哪家企業的資產總額最大？哪個國家軍隊的人數、坦克或戰機最多？上一次選舉中哪個政黨得票最多、或獲得最多議會席位？這些都可以統計和記錄，卻無法度量權力，這些都不過是權力的表徵。若要計算權力，這些都不是可靠的指標，即使將這些指標全部統計出來，也無法全面展現某一人或某一機構的權力。

然而，權力滲透一切：從國家體系到市場、政壇，隨處可見。事實上只要有人或機構之間出現競爭與互動，權力便涉及其中。凡有競爭，便有權力的分布存在，而且總與人類的經驗相關：人類對權力的渴求——雖並非背後的唯一推動力，但肯定是其中最重要的動力。

我們該如何有效地討論權力？若要理解權力如何獲得、行使及失去，討論的方式必定不能模稜兩可、不著邊際或帶有誤導。不幸的是，過去有關權力的討論大多無法避開這些陷阱。

如何討論權力

有一種方法討論權力會有成果。是的，權力本身有部分關乎物質，部分關乎心理，部分有形，部分關乎影響我們的想像力。把權力當作一種有用的東西、一種力量，這會難以說明與量化。但是，把權力當作塑造某一特殊情況的動能，這時權力就可以被評判，權力的界線及限度也可以被評估了。

舉個例子，想像一下八大工業國組織（G8）會議儀式大合照，雲集各個有影響力的國家與政府元首：美國總統、德國總理、法國總統、日本首相、義大利總理以及同級數的政治元首。他們每一個都「手握大權」，都是同等級人物，每一個都確實坐擁龐大權力。這些權力是來自其政府的威望？歷史地位？國家禮儀？來自他們在大選中的勝利？可指揮龐大的公務員與軍隊？還是源自他們大筆一揮便可動用該國勞動人口及企業繳納的數以億計的稅金？答案顯然是上述所有因素再加上其他因素的結合。權力是一股可感知的力量，但難以被分解與量化。

將這張大合照印在腦海裡，想像一下這些國家元首在不同情況下坐享的權力威力或面臨的限制。會議期間會發生什麼事？討論哪些議題？商討什麼協議？每次協商時由哪個國家主導？美國總統被喻為世界上權力最大的人，每一次交鋒他都成功了？有什麼聯盟成立，當中哪個國家做出什麼讓步？然後再想像峰會閉幕後每個元首返回本國，應付接踵而來的國內議題：削減財政預算、勞資衝突、犯罪、移民、貪污醜聞、軍事策略部署以及各種可能發生的事情。有些領袖所屬的政黨控制議會，領袖可以發施號令；有些領袖只能依附脆弱的政黨聯盟。有些領袖透過政府體系可以在廣闊的範疇頒布行政指令；有些人卻不能。有些領袖民望極高或高票當選，有些飽受醜聞困擾，或本身政治生涯已岌岌可危。他們的實際權力（將職權轉化為行動的能力）正視乎這些因素而定，面對不同的議題也會有分別。

雖然我們無法量化權力，卻可以十分準確地理解權力如何**運作**。權力運作涉及與他方的關係，越準確界定參與者及其利害關係，便越能準確聚焦權力：權力不再是模糊的力量，反而可以清楚地把權力視為行動指南的中心軸，可以在清晰的範疇及實際限制中塑造與改變局面。當我們了解權力如何運作後，便可以明白如何有效地行使權力，繼而就明白如何維持及增長權力；也會知道什麼令權力失敗，繼而理解權力分散、減少甚至蒸發的理由。在特定情況下，權力受到的束縛、限制有多大？每個參與方改變局面的能力有多大？透過檢視實際局面及運作狀況裡的競爭與衝突，我們可以開始了解事態的走向。

接下來我們將看到，今日權力的累積與行使正朝著未知的方向邁進。

權力如何運作

我在第一章對權力提出了務實的定義：權力是指揮或阻止其他團體或個人在當下或未來採取行動的能力。此定義的好處是清楚易懂，更好的是避開種種誤導性的權力表徵，如規模、資源、武器及支持者人數。然而這定義需要做進一步解釋。畢竟，指揮或阻止他人行為的途徑多不勝數。在實際運作中，權力以四種不同的意義展現，我們姑且稱之為權力的「手段」。

■ **武力**：第一個手段最明顯也最為人熟悉。武力——威脅或動武——是在某些極端情況下出現的粗暴手段。武力的形式可以是戰鬥的軍隊、警察的手銬、囚禁、校園欺凌、架在頸上的利刃、核武攻擊的威脅，或者有能力令你的公司破產、將你開除、逐出教會。權力也可以是獨占某些重要資源，可以提供或否決（例如金錢、原油、選票）。武力存在也不是一面倒的壞事。警察以武力將罪犯繩之以法時，我們會額手稱慶。合法使用武力是公民授予政府的權力，目的是換取保護及安定。不過，無論是獨裁者還是開明的領導者，武力的運用最終總涉及高壓手段，人們之所以會服從是因為別無選擇，因為不服從的後果會遠較服從嚴重。

■ **守則**：為何天主教徒得參加彌撒？猶太教徒要守安息日？穆斯林要每天禱告五次？為何許多團體會邀請長者調解衝突，並認定其裁決公正明智？為何就算沒有法律或懲罰，人們仍然會乖乖遵守不傷害他人這個金科玉律？答案可以在道德規範、傳統、文化習俗、社會預期、宗教信仰及價值觀裡找到，經由代代相傳，或經由學校教導孩子。我們生活的世界充滿了各種守則，有時我們會遵守，有時不會。但我們會接受他人以守則指導我們的行為。這一種權力手段不涉及高壓手段，而是激發我們的道德責任感。也許最佳的例子是《十誡》：更高、無庸置疑的絕對權威，明確清晰地告訴世人，我們應當如何生活。

■ **游說**：你很多時候會聽聞廣告的力量，當麥當勞顧客轉向漢堡王，或是本田汽車銷量上升而福斯汽車滯銷，我們便會以廣告影響力來解釋。數十億計的資金投進電視、電台、廣告牌、網站、雜誌、電子遊戲及各種廣告形式，為的是實踐一個目標：讓人們做原本不會做的事——購買產品。游說不需要訴諸武力，也不涉及什麼守則；遊說反而著力於改變我們的想法及固有看法，說服我們相信某些產品及服務鶴立雞群。游說是一種能力：說服他人思考事物時採用游說者希望達成的目標或利益。地產經紀人向潛在買家推銷一處住宅區的優點時，既不運用武力，不加諸道德規範，亦無須改變現況（例如減價）。他們改變的是客戶對某一狀況的看法，繼而改變客戶的行為。

■ **回報**：你從別人口中聽過多少次「就算付錢我也不幹」？實情往往恰好相反：人們收取回報，然後做自己本身不會做的事。假如一個人可以提供令人夢寐以求的回報，他便享有明顯的優勢，可以令第三者做出對自己有利的行為。他可以改變現況的架構，例如提供燃油誘令北韓同意開放核反應堆進行檢查；向某國提供數億元國際援助以收買該國的支持；或者爭奪頂尖銀行家、歌手、學者或醫生等，實實在在的利益輸送是最常見的權力手段。

這四種「權力手段」──武力、守則、游說及回報──便是社會學家口中的理想型：它們在分析上區別明顯，也很能演繹本身代表的範疇。但在實際運作上，或更準確的在特定的行使權力情況，它們卻常常結合、混集在一起，很少能一清二楚地劃清界線。例如以宗教的權力來說，便是透過多種手段運作。宗教教義或道德守則，不論是記載於年代久遠的宗教經典，或是由後世傳道者或導師宣講，結合對宗教奉獻的時間、信心、什一稅，以及對宗教的事奉，是信徒建立系統信念非常重要的元素。但是當教會、寺廟、清真寺這些不同宗教要互相競爭信眾時，主要的基本策略是游說，就好像賣廣告一樣。事實上，不少宗教團體活動會仰賴特定的專業廣告公司策劃執行宣傳活動。各宗教也提供回報給信徒，不單只是救贖這種非物質的無形回報，還有實實在在此時此地的好處，例如提供教會會眾求職訊息網路、托兒服務、單身之夜聯誼，或是結交教會內名流成員的機會。在某些社會，宗教參與會透過武力強制，例如一些地區的法律會規範一些行為模式、制訂懲罰：要求女性必須穿長袍或男性必須蓄鬍子，或者醫生不得進行墮胎手術。

然而上述四種權力手段──武力、守則、游說及回報──各以完全不同的方法運作。了解四者不同之處，便可一窺權力的微型結構。

我建構這四種權力手段是奠基在南非傑出的工商管理學者、美國賓夕法尼亞大學沃頓商學院麥克米倫（Ian MacMillan）提出的著名架構（見五十九頁表）。他在一九七八年出版的《論戰略形成：政治概念》（*Strategy Formulation: Political Concepts*）教導商學院的學生權力及談判的複雜性。他觀察到，在所有的權力互動中，總由一方以某種方式操控局面，以此影響另一方的行為[1]。不過各式操控都奠基於以下兩個問題的答案：

一，操控是否真正改變了現況的結構，還是改變了另一方對局面的評估？

二，操控是否為另一方提供改進的機會，還是導致另一方接受但並無改進的結果？

在現實世界的狀況裡，答案都取決於這四個元素：武力（強制）、守則（約束）、游說（說服）以及回報（誘因）的相對角色。

麥克米倫的理論架構有三大優點：第一，它直擊權力的實際運作——權力在真實生活層面、決策及行為的影響。在審視權力時，他並沒有被領袖們在紅毯上拍照的威風所蒙蔽，並以此來幻想他們在辦公室內的風光。他反而提出兩個問題：（一）在面對特定挑戰時，每一個領袖以及其對手、盟友可仰賴什麼工具？（二）若要改變局面，可改變的範圍及限制有多大？

第二，由於其門徑是策略性的，把焦點放在視權力為動能，其應用範圍——超越地緣政治、軍事分析、企業競爭——其實就是任何領域。身為一名商學院學者，麥克米倫在制訂權力理論架構時自然是以商業與管理為基礎，著力鑽研企業界的動態。我透過本書將他的理論應用到其他領域。

第三大優點是麥克米倫的理論架構讓我們可清楚區分權力、能力、武力、權威及影響力等概念。例如人們常把權力和影響力混為一談，在此麥克米倫的理論架構便可大派用場。權力及影響力都能改變他人的行為，更準確地說，令他人做某件事或停止做某件事。但是影響力並不是要改變局勢本身，而是要改變另一方對局勢的看法[2]。是以麥克米倫的架構可以顯示，影響力是權力的一小集，因為它反映出權力包含的不單是改變現況的行動，也包含改變人們對現況看法的行動。影響力只是權力的一種形式，但權力顯然可透過多種其他形式行使。

再提一個例子：地產經紀人可以透過頌揚鄰居的美德來改變買家對於交易價值的看法，這方法導致的結果有別於降價求售。地產經紀人改變買家看法的方式是影響力；一個屋主為賣出房子而降低售價，就是行使權力改變交易架構。

為何權力會轉移或保持穩定

用這個角度來想：權力是不同參與者影響談判結果的能力。任何競爭或衝突——不論是戰爭、爭奪市場占有率、外交

1. 進一步討論請參閱MacMillan, *Strategy Formulation: Political Concepts*, 特別是第二章。
2. 另外兩種權力管道——威逼和回報——實際上改變了原本的情況。

麥克米倫的權力分類

	結果看來有所改進	結果看來毫無改進
改變動機	以回報為誘因： 工資調升、減價優惠	以威力強迫： 執法、鎮壓、暴力
改變意向	以游説方式説服： 廣告、宣傳	以守則約束： 宗教或傳統責任、道德勸説

資料來源：麥克米倫一九七八年出版的《論戰略形成：政治概念》

斡旋、對立的教派爭取信徒，甚至誰在晚餐後洗碗，都取決於權力的分配。

權力的分配反映競爭單位的能力：綜合武力、守則、游說及回報的能力，促使他人按照其意願行事。有時權力分配會維持穩定並且持久。歐洲十九世紀的「均勢」狀態便是一個好例子：歐洲大陸免除了全面戰爭，各國邊界只有輕微變動，或透過協議調整。冷戰全盛時期也一樣，美蘇兩國出盡全力恩威並施，建立並維持全球局勢的影響力——除卻偶有地區性的小型衝突——保持穩定。

可樂飲料（可口可樂及百事可樂）、電腦操作系統（個人電腦及蘋果電腦）、長途客機（波音及空中巴士）的市場都是由幾個大品牌主導，再輔以幾家營運者，這也是權力分配頗為穩定（至少不是大起大落）的一例。但是，當一些新單位迅速獲得有效施展武力的能力，以更迷人的方式訴諸傳統或道德守規，做的游說更有說服力，或者提供更大的回報，權力就會轉移，局勢也會隨之重整，還有可能出現翻天覆地的變化。這時候事情就變得有意思了——機遇突然出現，產業轉型，政治體系被顛覆，文化發展到新階段。當這些變化在同一時間出現並且數量足夠，我們的日常生活也會隨之改變。

但到底是什麼導致權力分配改變？當有能力帶來混亂的天才橫空出世，例如亞歷山大大帝或賈伯斯，又或是改革創新如馬鐙、印刷機、積體電路或 YouTube 網站。戰事或自然災害也可以是因素之一：以卡崔娜颶風為例，紐奧良的學校在風災後需要大規模重建，曾經權傾一時的地方教育局被邊緣化，民營學校運動興起。莫要低估從天而降的好運或意外，屹立不搖的當權者可以因為一次策略性失誤或個人錯失而下台，想想高爾夫球世界冠軍老虎伍茲與美國前中央情報局局長裴卓斯上將的例子。有時，疾病與年老也能改變企業、政府、軍隊及體育界頂層巨頭的權力分配。

另一方面，不是每一項聰明的創新都會得到認同，不是每一家經營得好、擁有優質產品並且謹慎策劃未來大計的公司，都能抓緊有助其嶄露頭角的融資或銷售機會。部分大型企業或機構確實在新競爭者面前不堪一擊，但仍有些大企業可以輕而易舉地像拍蒼蠅般把新競爭者趕入困境。我們永遠無法預測權力的每一次轉移。蘇聯解體、「阿拉伯之春」爆發、老牌報紙巨頭如《華盛頓郵報》的衰落、推特突然崛起成為資訊供應者，這些都說明我們無法預知何種權力轉移即將到來。

權力壁壘的重要性

儘管預測權力轉移徒勞無功，但是了解改變權力分配的趨勢與本質肯定不是，箇中關鍵是理解個別領域中權力的壁壘。哪項科技、法律、武器、財富或獨特資產令其他單位難以獲得當權者的權勢？當權力壁壘越建越高且日漸鞏固，當權者的地位與控制力亦然。當這些壁壘被瓦解或削弱，後起之秀的優勢便會增加，可以挑戰現行的權力架構。權力壁壘被侵蝕得越嚴重，就會有越多不平常或令人意料之外的後起之秀以更快的速度建立聲望。認清權力壁壘以及壁壘正在升起還是走下坡，你便能解答有關權力的大部分謎題。

壟斷企業、一黨專政制、軍事獨裁、公然偏袒某一種族或宗教信仰的社會、被主導品牌廣告攻勢打至失衡的市場、石油輸出國組織等企業聯盟、像美國實質上由兩個政黨控制選舉，小型黨派難以染指的政治體系——以上狀況全都是權力壁壘堅固扎實，至少目前如此。不過有些堡壘會遭到猛攻，可能是因為其防禦能力沒有看起來的穩固，因為他們從沒有為新攻擊者的出現做準備，或是因為壁壘保衛的物品先喪失了價值。在這情況下，貿易路線會繞過它們，這些壁壘不再是掠奪軍隊的目標。

例如，Google 創辦人最初根本沒有打算蠶食《紐約時報》等強勢媒體的主導地位，卻無心插柳柳成蔭。在阿富汗使用簡陋爆炸裝置的叛亂分子，或以小艇與 AK-47 突擊步槍劫持亞丁灣海域商船的索馬利海盜，皆以智取勝技術成熟的強勢陸軍與海軍，攻下既有的權力壁壘。這結果與其說是陸軍與海軍的權力轉移，不如說是對權力本質的挑戰。

權力壁壘可以區分出表面看似相近的情況。一小撮公司可以瓜分一個個別行業的市場占有率，因為只有這些公司占有必要的資源、吸引人的產品或獨特的技術，又或者這些公司可能成功游說，甚至違法利誘政客立法防止新競爭者進入市場或提高入場的難度。專利技術、資源使用權、監管保護、腐敗的內部關係是四種截然不同的優勢。顯然，當某一稀有資源的控制權對市場競爭具有影響力，一旦稀有資源的替代品出現，或是新科技出現讓其他競爭者更容易進入市場，那麼權力就會轉移，權力壁壘對當權者的保護就會下降。

這種權力轉移在商界是常見的概念，但這概念很少套用到政治、國家、教派、慈善家的角力上。以議會系統為例，一些小政黨分別取得部分議席，可以一起組成執政聯盟。有任何門檻嗎？在德國，這樣的小政黨在全國得票率必須達到百分之五才可以進入國會。一個政黨必須在不同選區取得最低得票率。或是看看著名大學的競爭。學術評鑑困難嗎？還是雇主與研究院已不再關心他們錄取的畢業生的母校學術評鑑？

權力壁壘有時以法規及規則的形態出現，要修改或繞過它們可難可易。權力壁壘有時可能會以成本的姿態出現——關鍵資產、資源、勞工、營銷——可升亦可降。又或以各種增長機會的管道——新客戶、工人、資金、信徒。具體操作因領域而異，但最基本的規則是，規則越多越嚴謹，複製當權者優勢的成本也越高；關鍵資產越稀有與受限，權力壁壘便更高，新營運者更難找到立足點，也遑論打造持續的優勢。

藍圖：解釋市場權力

權力壁壘的概念植根於經濟學。具體而言，我套用了入場門檻的概念——經濟學家的分析工具，以研究產業內公司的分銷、行為、發展前景——以此來分析權力的分配。這樣進一步應用很合理：歸根究柢，入場門檻的概念在經濟學上本來也是用做解釋某一種權力，也就是市場權力。

眾所周知，完全競爭是經濟學中的理想狀態。在這種情況下，不同企業生產的商品可以互相取代，顧客亦有興趣購買所有出產的商品；企業沒有交易成本，只有投入成本，而且每家企業都可獲得相同的市場資訊。在完全競爭狀態中，並沒有單一企業的產品可坐擁市場定價能力。

現實當然絕非如此。空中巴士及波音兩大公司控制了製造大型長途客機的市場，其餘少數廠家生產小型噴射飛機。然而在製衣界，生產襯衫及襪子的公司不計其數。一家全新的飛機製造商要進入市場無比艱難；但是只要在作坊找幾位裁縫、女縫紉工，你便可以生產襯衫，新進小品牌也有可能與名牌一較高下，或起碼可以找到獨特的定位，讓事業有成。然而，新的飛機製造商能得到的機會卻差得遠。

若是產業的結構穩定且範圍狹小，特點是偌大的市場權力，現存企業支配了市場，後起之秀就得掙扎求生。簡單來說，這代表無視競爭又能獲利的能力。在完全競爭市場裡，如果產品售價高於邊際成本（每增加一單位產量所需付出的額外成本，假定行業中所有企業的邊際成本是相同的），沒有客人會購買，因為其他競爭者的商品價格都更便宜。

一家企業手握的市場權力越大，其商品定價便無須擔心對手價格。當個別行業或市場的公司擁有的市場權力越大，企業的等級就越穩固。例如個人護理及衛生用品業界的「企業排名榜」數十年來變化不大，P&G與高露潔等一線企業一直雄霸市場。但在個人電腦產業，企業排名已出現翻天覆地的變化。這分別與市場權力有莫大的關係。

市場權力具有完全的排他性，因此抗拒競爭。但話說回來，即使已占有一席之地，壁壘限制了新業者的入場門檻，但也不保證可以輕鬆過活甚至存活下去。現存對手的市場權力可能會增加，反過來對付原來的大企業，藉其市場主導地位收購對手，或是將他們趕上破產之路。在缺乏公開競爭、市場權力橫行的行業或國家，很常見到企業間共謀與排擠。企業家喜歡頌揚競爭，但是主導企業的管理階層骨子裡最關心的，其實是如何維持公司的市場權力。

這些考量通常可適用在其他領域競爭者的權力動能上，並不單單只存在尋求最大利潤的商界。我們稍後將會將這「市場權力」概念應用在軍事衝突、政黨政治及其他活動上。

入場門檻：市場權力的關鍵

市場權力從何而來？在商界裡，什麼原因會令一些企業取得主導地位並且久領風騷？為何某些行業會出現壟斷、雙頭壟斷，或少數企業可聯手制定價格與行業規範，但其他行業卻能歡迎大量小企業激烈競爭？為何某些產業的企業結構會呈現凍結狀態，而另一些卻經常在改變？

探索企業如何較其對手更能取得優勢的產業組織專家認為，關鍵在於提高入場門檻阻礙新來者入行競爭。我們關注的是他們能夠解釋權力如何獲取、保持、運用及失去——不單在商業市場，也包括其他領域。

有些領域的入場門檻源自該領域本身的要求，必須要達到該產業的技術特質，例如生產鋁便需要巨型、造價昂貴、耗能極高的熔爐。有些要求限制地理位置，例如該產業是否依賴只在少數地方才有出產的自然資源？或是像水泥，產品必須在銷售點附近加工或包裝；又或產品必須先冷藏才能運送全球，像是中國出產的蝦、紐西蘭的羊肉及墨西哥蔬菜？又或講求專業人才技能，例如物理博士學位或專精於電腦程式設計語言？以上種種都清楚解釋，為什麼開一家餐館、園藝公司、辦公室清潔公司會比開設一家鋼鐵廠容易，因為後者不僅需要資金、昂貴的設備、大型廠房，專門並高價的投入，還可能要負擔高昂的運輸成本。

其他的入場門檻則由於法律、執照或商標，比如說大律師的資格、醫生看病需要執業證照；就算經營餐館也要解決不少問題，如選址、衛生設備、設施檢查、販售酒精的牌照等等。這些入場門檻——不論源於規模、獲取關鍵資源、擁有專業技術，抑或是符合法律及規章要求——都是結構性的壁壘，阻礙其他公司進入市場競爭。龍頭企業一般都有能力影響業內的監管法規，其他營運者則大多難以改變這些壁壘。

除了這些存在已久的結構性壁壘外，還有其他壁壘如策略性壁壘。現有的經營者會建立策略性壁壘抑止新對手崛起，並阻礙現存競爭者的發展。例子包括排他性市場協定（例如iPhone剛問世時，美國電話電報公司與蘋果公司做的協定）、供應商及銷售商之間的長期供貨合同（例如原油開採商及煉油商）、共謀與價格壟斷（例如一九九〇年代美國阿徹丹尼爾米德蘭公司〔Archer Daniels Midland〕以及其他動物飼料添加劑公司做的價格壟斷），還有游說政客以獲得政府提供的特定好處（例如獨家營運賭場的牌照）。策略性壁壘也包括廣告宣傳、特別促銷活動、置入性行銷、為常客提供的優惠等等類似行銷手法，都會令新手難以進入市場競爭。所以就算一家新企業有令人興奮的產品，要打入市場仍是談何容易，公司要支付龐大的宣傳費才能讓潛在買家認識新產品，若要打動客戶試用產品，需要投入的廣告費要更高[3]。

由入場門檻到權力壁壘

是以商界也好，其他領域也好，競爭者都滿懷熱情想建設或打破權力的壁壘——透過改變規則及需求來影響遊戲——這並不令人驚訝。這情況在政治圈尤其明顯，政黨與候選人挖空心思改劃選區（這種惡行在美國稱為「傑利蠑螈」，源自美國麻薩諸塞州州長傑利〔Elbridge Thomas Gerry〕之名，以及當時劃分後的選區狀似蠑螈），或是以性別平等為由爭取議會席位，如阿根廷及孟加拉規定議會須為女性保留席次。在印度，達利特（曾被稱為賤民的種姓）在國家議會及地方議會都擁有保留席，引伸出激烈的政治及法律爭鬥，以圖將此擴展至其他基層階級。

在很多國家，帶有獨裁色彩的元首想要排除政敵但又要維持假民主，便會推動修改選舉法例，以技術性因素取消政敵的參選資格。爭奪政治獻金、進行政治宣傳、挖出對手醜聞、爭取媒體曝光率，這些鬥爭甚至比政策上的較勁更激烈。為了捍衛有利於奪取議席的法規，政策上有重大分歧的政黨有時也會聯手共進退。畢竟一次選舉輸了，以後還有機會東山再起；但是新的遊戲規則會徹底改變選舉[4]。

3. 在理論層面上，入場門檻壁壘這一詞的確切定義一直讓經濟學家爭論不休。其中一個說法是讓市場現有參與者操控售價做為入場門檻，這受操控的售價會高於自由競爭下的價格，卻又不會引新競爭者入門。另一說法是，新競爭者在進入市場時要面對的所有成本，在市場內的參與者已毋須承擔。換句話說，這兩種說法的分別在於市場現有參與者的價格優勢保障，與潛在競爭者需承擔的附加成本（例如入場門檻成本）。雖然還有其他經濟學者提出更複雜的定義，但是這些爭議均源於一個核心見解：要分析市場變化並運用市場權力讓長線利潤極大化，入場門檻壁壘不可或缺。（有關這議題的詳細分析，見Demsetz, "Barriers to Entry"）

最後，權力壁壘根本是阻礙新競爭者行使武力、游說、守則、回報或上述各式組合以奪得立足之地。相反的，權力壁壘保護已得勢的企業、政黨、軍隊、教會、基金會、高等學府、報紙及工會（總之涉及競爭的任何組織），以維持它們的主導地位。

幾十年甚至幾百年以來，大型軍隊、企業、政府、政黨、社會與文化組織都活在權力壁壘的庇蔭下。現在這些壁壘已風化、蠶食、破漏，甚至變得不再重要。要慶祝這本質的巨大轉變，要了解這如何徹底改變歷史浪潮，我們必須首先檢視權力為何及如何坐大。我們在下一章將解釋，為何踏入二十世紀，公眾意見會認為權力必須具有大規模，等於透過大型集權與階級式組織行使，才是最佳、最有效及最持久的方式。

4. 關於政治的入場門檻請參閱 Kaza, "The Economics of Political Competition"。

第3章 權力如何坐大
一個未受質疑的假設出現

你可以自行選擇「權力坐大」這個故事的起點：可以是一六四八年的《西發里亞和約》（Peace of Westphalia），它帶來了現代民族國家，取代了中世紀後的城邦及疆域重疊的公國；也可以是一七四五年，法國貴族出身的商務大臣德．古爾內（Vincent de Gournay）首次提出「科層制」（bureaucracy）這名詞；或者是一八八二年，美國多家小型石油公司合併，組成龐然巨物標準石油公司（Standard Oil），為合併巨浪拉開序幕，並在十年後把小型、本土、家族式企業引領風潮的資本主義風光時代畫上句號，引入由企業巨頭叱吒的全新規則。

無論如何，踏入二十世紀，人們認為上述的進展反映了人類的進步、科學與才能，而且這種進展成為共識，也就是說，唯有如此才能累積、維持及行使權力。約在二十世紀中葉，追求**巨大**成為一切，個人、工匠、家族企業、城邦或是由志同道合者共組的鬆散組合再也敵不過大型組織勢如破竹的優勢。現在若要有權力就得要有大型與規模，以及一個強大、中央集權、階層分明的組織。

不論通用汽車、天主教廷還是蘇聯紅軍，任何組織在面對如何獲得並維持最大權力的實際問題時，都只有一個明顯的答案：變大。

「以大取勝」的概念如何在人們心中生根？要解答這問題，我們需要了解一下一段風起雲湧的歷史。更準確地說，我們需要花點時間了解美國企業史學家，連同德國現代社會學之父，以及獲頒諾貝爾獎的英國經濟學家的解釋才能明白，為何在商業世界更大通常更具好處。而綜合他們三者的研究成果，我們就能明白現代科層制的出現，不僅令權力行使得更有效，同時亦解釋了現今最成功的企業如何透過科層制行使權力、扳倒對手並促進自身利益，就連慈善組織、教會、軍隊、政黨及高等學府也採用同樣的組織形式。

史學家發現，現代科層制在治理體制中的優勢可追溯至古代中國、埃及和羅馬。不管是軍事或行政事務，羅馬帝國都投注大量的資源來設立大型、複雜、中央集權的架構。數世紀後，法國的拿破崙以及其他歐洲君主都汲取了啟蒙運動的教誨，紛紛致力打造中央集權、專業的行政組織，視之為政府運作模式的先進、理性之道。參考以上模式，以及歐美等地的例子，日本在明治時期也發展了專業的科層組織，設立各個部省，當中最重要的是一八七〇年的工部省，其任務是重新規劃社會，趕上西方的步伐。到了第一次世界大戰時，擁有單一政府與文官體系的民族國家已成為全球各國效法的對象，包括各殖民地。

以印度為例，英國殖民時期所設立的印度文官體系（Indian Civil Service）在獨立後轉型為著名的印度行政服務局（Indian Administrative Service），它是受過高等教育的菁英趨之若鶩的理想工作。不論一個國家是自由市場或是社會主義，一黨專政或是以蓬勃的民主方式管治，二十世紀的世界各國都致力打造大型的中央行政機構，即是科層制。

在經濟領域也出現同樣情況。由於科技發展、大規模工業需求以及新法規，小型公司逐漸被大型、多部門、以階層及行政體制管理的企業取代，而這種大型企業是在一八四〇年後才出現的。在一八九五年至一九〇四年裡，也就是學者認為美國史上首次出現大規模併購的十年裡，至少消失了一千八百家小型公司。今天不少耳熟能詳的主流品牌都在該時期誕生：一八九二年，奇異（General Electric）經併購後成立；可口可樂亦是同年面世；而百事可樂則於一九〇二年誕生；美國電話電報（AT&T）的前身創建於一八八五年；一八八六年，西屋（Westinghouse）成立；一九〇八年，通用汽車（General Motors）成立。到了一九〇四年，共有七十八家企業控制了所屬行業的過半總產量，甚至有二十八家的控制比重高達五分之四[1]。對於新企業興起的變天局面，美國史學家亞當斯（Henry Adams）如此評論：「這些托拉斯和企業所代表的，乃是一八四〇年後所出現的新權力；它們令人生厭，因為它們具有的動力源源不絕且不擇手段。它們是革命性的，翻轉了所有的傳統習俗及價值，就像汽船的螺旋槳必然會擾動鯡魚群一樣。」[2]

偉大的企業史學家錢德勒（Alfred Chandler）將這場變局名為「管理革命」（managerial revolution），並指出這場革命由美國這個「溫床」蔓延至其他資本主義國家。通用電力公司（AEG）、拜耳（Bayer）、巴斯夫（BASF）、西門子（Siemens）及克魯伯（Krupp）等巨擘主導了德國的產業，這些公司大多成立於十九世紀中期，它們逐漸形成大型的正式或非正式托拉斯。日本方面，財閥在政府的協助下儘管羽翼未豐，卻也擴展至新行業，如紡織業、製鋼業、

1. LaFeber, *The Cambridge History of American Foreign Relations, Volume 2:The American Search for Opportunity, 1865–1913*, p. 186.
2. Adams, *The Education of Henry Adams: An Autobiography*, p. 500.

造船業、鐵路業等等。錢德勒的主張相當具有說服力，他指出：由於製造業在十九世紀越來越懂得如何應用蒸汽動力，再加上電力的大眾化、經理人的創意，促成了「第二次工業革命」，從而催生了比上世紀第一次工業革命更大型的企業，而這些新工廠使用了更多的資金、勞工、經理人。於是，規模增長成為商業致勝的先決條件，而企業越大型，就等於是擁有越大的企業權力。錢德勒在其巧妙地名為《有形之手》（*The Visible Hand*）的精闢著作中指出，掌握權勢的經理人的有形之手已取代市場力量的無形之手，成為現代商業的主要驅力[3]。大型企業或企業大型部門的專業經理人的權力及決策，塑造了經濟活動及結果，就如同市場交易決定了價格，甚至更加重要。

巨大企業的崛起及優勢，令錢德勒得以區分三種不同的資本主義模型，各自呼應了第二次工業革命時的不同資本主義陣營：第一種是**英國**的「個人資本主義」（personal capitalism），第二種是**美國**的「競爭資本主義」（competitive capitalism）或「經理資本主義」（managerial capitalism），第三種是**德國**的「合作資本主義」（cooperative capitalism）[4]。錢德勒認為，在英國，就算是成功的大型企業亦會受制於家族企業式的控制及經理，這使得它們的運作缺乏動力、彈性及雄心。相較之下，美國企業將股東擁有權及經理權分開的「經理資本主義」，讓它們得以採用全新的組織模式——特別是多部門結構，或稱為M型結構（M form），而這種結構較能籌募及分配資本、吸引人才，並在生產及行銷上進行創新與投資。在M型結構中，半獨立運作的不同產品部門或不同地區支部以聯盟形式由總部集中領導，於是大型的營運項目更具效率，創建出的企業也更能快速成長。至於德國企業則是傾向與工會合作，這種錢德勒所謂的「合作資本主義」後來稱為「共同決定制」（codetermination）。除了股東及經理人之外，德國企業致力將更多相關人士納入其管治架構之中。

縱使這三種模型截然不同，卻有一個主要共通點：企業權力都寄居於大型機構，規模帶來權力，而權力又帶來規模。

無論我們稱之為**大企業**、**大政府**還是**大工會**，總之大型的中央集權組織成了王道，這驗證並強化了越來越多人接受的假設：大是最好的；任何現代、理性的組織若要在其領域獲得權力，最有效的方式便是採取大型的中央集權結構。這種想法之所以會成為眾人皆知的道理，最主要的原因就是因為它獲得經濟學、社會學及政治學研究的支持，而這些研究基本上全都源自偉大的社會學家韋伯（Max Weber）。

韋伯，或，為何規模有其道理

韋伯不單是位德國社會學家，亦是當時最卓越的知識分子，他的研究領域包括經濟、歷史、宗教、文化等；他的筆觸橫跨西方經濟及法律史，鑽研印度、中國、猶太人的宗教信仰，以至公共行政、城市生活，最後結集為曠世巨著《經濟與社會》（*Economy and Society*），

3. Chandler, *The Visible Hand: The Managerial Revolution in American Business*; see also Chandler, *Scale and Scope: The Dynamics of Industrial Capitalism*.
4. Lewis et al., *Personal Capitalism and Corporate Governance: British Manufacturing in the First Half of the Twentieth Century*. See also Micklethwait and Wooldridge, *The Company: A Short History of a Revolutionary Idea*.

該書在他逝世兩年後的一九二二年問世。政治學兼社會學學者沃爾夫（Alan Wolfe）稱他為「二十世紀研究權力及權威的頂尖學者」[5]，正因如此，我們必須在此討論他的發現。韋伯及其科層制理論對於理解權力的實際行使方式至為關鍵。

韋伯生於一八六四年，見證了日耳曼在普魯士首相俾斯麥的帶領下，由四散的封候割據達至統一，成為現代的工業國家。儘管韋伯是個知識分子，他也在這段現代化過程中擔當了多重角色——他不單是學者，亦是柏林證券交易所及政治改革團體的顧問，還是帝國軍隊的預備軍官[6]。他首度引起公眾的關注是因為一項頗具爭議性的研究：他探究了德國農工被波蘭移民取代所面臨的困境，指出德國的大型莊園應該拆解，使它們成為農工的田地，以此鼓勵他們留在該地發展。在接受弗萊堡大學的教職後，他再次發表頗具爭議性的主張：德國應跟隨「自由帝國主義」（liberal imperialism）的步伐，建立現代國家所需的政治及制度結構[7]。

一八九八年，韋伯與家人發生激烈爭執，其後他父親突然逝世，這令他精神崩潰，也讓他神經衰弱，經常無法教學。一九〇三年，韋伯康復期間，哈佛大學應用心理學教授閔斯特伯格（Hugo Münsterberg）邀請他出席在美國密蘇里州聖路易斯的國際學術會議。韋伯答應，因他覺得美國當時的經濟及政治體制相對落後，同時他也可藉此深入探討清教徒（從而讓他能在之後發表影響深遠的著作《新教倫理與資本主義》〔*The Protestant Ethic and the Spirit of Capitalism*〕），還能獲得豐厚報酬。如同德國史學家莫姆森（Wolfgang Mommsen）後來所形容的，這趟美國之行「對韋伯的社會及政治思想至關重要」[8]。

韋伯在一九〇四年來到美國，除了出席講座，他也四周遊歷並搜集資料。他曾花了一百八十個小時坐在火車上，以三個月的時間走遍紐約、聖路易斯、芝加哥、奧克拉荷馬州的馬斯科基（參觀印第安人部落），以及北卡羅萊納州的芒特艾里（探望他的親戚），並完成各樣的目標（例如在麻州劍橋會見詹姆斯〔William James〕）。韋伯來自一個現代化國家，但他發覺身置的美國較德國更現代化。在韋伯眼中，美國是「人類漫長發展史中最後的良機，為人類社會建立自由、偉大的發展提供最優良的土壤」[9]。對韋伯而言，美國是把資本主義發揮得最淋漓盡致的地方，並預示了未來的社會發展。在他眼中，芝加哥及紐約的摩天大樓仿如「資本的城堡」，而布魯克林大橋，以及兩地的火車、電車及電梯都令他大感驚訝。

不過韋伯也看到美國許多需要改善的地方。他大感震驚的是，勞工環境之惡劣、工作安全措施之缺乏、貪污的市府官員及工會領袖，以及力有不逮的公務員，他們不僅無法監管這種混亂局面，也無力跟上蓬勃的經濟發展。在韋伯稱為「最令人難以置信的城市」的芝加哥裡，他遊遍牲畜飼養場、廉價公寓、大街小巷，觀察居民的工作及閒暇生活，發現各種族裔的階層等級（德國人當侍應，義大利人當水渠工，愛爾蘭人則是政客），以及當地習俗。就他看來，芝加哥就如「一個被剝了皮的人，可以一清二楚看穿器官的運作」[10]。他進一步指出，資本主義的發展勢不可擋，「所有與資本主義文化背道而馳的東西都將會被無可抵抗的力量拆

5. Alan Wolfe, "The Visitor," *The New Republic*, April 21, 2011.
6. 見 "Max Weber" entry in *Concise Oxford Dictionary of Politics*, p. 558.
7. 見 "Max Weber" entry in *Encyclopaedia Britannica*, Vol. 12, p. 546.
8. Wolfgang Mommsen, "Max Weber in America," *American Scholar*, June 22, 2000.
9. Marianne Weber, *Max Weber: A Biography* (New York: Transaction Books, 1988).
10. Scaff, *Max Weber in America*, pp. 41-42.

毀」[11]。

韋伯在美國的見聞鞏固了他對組織、權力及權威的看法，從而讓他發表重要的作品，並為他贏得「現代社會科學之父」的美譽。在《經濟與社會》裡，韋伯鋪陳了他的權力理論，它從「權威」出發——也就是證成並行使「主導」的基礎。根據他有如百科全書般的世界史知識，他提出以下的論點：以往的權威多半來自「傳統」，也就是說它由持有者世代相傳，並為權威的受眾所接受；第二種權威來源是領袖的「克里斯瑪」（charisma），追隨者認為領袖具備特別的天賦；不過，真正適合現代社會的權威來源乃是第三種，也就是「科層」及「理性」權威，以法律為基礎，由可執行清晰且一致法規的行政架構所行使。韋伯認為，這建基於「人們對法律條文與組織能力的有效性，因為它們都建立在由理性所打造的規則上」。

韋伯因而相信，在現代社會中行使權力的關鍵即是科層制。韋伯在使用「科層制」這個詞時，它並不帶有今日的負面意涵，反而是人類史上最先進的組織模式，也最為切合資本主義社會的發展。韋伯所列舉的科層制基本特質如下：詳列權威的權利、義務、職責及範圍；同時設立清晰的監管、從屬及統一指令的體系。這樣的組織高度仰賴書信及文件，而組織成員按其工作性質及技能接受培訓。更重要的是，不論任何一個成員，科層制的內部運作所依循的規則都是一致且全面的，不受個別成員的社經地位、家庭、宗教或政治連繫所影響。因此，科層制的招聘、職責及晉升都建基於能力及經驗，而不是如過往般側重於家庭關係或個人交情[12]。

在歐洲各國中，德國一直走在建設現代文官體制的前端，而這可追溯至十七、十八世紀的普魯士。在韋伯的年代，德國的步伐更加快速，但其他國家也不遑多讓，致力縮減恩寵制。英國在一八五五年成立的英國文官委員會（Civil Service Commission）便是一例，另一例則是一八八三年成立的美國文官委員會（Civil Service Commission），旨在控制聯邦政府的人員招聘。到了一八七四年，萬國郵政聯盟（Universal Postal Union）的成立，使得文官體制邁向國際化的第一步。

在這趟美國行裡，韋伯還目睹了商業界先鋒所帶領的方法與科層組織革命。芝加哥牲畜飼養場的包裝工序使用了當時最先進的機械化生產線及專業分工，讓經理人可以用普通技工取代熟練技工，這讓韋伯看到「驚人的工作效率」[13]。儘管置身於「大型屠宰及血海」之中，他不禁讚嘆：

> 當待宰割的牛群進入屠宰區的瞬間，牠們便被錘子一擊倒下，立刻被鐵鉗夾起，接著則是流水式的作業——首先，完全沒經驗的工人都能剝除其內臟並去皮等等，而（隨著工序的節奏）他們只需緊守機器帶到自己面前的動物……於是，人們可以一步步地看到一隻豬由離開豬欄到變成香腸或罐頭的製作過程[14]。

11. Mommsen, "Max Weber in America."
12. Weber, *Economy and Society: An Outline of Interpretive Sociology*.
13. Scaff, *Max Weber in America*, p. 45.
14. 同上 p. 45.

對經理人來說，在日趨國際化的市場趨勢下，大規模工業生產確實需要科層分工及階層制度的優勢，也就是韋伯所說的：「精確、速度、明確、歸檔、連續、周密、管控、減少摩擦及人力物力成本。」[15]對創新政府有所裨益的事物，同樣對創新業者有所裨益。韋伯寫道：「一般而言，大型的現代資本主義企業本身，就是嚴格的政府科層制所需遵循的模式。」[16]

在列舉大量例子後，韋伯最後指出，不管是在哪種領域，理性、專業、階層分明及中央集權的結構都具有優勢，無論是成功的政黨、工會、「宣教組織」以至高等學府。他的結論如下：「無論權威是『私營』還是『公共』的，其特徵都是一樣，一旦以科層制徹底執行政體系，便會確立一種權力關係，而它幾乎無法摧毀。」[17]

世界如何變得「韋伯化」

第一次世界大戰是科層制普及的催化劑之一。韋伯本來贊成此場戰爭，後來卻悔疚不已。戰爭動員了數以百萬計的人力，並要調動上百萬噸的物資，這些都有賴戰場及大後方的革新經理手法。例如，有鑑於壕溝戰的固定性質，軍火補給便成為軍事行動最關鍵的障礙。以下的事實可說明這種組織性挑戰：在戰前，法國一天可生產的七十五毫米炮彈為一萬兩千發，但在戰事爆發後不久，目標被調升至每天十萬發，然而這只能供應戰事所需炮彈數量的一半。到了一九一八年，單是法國兵工廠就雇用了超過一百七十萬的員工，不分男女老少（還有戰俘、受傷的退伍軍人、受到徵召的外國人）。史學家麥克尼爾（William McNeill）

說道：「戰爭爆發前，因市場競爭的關係，科層組織多少都保有獨立性；但在戰爭爆發後，它們則聯手結合成一個國家性的戰爭公司。」這現象在所有參戰國都可見[18]。

第一次世界大戰結束兩年後，韋伯死於肺部感染。不過，在他離世數十年後的發展，都證實他對大型科層制具有根本優勢的看法。韋伯曾積極證明科層制不僅在軍事和商業領域有效，其他領域也能同樣採行，而事實也確實如此。舉例而言，慈善業界很快便採用這種管理模式，因為這些基金會的創辦人，正是採用科層制來管理公司的商界先鋒，而這種方式主導了慈善業界將近一百年的發展。在一八七〇年代，美國的百萬富豪人數只有一百人，但到了一九一六年，數目急增至四萬多人。超級富豪如洛克斐勒及卡內基與社會改革者結盟，進入大學，創辦獨立的研究機構，例如洛克斐勒醫學研究所，而它日後成為類似機構的典範。一九一五年，美國已有二十七家多用途的基金會成立，成為美國獨有的創新。這些基金會聘任專家，就社會問題進行獨立研究，並執行能夠加以落實的改革方案。至一九三〇年，基金會數目已增至超過兩百家。在獨立基金會如雨後春筍出現之際，大型公共慈善活動亦應運而生，後者尤其專注在公衛領域，這些改革者希望能把社區的心力投注在廣泛的社會目標上。例如，在一九〇五年，儘管高達百分之十一的全美人口因肺結核死亡，但只有五千人將時間或金錢投注在肺結核上；然而到了一九一五年，在一九〇四年成立的美國全國結核病防治協

15. Weber, *Economy and Society: An Outline of Interpretive Sociology*, p. 973.
16. Weber, "Unequalled Models," in *Essays on Sociology*, p. 215.
17. Weber, "Politics as a Vocation," in *Economy and Society*, p. 223.
18. McNeill, *The Pursuit of Power*, p. 317.

會等組織的推廣下，捐款人數大增至五十萬人，特別是因為聖誕郵票的出現，這項活動其實源自丹麥，但在社會改革改革者里斯（Jacob Riis）的推廣下蔚為風潮[19]。

這些事情跟權力有何干？所有事情都與權力有關。單單掌控大型並賦予權力的資源如金錢、軍火、信眾等等是不夠的，這些是獲取權力的先決條件，若無法好好管理這些資源，它們只會帶來欠缺效率或容易消散的權力，或是既低效又易消散的權力。韋伯的核心訊息是：假如沒有一個可靠並有效率的組織，也就是科層制，權力便無法有效行使。

如果說韋伯幫助我們認識科層制度在權力行使的原理及角色，那英國經濟學者寇斯（Ronald Coase）便解釋了科層制為企業帶來的經濟優勢。一九三七年，寇斯在概念上有所突破：根據他的解釋，大型組織之所以合理，不僅是因為某種極大化利潤的行為理論，也是因為它較其他模式更有效率。他的成功並非偶然，早在一九三一年至一九三二年，當寇斯仍是美國的大學生時，他已經在研究其重量級論文〈企業的性質〉（The Nature of the Firm）。他早期對社會主義甚感興趣，沉迷於美國與蘇聯兩者企業的相似性，尤其是為何兩國意識形態南轅北轍，但中央集權的大型工業卻都在這兩個國家崛起[20]。

寇斯的答案簡單亦具革命性，且為他在數十年後贏得諾貝爾經濟學獎。根據他的觀察，現代企業必須面對各式成本，但如果能透過內部資源達成這些工序，便可以降低成本，因為它們不再需要與其他企業進行冗長的往來。對於這些起草並執行的成本，寇斯原本稱為「行銷成本」，後來被稱為「交易成本」。「交易成本」的概念尤其有助於解釋某些企業採取垂直整合的路線，也就是併購供應商或經銷商，但其他企業卻反其道而行。例如，大型石油商傾向擁有自己的煉油廠自行加工，此舉風險較低，生產效率也更理想，如果依賴其他獨立煉油廠透過商業關係合作，石油生產商無法控制獨立煉油廠。相較之下，大型服裝零售商ZARA，又或電腦公司如蘋果、戴爾就比較不需要自己的生產線來製造成品，它們把製作工序外包給其他公司，把自己的焦點放在科技研發、設計、行銷及零售上。一家企業是否採取垂直生產形式營運，取決於該行業在不同生產工序的買家與賣家的活躍程度，以及進軍該行業所需的投資種類。簡單來說，交易成本決定了企業結構、增長模式以及最終的企業本質[21]。儘管寇斯的理論有助於我們了解一般經濟學的基礎，但他的理論在初期的主要影響在於工業化組織，而其焦點在於激起或抑止企業之間的競爭。

交易成本決定了企業的規模甚至性質，這說法除了適用於工業生產，亦可放諸其他領域：它可以解釋現代企業、政府機構、軍隊及教會為何全都成為中央集權的大型組織。因為在上述的例子中，這種模式不僅符合理性，而且具有效率。高昂的交易成本為組織提供強烈誘因，把原本由外包給他方控制的工序納入內部運作。同樣的，隨著各種交易成本不斷增加，透過垂直生產而不斷增大的組織就越符合理性，而這種垂直生長的增大方向，也代表新進的競爭對手面對更令人卻步的門檻，更難找到立足之地。例如，如果一家企業壟斷了原物料

20.19. 本段的資訊引用自Zunz, *Philanthropy in America: A History*。
Coase, "The Nature of the Firm." 作者在其諾貝爾獎得獎演說中描述其研究動機，該段演說可在網上閱覽：http://www.nobelprize.org/nobel_prizes/economics/laureates/1991/coase-lecture.html.

21. 對於交易成本理論較近代的演繹是由寇斯（見注二十）的學生威廉森（Oliver Williamson）在其重要著作*Markets and Hierarchies: Analysis and Antitrust Implications*提出，威廉森於二〇〇九年獲得諾貝爾經濟學獎。

的主要來源，又或者吞併了主要經銷商及零售店，新加入的企業便更難挑戰現有巨頭。同樣的，如果有支軍隊壟斷了武器及科技，另一支軍隊便只能依賴其他國家的軍火業。因此，組織若能將交易成本降至最低，例如將它們轉為「內部營運」或是控制供應商或經銷商，便等於是築起多一道障礙來壓抑新競爭者，也為自己築起多一道權力壁壘；垂直生產所帶來的規模，可以建立強大的權力壁壘，讓新進且小型的競爭者難以進入戰局並獲得成功。值得注意的是，在一九八〇年代之前，許多政府都對垂直「整合」的做法垂涎欲滴，例如經營國營的航空公司、冶煉廠、水泥廠及銀行。這些措施多半以追求政府的效率及自主性為名，但背後動機多半是為公部門創造職位，或是創造機會來建立恩寵制、進行貪污與促進地方發展等等而已。

雖然在進行相關討論時很少有人提及交易成本，但它的確對組織規模具有影響力，甚至包括其權力。接下來我們將探討以下的議題：由於交易成本的性質正在轉變，其影響力也遭削弱，這道向來守衛當權者並阻擋競爭者的壁壘也逐漸崩潰，而且，不只發生在商業領域。

掌權菁英的神話？

第二次世界大戰的過程及結果，都強化了規模就是權力的想法。戰爭期間，美國這個「民主兵工廠」不僅使得同盟國獲得勝利，美國的經濟規模也在戰爭期間增長幾近一倍，並孕育了以大量生產方式運作的企業巨擘。戰事的終極贏家是美國及蘇聯這兩個占據大洲的國家，而不是日本或甚至英國的島嶼國家，它們因為戰費拖累而淪為二線國家。隨著戰事結束，過去被壓抑的美國消費需求找到了出口，再加上戰爭期間累積的儲蓄以及政府推出的嶄新慷慨的激勵政策，令大企業得以擴張至更龐大的規模。被稱為「美好戰爭」（Good War）的第二次世界大戰，在接下來逐漸演變為一場更廣泛、更不祥的戰爭，即約翰・甘迺迪口中「黎明前的漫長奮戰」，也就是冷戰所區隔的資本主義與社會主義陣營之間的東西對抗，雙方都投入大量的國防經費，各自跟隨自己的意識形態，讓科層制不再單純屬於軍事領域，而是無孔不入地擴展至科學、教育及文化。史學家李波厄特（Derek Leebaert）在《五十年傷痕》（*The Fifty-Year Wound*）中檢討了冷戰的各項成本：「非常時期的意識，使得人們對『大型』更加狂熱，此時的『大型』，是工業化初期的產物，也因小型組織在大蕭條期間那種朝不保夕的不安全感而起，更是第二次世界大戰後各種只求大型的合作組織的結果：此時出現了大工會、大企業及大政府，而市場則不甚受到關注。」[22]

很短時間內，大小與規模的象徵意義——即大型企業才最有可能成功、屹立不倒且名垂千史——便成為眾所皆知的常識。若以建築面積來計算，全球最大的辦公室就是五角大廈，這棟在一九四一年至一九四三年第二次世界大戰期間建造的大樓，在一九五〇年代及六〇年代成為這原則的完美象徵。以求真精神著名的 IBM 也是一樣，它透過階層與傳統來追求先進的工程學。一九五五年，M型結構的先驅者及示範者通用汽車成為美國最大的公司，不但是

22. Leebaert, *The Fifty-Year Wound: The True Price of America's Cold War Victory*, p. xiii.

首家每年淨利潤打破十億美元的企業，其收入更占國內生產毛額約百分之三；單在美國的雇員數目便已超過五十萬人，為客戶提供八十五款汽車選擇，其轎車及卡車銷量高達五百萬[23]。大量生產的模式也延伸至諸如住宅建築的其他行業。商人萊維特（Bill Levitt）之前是海軍建築工人，他率先在市郊大量興建中產階級能夠付擔的住宅，讓數千人得以成功置產。

不過，雖然冷戰期間的大型企業在財貨與勞務創造出歌舞昇平的繁榮局面，但這表面上的凱旋大勝也引發了憂慮。建築評論家芒福德（Lewis Mumford）批評，新建的萊維特城鎮千篇一律，屋與屋之間亦太分散，難以形成真正的社區。文學及社會評論者豪伊（Irving Howe）形容戰後時代為「從眾時代」（Age of Conformity），與社會學者黎士曼（David Riesman）在一九五〇年提出的說法不謀而合。黎士曼在其影響深遠的著作《寂寞的群眾》（*The Lonely Crowd*）中哀嘆制度的壓力消滅了個體主義[24]。

令人擔心的不只於此。由於大型組織的掌控無所不在，人類生活的不同層面都受其箝制，社會評論者憂慮它們建立的階層體制將會持續至千秋萬代，一方是控制政商的菁英，另一方則是普通人民，而權力集中在統治集團或階級手中，在此同時，毫不留情的規模邏輯使得大型組織不斷擴張，大者越大，若有必要，就用併購將其他對手吞併，或是透過卡特爾來共享財富。其他人則是憂心另一股趨勢，政府的職權由軍事國防擴張至社會福利，負責相關行政的科層體制也隨之擴張——同樣的，這並非只是左派或社會主義社會特有的現象。還有一些評論者則認為，權力集中主要是資本主義的結果。

這些憂慮其實和馬克思及恩格斯的觀點有共通之處。他們在一八四八年的《共產黨宣言》

中指出：資本主義社會的政府其實是企業主利益的政治延伸：「現代的國家政權不過是管理整個資產階級的共同事務的委員會罷了」[25]。在之後的數十年裡，許多具影響力的理論追隨者拓展其觀點，但核心理念維持不變。馬克思主義者的論述指出，資本主義的擴張加劇了階級分化，而透過帝國主義及金融資本對全球的入侵，這種階級分化不僅在國家之內出現，也在國際之間出現。

不過，對於大型階層組織崛起的批判，在其焦點上都傳承自韋伯，至於在論證上則是依循自馬克思。一九五一年，哥倫比亞大學社會學者米爾斯（C. Wright Mills）發表了《白領：美國的中產階級》[26]。就像寇斯一樣，米爾斯也把注意力放在大型經理企業上。他指出，這些公司在追求規模及效率之際，創造了一大批只會進行重複性、機械性任務的勞工，這種任務扼殺了勞工的想像力，最後甚至使他們無法完全融入社會。簡單來說，米爾斯認為典型的企業勞工都遭到異化。對於不少人來說，霍列瑞斯打孔卡（Hollerith punch card）上的提示「不可折疊、戳孔或損毀」，清楚地捕捉了這種異化感；歸功於IBM及其他資訊處理公司，這張卡片成為科層制在一九五〇及六〇年代的生活中無孔不入的象徵。

在一九五六年，米爾斯在其最著名的著作《權力菁英》（*The Power Elite*）繼續發展其觀點。在書中，他指出美國的權力集中到主導經濟、產業及政治事務的統治「階層」手中的方

23. Sloan, *My Years with General Motors.*
24. Howe, "This Age of Conformity"; Riesman, Glazer, and Denney, *The Lonely Crowd: A Study of the Changing American Character.*
25. Marx and Engels, *The Communist Manifesto.*
26. Mills, *White Collar: The American Middle Classes.*

式。確實，米爾斯認為美國的政治生活是民主而多元的，可是，政經權力的集中卻讓菁英得以前所未有地維持其優越地位[27]。這些觀點令米爾斯成為社會批評者，但其實他的論點在其世代絕非偏激。在短短五年以後，美國總統艾森豪在其卸任演說中也發表類似論點，警告人們要警惕不受約束的權力，亦即「軍工綜合體（military-industrial complex）不合比例的影響力」[28]。

一九六〇年代，對於現代經濟組織內生的不平等與恒久不變的菁英階層的疑慮，進一步蔓延至社會學及心理學界。一九六七年，加州大學聖克魯斯分校的多姆霍夫（G. William Domhoff）出版了《誰統治美國？》（*Who Rules America?*）。透過多姆霍夫的「四個網絡」（Four Networks）理論，他指出美國人的生活其實由大企業股東及高階經理人所操控。多姆霍夫不斷修訂此書，包羅各種發展，由越戰以至歐巴馬當選總統等等都成為其論點的證據[29]。

不論是期望進入白宮的政治家，或是希望奪取既有大型企業霸主地位的後起之秀，打破既有菁英階層與建置的堡壘都成為它們熱愛的比喻。商界的例子可追溯至一九八四年，當時蘋果公司為麥金塔個人電腦推出了現已成為經典的廣告：在一個宛如歐威爾反烏托邦小說《一九八四》的場景裡，一位女士被一群穿著長靴的警察追捕，她衝至在大螢幕前收看「老大哥」講話的麻木群眾之間，用力將一把槌子扔進大螢幕，隨著大螢幕的倒下，群眾也重獲自由。這則廣告顯然是衝着當時的個人電腦霸主 IBM 而來，也就是蘋果的競爭對手。當然，今天 IBM 已撤出該市場，其市值亦遠遠落後於蘋果；蘋果現在則反被抨擊為壟斷作業系統、硬體、商店及消費者體驗的「老大哥」。Google在一九九八年創辦時仍帶着駭客的不常規作風，公司的座右銘也是「不要作惡」。時至今日，它已是世界上以市值計算最大的企業之一，並已背上反基督、一手毀壞報業生存、向對手咄咄相逼以及侵犯客戶隱私的指控。

在過去二十年，美國的貧富懸殊、收入不公越來越嚴重，再加上給予大型企業執行長及銀行家巨額薪資及豐厚紅利的全球趨勢，在在給人這樣的觀感：位高權重者永遠都是同一批人，他們高高在上，對民間疾苦漠不關心。一九九四年逝世的理論家拉許（Christopher Lasch）把西方世界之所以會出現這種趨勢——例如解除管制，並允許私人學校、私人保鏢等等——的政策及行為稱為「菁英的背叛」，也就是說，有錢人可以選擇性地退出社會體系。他在《哈潑》雜誌的封面專題中問道：「他們是否已不再效忠美國？」[30]

儘管如何界定「菁英」莫衷一是（財富？地位？職業？），但「菁英的背叛」這觀點引起不少共鳴，「打不死的菁英對政府的操控不斷增強」這說法亦復如此。二〇〇八年，雷曼兄弟公司破產，保險業巨頭美國國際集團（AIG）苟延殘存，於是美國政府宣布了大規模的銀行紓困方案。短短數天之後，評論家克萊恩（Naomi Klein）便如此形容當時形勢：「這是場菁英的背叛……而且出奇成功。」她認為，長期受到忽視的金融監管，以及突如其來的紓困方案，正好反映出菁英對政策的掌控。克萊恩認為，就算各個世界強權在政經制度上採取看似對立的

27. Mills, *The Power Elite*.
28. 艾森豪的演說稿可在網上瀏覽：http://www.h-net.org/~hst306/documents/indust.html.
29. Domhoff, *Who Rules America? Challenges to Corporate and Class Dominance*.
30. Christopher Lasch, "The Revolt of the Elites: Have They Canceled Their Allegiance to America?" *Harper's*, November 1994.

體系，但卻有一個共同的趨勢使之結合，那就是權力的集中。她在紐約演講時指出：「就我看來，美國、俄羅斯及中國都有朝向威權式資本主義發展的傾向。倒不是說這些國家都處於同一階段，但我看到非常令人擔心的趨勢：大企業的權力與大政府的權力攜手合作袒護菁英的利益。」[31]此外，人們同時也相信，全球化只是讓各個產業與經濟部門中的權力更加集中而已，並讓市場領導者的優勢更加穩固。

近年發生的種種事件，令人們再次關切以下的現象：在很多、甚至大部分國家裡，權力其實都由寡頭集團操控；這一小撮位高權重的人士控制了不符比例的財富及資源，而且，他們的利益與政府的政策緊密交織，有時昭然若揭，有時暗地進行。曾任國際貨幣基金組織首席經濟學家的麻省理工學院教授強森（Simon Johnson）便以親身經歷指出：每當國際貨幣基金組織被要求進行干預時，相關的寡頭集團總是躲起來保護自己，將改革的責任推給其他機構（或外國貸款者）。強森在一篇刊於二〇〇九年《大西洋月刊》的文章指出，寡頭集團是新興市場的標準特色，但不限於此。事實上，他認為美國的寡頭集團更是群龍之首：「我們擁有世上最先進的經濟、軍事及科技，自然也擁有全世界最先進的寡頭集團。」他指的是游說團體、金融自由化政策，以及華爾街和政府之間的「旋轉門」，因此他呼籲「瓦解舊有的菁英階層」[32]。

上述分析使我們明白，人們心中其實還有個更為廣泛的認知，而由於這種認知實在太過深植人心，甚至可以說已成為一種集體本能：「權力及財富只會集中。富者越富，貧者越貧。」儘管用上面這句話來表述這種認知有點輕忽，但它確實就是人們在交談時所持有的假設，不管是在議會、家庭餐桌、大學宿舍、朋友聚會、專業書籍，還是流行電視劇裡。即使是自由市場支持者，也常附和馬克思主義有關權力與財富集中的論點。過去十至二十年，媒體大量報導俄羅斯寡頭、石油大亨、中國富豪、美國避險基金經理及網路鉅子的驚人財富。而每當這些大亨染指政治，例如義大利的貝盧斯柯尼（Silvio Berlusconi）、泰國的塔克辛（Thaksin Shinawatra），以及勢力擴及全球的梅鐸（Rupert Murdoch）及索羅斯（George Soros），或者蓋茲或其他富豪嘗試左右美國以至全球的公共政策時，公眾便會再次看到金錢與權力兩者唇齒相依的關係，以及由此所建立的固若金湯壁壘。

「經濟不平等不僅會持續，而且還會惡化」這眾人皆知的道理，令我們多少都算得上是馬克思主義者。但假如韋伯及其經濟學、社會學門生認為最有利於現代競爭、管理的企業模式原來已過時落伍？假如權力正在流散，並透過新的形式、機制流落到小型、過去弱勢的組織，而本來大權在握的科層組織已經萎縮？微權力的崛起令我們首次得以提出這些沒人問過的問題，並展望一個權力可能正驚人地逐漸與規模大小脫勾的趨勢。

31. 克萊恩的演講可至網上瀏覽：http://fora.tv/2008/10/20/Naomi_Klein_and_Joseph_Stiglitz_on_Economic_Power#fullprogram.

32. Simon Johnson, "The Quiet Coup," *Atlantic*, May 2009, http://www.theatlantic.com/magazine/archive/2009/05/the-quiet-coup/7364/. See also Johnson and Kwak, *13 Bankers*.

第4章 權力如何失去優勢

增長革命、遷移革命和心態革命

西班牙前外交部長索拉納（Javier Solana）曾於一九九〇年代中期出任北約秘書長，其後轉任歐盟外交部部長。他曾告訴我：「在過去四分一世紀裡，從巴爾幹半島與伊拉克局勢、與伊朗進行談判、以巴衝突，到多宗其他危機，我看到各種新勢力及因素出現，就連最富裕以至科技最先進的強權都受到掣肘。他們（其實就是我們），已很難像以往般遂其所願。」[1]

索拉納所言甚是。叛亂分子、邊緣政黨、新創公司、駭客團體、組織鬆散的社會運動者、正在冒起的公民媒體、城市廣場上沒有首領的年輕群眾、過去寂寂無名突然冒起的克里斯瑪型領袖，在在攪動既有的秩序。這些人未必討喜，但都削弱了軍警、傳統電視台、傳統政黨及大型銀行的權力。

這些就是**微權力**：規模不大、沒有名氣、遭到忽視的角色；但是，現在它們已找到方法減弱、約束，甚或擊敗過去指點江山的巨頭與大型科層組織。按過去的規則，這些微權力應該一無是處，因為它們欠缺規模、協調、資源、既有知名度，對於競逐權力這場遊戲，它們

1. 二〇一二年五月於華府與索拉納的訪談。

應該連獲得入場券的資格都拿不到，就算它們進去了，也無法留在遊戲中，因為他們很快就會被主要對手打壓或吸納。但現在事態逆轉了。確實，微權力力有未逮，許多建制裡的成員認為實屬理所當然的諸多選項，都是它們無法應用的；然而，在某些情況下，微權力卻甚至已經勝過了傳統巨頭。

這些新出現的微權力是怎麼辦到這一點的？是在競爭中使盡全力，將傳統巨頭趕出廠外嗎？通常不是。它們並不善於大型接管。它們的優勢反而正在於沒有規模、資產、資源、中央集權、階層制度的負累，但傳統巨頭卻得投放大量時間精力苦心栽培及經營。一旦微權力開始模仿傳統巨頭，就會變成其他新的微權力可以同樣有效攻擊的組織類型。所以，成功的微權力會把資源投放在另一套優勢及技術。它們拖垮、阻礙、破壞、包抄傳統巨頭，儘管後者擁有各式各樣的龐大資源，但面對微權力時卻只感到技窮、毫無反擊之力。微權力的技倆可以撼動、甚至取代傳統巨頭堅不可摧的地位，足以證明權力現在更容易被摧毀並且更難維持。這箇中含義令人屏息：韋伯式科層制，這個在二十世紀帶來禍福的組織體制，已呈現強弩之末的態勢。**權力與規模大小的脫勾，以及有效運用權力的能力與管理韋伯式大型科層制的脫勾，正在改變世界。**這脫勾帶來不安寧的煩思：如果權力的未來倚仗的是破壞與干擾，而不是管理與整合，我們還能再次看到穩定嗎？

那什麼變了？

我們很難界定何時權力開始分散及衰微，亦無從估計何時韋伯式的科層組織模範開始墜落。我們無法如詩人拉金（Philip Larkin）那樣清晰劃定性革命的起點：「在《查泰萊夫人的情人》解禁與披頭四首張專輯問世之間。」[2]

柏林圍牆倒塌的一九八九年十一月九日似乎是個不錯的起點：半個歐洲得以脫離極權統治，邊境解封，新市場也隨之出現；冷戰及其背後的意識形態與存在鬥爭的結束，削弱了國家強化國防的理據，也侵蝕了過去用以支撐國防的經濟、政治及文化資源。過去被逼同坐一條船的群眾，現在可以自由地找尋自己的方向，舊有的秩序已被各項自發事件推翻，例如一九八九年聖誕節西奧塞古（Nicolae Ceaușescu）在羅馬尼亞遭到處決，一九九〇年一月東德的國家安全部（Stasi）被襲，而後者這個情報單位可謂戰後科層制黑暗面的最高成就。曾被嚴密封鎖的經濟體系，現在已經對國外資金及貿易開放，跨國企業蜂擁而至。如同美國雷根政府的國安局局長奧多姆將軍（William Odom）所言：「透過在歐洲及亞洲建立安全傘，美國降低了這些地區的商業交易成本，使得北美、西歐及東北亞全都變得更富有。」[3] 如今降低的交易成本又再延伸至其他地方，隨之而來的則是更高的經濟自由度的允諾。

在數千名德國人拿著鎚子敲倒柏林圍牆後約略一年，即一九九〇年十二月，英國電腦科學家柏納斯—李（Tim Berners-Lee）在法國瑞士邊境的歐洲核物理研究中心（European Organization for Nuclear Research）透過網際網路在 HTTP 和伺服器之間成功發出第一個通訊，

2. Larkin, *Collected Poems*.
3. William Odom, "NATO's Expansion: Why the Critics Are Wrong," *National Interest*, Spring 1995, p. 44.

從而創建了全球資訊網。這發明燃起了全球通訊革命，無孔不入地進入我們的生活。

冷戰的結束以及網際網路的誕生，絕對是今日微權力崛起的重要原因，但它們不是唯一的重要原因。我們總難以抗拒以單一原因解釋歷史銳變的衝動，例如臉書及推特這類簡訊及社群媒體在世界各地的動盪中所扮演的角色。有人認為社群媒體觸發了新的政治運動，另一些人則覺得言過其實，儘管他們激烈爭辯，卻苦無結論。做為權力鬥爭的元素之一，社群媒體的確有助示威的進行，並讓外界得悉當地對人權的侵犯。可是，富有經驗的專制政權如伊朗及中國也會利用這些工具監督及鎮壓民眾。只要有所疑慮，政府大可關閉國家的網際網路（或至少是大規模停用，如埃及和敘利亞的獨裁者所為），又或建立精細的過濾與管制機制，盡量減少未經審查的訊息在網路傳播（如中國的「防火長城」）。不管是網際網路的樂觀派還是持疑派，都能提出案例來證明自己的論點，前者如薛基（Clay Shirky），後者如摩洛佐夫（Evgeny Morozov）及葛拉威爾（Malcolm Gladwell）。因此，要理解權力壁壘為何變得千瘡百孔，我們必須審視其深層本質的變化，也就是在冷戰結束及網際網路出現前便已累積及加速的變化。在我們這世代，權力面對的最大挑戰來自基本生活的改變，亦即我們如何生活、在哪生活、可以活多久、活得多好。真正出現變化的，乃是權力運作的環境。

這個環境即是人口分布、生活水準、醫療與教育水準，以及移民、家庭、社區乃至我們的態度模式：這些參照點塑造了我們的抱負、信念、欲望，還有我們的自我與他者的形象。若想深層地描繪這些變化，並理解它們對權力的影響，我們需要將其拆解為三類：**增長**革命（*More* revolution）、**遷移**革命（*Mobility* revolution）和**心態**革命（*Mentality* revolution）。增長革命正在掃除權力壁壘，遷移革命則繞過這些壁壘，心態革命則是削弱權力壁壘。

增長革命：打擊控制的手段

我們正身處數量龐大的時代，所有的事物都比以前多了：更多的人口、國家、城市、政黨、軍隊，更多的財貨及勞務以及販售它們的公司，還有更多的武器、藥物，以及學生、電腦，甚至更多的教士、罪犯。較諸一九五〇年，全球生產總值增長五倍，人均收入也增長三倍半。最重要的是更多的人口：比起二十年前，人口數目增加了二十億，到了二〇五〇年，全球人口將會是一九五〇年的四倍。若要理解權力發生的變化，就得探討人口規模、年齡結構、地理分布、預期壽命、健康狀況及人類理想。

增長革命並非只局限於地球某個角落或是部分人群，它進占了每天新聞頭條的負面消息：經濟衰退、恐怖主義、地震、鎮壓、內戰、自然災難及環境威脅。儘管我們不該低估上述危機為人類乃至整個地球帶來的沉重代價，但我們仍可斷言，二十一世紀的最初十年可說是人類史上最美好的時代：如分析家肯尼（Charles Kenny）所言：「這是史上最美好的十年。無須贅言。」[4] 數據也確實支持他的說法。根據世界銀行的資料，二〇〇五年至二〇〇八年期間，由撒哈拉沙漠以南的非洲至拉丁美洲，由亞洲至東歐，極端貧窮人口（日均收入低於

4. Charles Kenny, "Best. Decade. Ever," *Foreign Policy*, September–October 2010, http://www.foreignpolicy.com/articles/2010/08/16/best_decade_ever.

一・二五美元的人口）的比例下降，這是全球貧窮數據開始記錄以來的首次下降。有鑑於在這後來的十年間發生了自一九二九年經濟大蕭條以來最嚴重的經濟危機，這樣的進步實在令人稱奇。確實，在經濟危機發生之際，當時的世界銀行行長佐利克（Robert Zoellick）曾表達深切憂慮，擔心金融危機將會加劇貧窮問題；他表示世界銀行的專家告訴他，貧困人口將會大幅飆升。幸運的是，專家都錯了。全球反而可望更早達成聯合國在二〇〇〇年訂下的《千禧年發展目標》，也就是在二〇一五年時把極端貧窮人口的數字減少一半。最後，這目標提早五年實現。

原因如下：儘管爆發了金融危機，但較貧窮國家的經濟卻持續擴張，工作也一直增加；而這趨勢在三十年前已開始，例如自一九八一年以來，六億六千萬的中國人擺脫了貧窮。在亞洲，極端貧窮人口的比例由一九八〇年代的百分之七十七，急跌至一九九八年的百分之十四。這情況不只發生在中國、印度、巴西或其他成功的新興市場，就連非洲最貧窮的國家也是一樣。經濟學者潘科夫斯基（Maxim Pinkovskiy）及薩拉—伊—馬丁（Xavier Sala-i-Martin）的研究指出，在一九七〇年至二〇〇六年間，非洲貧窮問題的改善速度遠快於一般人的認知。經過詳盡的統計分析，他們對非洲的情況得出以下結論：「滅窮的情況普遍得令人驚訝，不能以單一大國或一群坐擁地理或歷史優勢的國家來解釋。不管是怎樣的國家，就連身處地理和歷史劣勢的國家，其貧窮狀況也獲得改善。不論是內陸或沿海、是否坐擁豐厚礦產、是否有利農耕、不論其殖民宗主國背景，還是在非洲奴隸貿易時期輸出較多或較少的奴隸，在一九九八年，生活在貧窮線以上的非洲人口數目超過了線以下的人口，這是有記錄以來的首次情形。」[5]

當然，數十億人口的生活仍然苦不堪言。就算一個人的每天收入為三美元或五美元，超過日均收入一・二五美元的世界銀行極端貧窮線，他仍需辛苦掙扎。不過，事實是世界上最貧窮、最苦難的「底層十億人口」，其生活品質確實獲得改善。自二〇〇〇年以來，兒童死亡率下降逾百分之十七；而一九九九年至二〇〇五年，因痲疹致死的兒童數字減少六成。在發展中國家，「營養不良」人口比例由一九七〇年的百分之三十四下降至二〇〇八年的百分之十七。

由於大量貧窮國家經濟的快速增長改善了貧窮的情況，「全球中產階級」也因而增長。根據世界銀行的資料，自二〇〇六年以來，二十八個過去的「低收入國家」躋身「中等收入國家」之列。這些新進中產階級或許不如已開發國家的中產階級般富裕，但他們現時的生活品質已史無前例地改善，他們也是全球增長最快的人口群體。布魯金斯研究院（Brookings Institution）卡拉斯（Homi Kharas）是研究全球新進中產階級的權威，他跟我說：「全球中產階級的人數，自一九八〇年的十億，擴大到二〇一二年的二十億；而且中產階級的人數仍以高速成長，預計到二〇二〇年可達三十億。就我的計算，在二〇一七年或之前，亞洲的中產階級人數會高於北美及歐洲的總和。如果目前的走勢持續，在二〇二一年或之前，生活在中產家庭的亞洲人數可逾二十億，單是在中國，就會有超過六億七千萬名的中產階級消費者。」[6]

---

5. Xavier Sala-i-Martin and Maxim Pinkovskiy, "African Poverty Is Falling… Much Faster Than You Think!," NBER Working Paper No. 15775, February 2010.

不過，卡拉斯馬上指出，這情況並非只出現在亞洲：「縱觀全球，貧窮國家的中產階級人數都不斷快速上升。我沒觀察到任何趨勢會減緩的跡象，儘管個別國家可能會遭遇增幅的障礙，但就全球來說，這種趨勢再明顯不過。」

全球社經版圖在過去三十年出現急遽的變化，這些改變——或該說是成就——的名單非常之長，令人大感驚嘆：一九九〇年，全球識字率為百分之七十五，而現在已升至百分之八十四；大學教育變得普及，連全球平均智商測試的分數也有所提高。在此同時，死亡率下降，自二〇〇〇年以來減少了四成。即使是在愛滋病最橫行的國家，人均壽命也開始回升。農糧生產也遠勝以往，自二〇〇〇年以來，開發中國家的穀物產量增長速度是人口增長的兩倍。就連「稀土」，也就是用來生產手機及煉油的十七種稀有元素，也不再那麼稀有，因為市場裡出現了新來源與生產商。一個推動上述高速增長的原因，或許是科學家這個專業群體的迅速增長：根據經濟合作暨發展組織的調查，專職科學家的人數由一九九九年的四百三十萬名，增至二〇〇九年的六百三十萬名[7]。而且該調查並未包括擁有大量且高速增長的科學家的國家，特別是印度。

人類現在更加長壽，更加健康。綜合健康、教育及收入指標以評核全球生活理想程度的聯合國人類發展指數（United Nations Human Development Index）顯示自一九七〇年起，全世界各地的生活水準都有提高；至於二〇一〇年水準較一九七〇年更差的地區，隻手可數。在二〇〇〇年至二〇一〇年這十年，全球**只有**辛巴威這個國家的人類發展指數下降。不管是貧窮程度、兒童死亡率，或是教育程度、熱量攝取量，這些指標在二〇一二年底全都較二〇〇〇年有所改善。簡單來說，數十億人過去曾經一貧如洗，但在近年他們都擁有較過去更多的食物、機遇及預期壽命。

我的重點並不是要像伏爾泰筆下的潘格羅斯（Pangloss）博士般宣稱：「一切都是在為最美好的世界的最美好目的發展。」事實上，上述種種進步都面臨龐大的挑戰，偶爾也會淪為悲劇。貧窮國家的進步與歐美的近況形成強烈對比：歐美的中產階級享受了數十年的增長與繁榮，但由於身處金融危機，他們逐漸失去經濟基礎，甚至萎縮不保。儘管如此，整體而言，人類的壽命延長、健康改善、基本需求遠較以往得到照顧，這些事實對於我們了解今日的權力轉移及重新分配實屬不可或缺，而且也令我們更能理解，解釋當下情況究竟意味著什麼。的確，「阿拉伯之春」以及其他近來的社會運動都巧妙地運用了現代的科技，但其基礎乃是中東、北非的預期壽命自一九八〇年以來的增長，也就是「青年膨脹」：數百萬三十歲以下、受過教育、身體健康的青年望著漫長的人生，卻找不到適合的工作，前景也是一片暗淡，當然他們也無法成為積極參與政治的中產階級。「阿拉伯之春」始於突尼西亞絕非偶然，因為它是北非經濟狀況最良好的國家，也是脫貧轉型至中產的最成功國家。於是，缺乏耐性、見多識廣的中產階級要求更急速的社會進步，但政府卻無力實踐，在此同時，他們也無法容忍貪污，這些都轉化為反對力量，促成這十年裡的多起政治變革。單靠人口和收入增加，並不足以改變權力行使的本質：因為權力仍然集中於一小撮人手中。然而，增長革命並

6. 二〇一二年二月於華府與卡拉斯的訪談。
7. 調查結果與其他相關報導請見：www.globalworksfoundation.org/Documents/fact465.science_000.pdf.

不只在於量的變化，還包含人類生活水準的質變。當人們獲得更多的營養、健康、學識、資訊並與他人聯繫後，許多把權力緊緊鎖起的各種效力便開始減退。

關鍵如下：**當人越來越多，壽命越來越長，要管理及控制他們就變得難上加難。**

不論在任何領域，行使權力基本而言就是加諸及保持操控，不管是國家、市場、選民、追隨者或是貿易網絡等等。然而，不管是哪種領域，只要人數增加，無論是潛在的軍人、選民、消費者、勞工、競爭者或信眾，且能充分掌握各種手段及運作並得到更大的能力，這些人就變得更難協調及控制。美國前國家安全事務顧問布里辛斯基（Zbigniew Brzezinski）在談及自他從政以來世界秩序的變局時直言：「在現今的世界，殺掉一百萬人絕對比控制他們來得容易。」[8]

對當權者而言，增長革命讓他們陷入痛苦的兩難：當動武成本變得越來越高、風險越來越大，什麼樣的逼迫方法最有效？當人們生活變得更富足，他們的依賴與脆弱感也就降低，此時該如何施加權威？當世上的選擇更多，該如何影響人們、表彰他們的忠誠？相較於小型且低度開發的地區，在一個大多數人都享有高度生活水準的地區，必須要以不同的方式來治理、組織、動員、影響、遊說、規訓與鎮壓。

遷移革命：籠內觀眾之終結

今天的世界不單人數更多，人也變得更長壽、更健康，遷移也更頻繁，使得群眾更加難以控制。這改變了權力在國內與國家之間的分配；不管是離鄉背井的族群、宗教、專業群體的崛起，或是前所未聞的意見、資本及信仰的個別團體出現，都動搖了權力，或是得到權力。就聯合國的估計，在過去二十年裡，全球移民增加了百分之三十七，也就是出現了兩億一千四百萬名移民；期內歐洲移民增加了百分之四十一，而北美增幅高達八成。我們正經歷一場遷移革命，移民的人口實屬史無前例。

我們可看看世界人口的加速遷移如何影響美國的勞工運動。二〇〇五年，六家工會脫離美國勞工聯合會—產業工會聯合會（AFL-CIO），它們另起爐灶，組成變則勝聯盟（Change to Win Federation），這批分離的成員工會包括服務業雇員國際工會（Service Employees International Union）與名為「團結」（UniteHere）的製衣業工會；這兩者的主要成員都是低收入的移民勞工，他們的關注與優先要求與歷史悠久的工會截然不同，例如國際卡車司機工會（Teamsters）。這場分裂影響了美國的政治，就如《紐約時報》記者德帕爾（Jason DeParle）所說：「在歐巴馬首次競逐總統大位的初期階段裡，變則勝聯盟扮演著舉足輕重的角色（甚至是決定性的角色）。」[9] 當歐巴馬在二〇一二年尋求連任時，拉丁裔選民更是決定性的關鍵。藉由這種前所未見的方式，國際人口遷移塑造了美國政局，正如全球其他地區。

根據蘇丹國會二〇〇九年通過的《蘇丹公投法案》，境外的蘇丹人（包括約十五萬名居住在美國的蘇丹人）都有權在二〇一一年南蘇丹獨立公投中投票。部分哥倫比亞參議員便是由

8. Brzezinski, *Strategic Vision: America and the Crisis of Global Power.*
9. Jason DeParle, "Global Migration: A World Ever More on the Move," *New York Times*, June 26, 2010.

境外選民投票選出。在一些移民人口眾多的地區，其州長以至總統參選人，例如墨西哥州長候選人、塞內加爾總統候選人，常會到訪芝加哥、紐約或倫敦及其他境外選民的集居地爭取選票、籌措經費。

同樣的，移民人口也改變了定居國家的商界、宗教及文化。美國的西班牙裔人口，由一九九〇年的兩千兩百萬人倍增至二〇一一年的五千一百萬人，現在每六個美國人便有一個為西班牙裔；也就是說，在美國過去十年的人口成長裡，西班牙裔占了超過五成。在福特汽車總部密西根州迪爾柏恩（Dearborn），阿拉伯裔人口高達四成，當地的穆斯林建造了北美最大的清真寺。這些群體必定會改變結盟與投票模式，也會影響商業策略，甚至是各種教會對信徒的爭取。政黨、政治家、商界及其他機構面對越來越多的競爭者，而後者不僅與新移民人口有更深刻的連結，也更了解他們。歐洲也面對類似情況，各國政府都無力阻擋來自非洲、亞洲以及其他較不富裕的歐洲國家的移民潮。一個有趣例子如下：二〇〇七年，一名出生於奈及利亞的男子當選為愛爾蘭利什港市（Portlaoise，都柏林西邊的通勤城鎮）市長，成為該國第一名黑人市長。

就連企圖**限制**這股新移民潮的措施，也會帶來難以預料的猛力後果。對於美國某些州對移民所採取的嚴苛措施與不友善態度，前墨西哥外交部部長卡斯塔涅達（Jorge G. Castañeda）以及普林斯頓大學社會學者梅西（Douglas S. Massey）表示：「許多墨西哥裔永久居民的選擇令人訝異，他們並沒有因為感到不受歡迎而離開美國，反而，他們成為美國公民，這種做法稱為『自衛式歸化』（defensive naturalization）。一九九六年之前十年，每年平均有兩萬九千名墨西哥人入籍美國；自一九九六年起，每年的平均數字上升至十二萬五千名，這批新公民人數為兩百萬名，他們可以把近親帶到美國生活。時至今日，接近三分之二的墨西哥裔永久居民透過親屬身分而成為美國公民。」[10]這些新公民當然也是選民，這情況正在重塑美國的選舉局勢。

移民會匯款至母國，金額高達幾十億美元，可促進經濟及發展。二〇一〇年，透過電匯、郵寄或攜帶的方式，全球移民對母國的匯款達四千四百九十億美元，（一九八〇年的匯款總額只有三百七十億美元）[11]。今天，移民的匯款總額較全球的對外援助總額多出逾五倍，也高於外資對貧窮國家每年的投資金額總和。簡單而言，儘管外勞自己的生活也非常貧苦，但較於外商的投資與富裕國家的金融援助，他們寄回母國的金額要高出許多[12]。事實上對很多國家來說，匯款已成為最大的強勢貨幣來源，而且也是最大的經濟部門，從而轉化了傳統的經濟與社會結構以及商業生態。

或許，遷移革命為權力帶來的最大改變乃是城市化。我們已身處在有史以來最快的城市化步伐，而且速度還在加快，尤其是亞洲。越來越多的農村人口遷徙到城市，而且人數持續增多，這是前所未有的現象。二〇〇七年，城市人口首次在史上超越農村人口。對於這巨大

10. Jorge G. Castaneda and Douglas S. Massey, "Do-It-Yourself Immigration Reform," *New York Times*, June 1, 2012.
11. 匯款數據引自世界銀行世界發展指標資料庫（2011）。
12. Dean Yang, "Migrant Remittances," in *Journal of Economic Perspectives* 25, no. 3 (Summer 2011), pp. 129–152 at p. 130.

的本質變化，多布斯（Richard Dobbs）如此形容：「巨型城市將成為中國和印度不斷膨脹的中產階級的居所，他們創建的消費市場將分別較今天的日本和西班牙更大。」[13]根據美國國家情報委員會估計：「每年全球城市人口的增幅為六千五百萬人，相當於七個芝加哥或五個倫敦。」[14]這場革命不僅影響了權力的分配，也巨幅影響其內部；越來越多的人同時在兩個（或多個）國家消費及投資。國內遷徙，尤其是自農村到城市的遷徙，對權力所帶來的破壞，並不亞於國際移民。

儘管不如城市化般普及，但還有另一種新型遷移模式也同樣在重塑權力的局勢：**人才流通**（brain circulation）。貧窮國家失去受到高度訓練與高等教育的公民，他們遷徙至經濟富裕的國家，想要得到更理想的生活。這種常見的「人才外流」令許多國家備受打擊，因為它們流失了訓練成本高昂的專業人士，例如護士、工程師、科學家、創業家等等。然而，近年卻出現越來越多專業人才回流的情形，他們重返母國的企業、大學、媒體及政治圈。加州大學柏克萊分校資訊學院院長薩克瑟尼安克（AnnaLee Saxenian）發現，在矽谷工作的台灣人、印度人、以色列人及中國人常常成為母國的「天使投資者」（angel investor）及「風險資本家」（venture capitalist），他們要不是在母國成立新創公司，就是往返於母國與移民地之間（因此她將這種現象命名為**人才流通**）。藉此，他們將在美國學習的文化、作風及技巧帶回母國。無可避免的，創業家帶來充滿活力、競爭性、破壞性的商業文化，往往為開發中國家帶來衝擊，因為後者的商業模式仍然依據傳統與獨占，也就是說，家族經營的綜合性企業控制了一切。這也是遷移革命另一令人訝異的例子：在傳統但又急速變遷的社會裡，它改變了獲致並行使權力的方式[15]。

短期或永久移民也帶來以下領域的高量流動：財貨、勞務、資金、訊息及意見。短途旅程增加了四倍：一九八〇年，國際旅客只占全球總人口的百分之三點五，到了二〇一〇年則提高至近百分之十四[16]。每年預計有三億兩千萬人飛往外地參加專業會議、展覽及聚會，而這數字只會穩步成長[17]。

二〇〇八年金融海嘯引致的衰退，幾乎沒有減緩貿易發展。一九九〇年，全球進出口總量占全球經濟總值百分之三十九；到了二〇一〇年，比例已上升至百分之五十六。聯合國資料顯示，二〇〇〇年至二〇〇九年間，跨境採購貿易總值上升近一倍，由六十五兆美元增加至十二兆五千億美元（以現今美元幣值計算）；而根據國際貨幣基金組織的統計，同一時期的財貨及勞務總出口值則由七兆九千億美元急升至十八兆七千億美元。

資金也變得史無前例地流通：在全球經濟的比例上，外資直接投資額由一九八〇年的百分之六點五，在二〇一〇年幅上漲至百分之三十。而在一九九五年至二〇一〇年期間，**單日**國際貨幣流動額增長達七倍。在二〇一〇年，每天在國際市場跨境易手的金額逾**四十兆美元**[18]。

---

13. Richard Dobbs, "Megacities," *Foreign Policy*, September–October 2010, http://www.foreignpolicy.com/articles/2010/08/16/prime_numbers_megacities.
14. The National Intelligence Council, Office of the Director of National Intelligence, "Global Trends 2030: Alternative Worlds" (Washington, DC, 2012).
15. Saxenian, *The New Argonauts: Regional Advantage in a Global Economy*.
16. 國際旅客數據引自世界銀行世界發展指標資料庫（2011）。
17. World Bank, "World Development Report 2009: Reshaping Economic Geography" (2009).

傳播資訊的能力亦大幅擴張。你認識多少沒有行動電話的人？很少吧。即使在最貧窮、最沒有行政效率的國家，答案也相同。路透社在二〇〇九年對索馬利亞這個飽受蹂躪的國家的專題報導，就名為〈儘管動蕩，索馬利亞手機公司卻蓬勃發展〉[19]。索馬利亞可謂「失敗國家」的代名詞，該國國民無法獲得我們視為理所當然的基本需求，但即便如此，二十一世紀的行動電話卻非常普及。行動電話產業的擴張速度及創新程度相當令人驚訝。一九九〇年，全球每百人只有〇．二人為行動電話用戶，到了二〇一〇年，每百人已有七十八人擁有行動電話[20]。根據國際電信聯合會的報告，全球行動電話用戶人數在二〇一二年突破六十億大關，相當於全球人口的百分之八十七，比例之高令人咋舌[21]。

不可不提的當然還有網際網路。網際網路的擴張速度與創新使用（及濫用）方式無需多做解釋。一九九〇年，網際網路用戶少之又少，只占世界人口百分之〇．一。到二〇一〇年，這比例已急升至百分之三十（已開發國家的網際網路用戶數量更超過人口的百分之七十三）[22]。截至二〇一二年，成立八年的臉書用戶人數突破十億大關並繼續上升（一半以上用戶以手機或平板電腦登入），成立於二〇〇六年的推特，其活躍用戶亦達一億四千萬人；創於二〇〇三年的網路語音通訊工具 Skype 也擁有近七億名穩定用戶[23]。

中東的推特及臉書革命，以至於社群媒體對政治的影響，都廣獲討論，我們也檢視了它們在權力衰退上扮演的角色。不過，既然我們才剛開始討論遷移革命，我們還得考慮到另一種同樣改變了世界卻備受忽視的影響：電話卡。網際網路用戶需要電力、電腦以及網路服務供應商，就我們看來，這些事情實屬理所當然，對於世界上大部分人口來說卻是奢侈品。然而，電話卡用戶只需支付少許零錢及一個付費電話，無論置身何等杳無人煙之地，都可以聯絡世界任何一個角落。電話卡的增長及全球普及程度，讓網際網路望塵莫及。一九七六年義大利發明了電話卡，原因乃是硬幣不足、公共電話錢箱失竊及電話受損。翌年這產品已迅速流行，分別進軍奧地利、法國、瑞典及英國，並在五年後登陸日本（同樣由於硬幣短缺）。但電話卡之所以出現爆發式成長，乃因為它在貧窮國家變得普及。受惠於較貧窮國家的業務增長，電話卡產業的盈餘由一九九三年的兩千五百萬美元，暴升至二〇〇〇年的三十億美元[24]。現在，電話卡已被行動電話卡取代，後者也同樣使得用戶無須被長期租約綁死，亦不需要簽定電信公司的複雜合約[25]。一旦有了預付行動電話卡，那些為了改善生活而離鄉背井的人們，就可以繼續聯繫家人與原有社區並改善生活，無須在兩者之間做出取捨。

所有改善遷移的科技都擁有兩個共同點：一個是速度，另一個則是大幅減低的運送成本，不管對象是商品、資本、人還是資訊。二、三十年前的飛機機票票價高達數千美元，現已大幅跌價；貨物每噸每公里運費只有一九五〇年代的十分之一。在一九九〇年代，以電滙

18. 外匯數據引自國際清算銀行二〇一一年的統計報告：http://www.bis.org/publ/rpfxf10t.htm.
19. "Somali Mobile Phone Firms Thrive Despite Chaos," Reuters, November 3, 2009.
20. 這些數據引自世界銀行世界發展指標資料庫（非單年），以及國際電信聯合會指標資料庫。
21. 同上。
22. 同上。
23. 數據分別由臉書、推特、Skype提供。
24. Long Distance Post, "The History of Prepaid Phone Cards," http://www.ldpost.com/telecom-articles/.
25. Ericsson (telecom company), *Traffic and Market Report*, June 2012.

方式從加州匯款至墨西哥，手續費占交易額的百分之十五，現在則降至不到百分之六。手機支付平台的出現，使得金錢可由一個手機電話號碼轉到另一個手機電話號碼，於是匯款成本幾乎等於零。

遷移及通訊的革命性改變究竟如何影響權力？遷移革命的影響龐大，正如增長革命般，我們只能透過本能理解。行使權力不單是對一個實際或象徵性的領土施行控制與一體適用的法律，也包括邊界的監理。不管是民族國家，還是主導既有市場的企業，或是依賴個別選區的政黨，甚至是想要隨時控制孩子的父親，都是一樣。權力需要被關在籠內的觀眾，當公民、選民、投資者、勞工、教友或消費者的選擇極少，甚至沒有其他出路時，他們別無選擇，只能接受眼前當權者所決定的條件。然而，當邊界變得鬆散，而過去被管治與操控的民眾的流動性增加後，當權者便難以維護其主導地位。最極端的例子便是移民，人們乾脆由某個權力管轄範圍遷徙到另一個，因為他們相信這會帶來更理想的生活。

無可避免的是，當旅行、交通變得更便利，加上資訊、金錢及價值的流動成本變得更低，遷徙者的旅程就更輕鬆，當權者就越來越難以維繫其地位。

心態革命：難以再視一切為理所當然

在一九六〇年代後期，哈佛大學政治學者杭廷頓（Samuel Huntington）提出著名觀點，他認為開發中國家（也就是他所謂的「快速變化社會」〔rapidly changing society〕）之所以出現社會、政治動盪，一個基本原因乃是人民期望的膨漲速度遠快於政府滿足人民期望的能力[26]。而增長革命及遷移革命造就了一個嶄新、龐大、增長迅速的中產階級，他們清楚明白其他人較他們享有更多的財富、自由及個人成就，而他們希望可以趕上。這場「期望革命」以及衍生的期望落差在全球各地隨處可見，無論是富有國家或是貧窮國家都受其影響。事實上，現時全球絕大多數人口都身處「快速變化的社會」，分別只在於開發中國家的中產階級正在不斷擴張，但最富有國家的中產階級人口卻在減少，但無論中產階級增加或減少都會加劇政治動盪。處境艱難的中產階級會為了捍衛生活水準而走上街頭示威，而日漸壯大的中產階級則會為了爭取更佳的財貨及勞務而抗議。例如，自二〇〇九年開始，智利學生為了爭取更優而廉的大學教育，幾乎定期發動動亂。但其實在數十年前，高等教育只是少數菁英階層的特權，而現在大學已充斥大量新興中產階級的子女。對於家長和學生來說，單單可以獲得高等教育的機會已無法再滿足他們，他們要的是價廉物美的教育服務，而且必須馬上得到。類似的情況也發生在中國，人們經常抗議劣質的新建公寓、醫院、學校。同樣的，就算有人指出這些設施在幾年前根本不存在，人們還是要求得到更高水準的醫療與教育。這種全新的思維，也就是心態的轉變，對權力有深遠的影響。

期望及標準的劇烈提升不單出現在自由社會，也出現在最為迂腐守舊的社會。今天大多數人認知世界、鄰里、雇主、教牧、政客及政府的角度與上一代已截然不同。某種程度上，

26. Huntington, *Political Order in Changing Societies*.

這現象已存在多時，但增長革命及遷移革命開拓了人們的認知與感受，因為他們可以接觸更多的資源，並擁有更多的遷移、學習與溝通能力，不光只是範圍變得更廣而已，成本更是低到前所未見。世代之間的心態無可避免地截然不同，尤其是世界觀。

心態革命如何運作？

離婚仍是不少傳統社會的忌諱，但在今日已隨處可見。二〇一〇年一項調查顯示，即使在保守的波斯灣國家，其離婚率也上升，沙烏地阿拉伯的離婚率已達百分之二十，阿聯酋為百分之二十六，科威特則是百分之三十七。此外，離婚率的升幅與教育水準有關；尤其，受過教育的女性人數增加，為傳統婚姻帶來壓力，使得夫妻出現衝突，而丈夫因受到威脅而提出離婚。在科威特，男女雙方都持有大學學位的離婚率高達百分之四十七。沙烏地阿拉伯社會學者與報導作家阿爾．穆納杰德（Mona al-Munajjed）在比較波斯灣國家前後三十年的變化表示：「女性習於承擔社會犧牲，但現在她們不再接受了。」[27]

對於心態革命對悠久的傳統帶來的變化，穆斯林世界提供的豐富例子只是冰山一角，針對穆斯林女裝希賈布（Hijab）的時尚產業興起，或者無利息銀行在西方穆斯林社區的開展（譯注：穆斯林信條包括借貸不准收取利息）。在印度，新一代的心態轉變已感染了上一代：以往離婚在當地被視為可恥之事，尤其不鼓勵女性再婚；今天專門針對離婚老年人的徵婚廣告越來越蓬勃，就算八旬、九旬老人，他們公開找尋人生晚年伴侶也不尷尬。中年人擺脫長輩早在自己仍為青少年時就已安排好的婚姻。雖然垂垂老矣，但他們終於可以反抗家庭、社區、社會及宗教建制的權力，他們的心態已出現變化。

對權力、權威的心態及態度轉變當然也發生在年輕人身上，而這階層的人口是有史以來最多的。根據美國國家情報委員會的資料：「今天，全球逾八十個國家的人口年齡中位數為二十五歲或以下。做為一個群體，這些國家對世界事務的影響力大到不合比例。自一九七〇年代起，全球約八成的武裝公民及族群衝突……都源自這些國家。這些年輕人口集中的國家形成了『不安定的人口弧』（demographic arc of instability），由中美洲中部延伸至安地斯山脈中部，覆蓋整個撒哈拉以南的非洲，並由中東擴展到南亞及中亞。」[28]

現在，增長革命及遷移革命，助長了年輕一代質疑權威及挑戰權力的風潮。今天不單有史上最多的三十歲以下人士，他們**擁有**的也更多，包括電話卡、收音機、電視、行動電話、電腦以及網際網路，他們也可透過旅行及各種通訊管道結識國內外的同輩。他們的流動性也較以往更強。現已年長的嬰兒潮世代可能是某幾個工業化社會的特徵，但世界其他地方的特徵卻是年青人，他們構成最大的人口階層，生性狂妄、尋求改變、喜歡挑戰、見多識廣、具高流動性、個人網絡廣闊。而就目前北非及中東國家的情況，他們可以帶來偌大的影響。

27. Al-Munajjed et al., "Divorce in Gulf Cooperation Council Countries: Risks and Implications," Booz and Co, 2010.
28. National Intelligence Council, Office of the Director of National Intelligence, "Global Trends 2030: Alternative Worlds" (Washington DC, 2012), p. 12.

為這局面加添複雜性的是：部分已開發國家的人口組合又滲入了移民潮的因素。美國二○一○年人口普查顯示，若不是數百萬的西班牙及亞洲移民湧入，美國十八歲以下的人口在過去十年呈現衰退的趨勢，而這些年輕移民為美國帶來了史無前例的轉化：二○一二年，美國白人新生兒只算得上是少數族裔[29]。布魯金斯研究院人口學者弗雷（William Frey）表示，在二十世紀中，一九四六年至一九六四年是全美移民人口比例最低的時代，

> 嬰兒潮世代很少與其他國家的人往來。今天，美國移民占總人口約百分之十三，而且來自四面八方。這導致了不同年齡層截然不同的族裔區隔。在五十歲以上的美國人當中，百分之七十六為白人，百分之十為黑人，後者是最大的少數族裔。但在三十歲以下的美國人當中，百分之五十五為白人，西班牙裔、亞裔及非黑人族裔共占百分之三十一。這代的年輕人多半是第一代或第二代非歐洲血統的美國人，通常操英語及其他語言[30]。

簡單來說，年紀較大的世代不但對變化不了解，甚至連想討論都沒有辦法。但對於想要在美國及歐洲獲取、行使或維持權力的人來說，了解這些新選民的思維模式及期望至關重要。

不少全球性的民意調查都更清晰地描繪了心態轉變的情況及速度，世界價值觀調查（World Values Survey）自一九九○年起便追蹤逾八十個國家人口態度的變化，該調查覆蓋了全球人口的百分之八十五。世界價值觀調查主持人英格哈特（Ronald Inglehart）及其他合著者如諾里斯（Pippa Norris）、韋爾策爾（Christian Welzel）記錄了人們對性別差異、宗

教、政府及全球化的態度的顯著變化。在全球人們的心態變化中，他們提出的一個結論是：全球越來越多人看重個人自主及兩性平等的重要性，對威權主義的反感亦提升[31]。

另一方面，也有大量的調查結果指向另一股同樣重大但令人不安的趨勢：在民主制度成熟的國家（歐洲、美國及日本），民眾對領袖，民主制度的治理機構如議會、政黨及司法機關不單信心低落，而且持續下降[32]。

卡內基國際和平基金會主席馬修斯（Jessica Mathews）審視此趨勢時指出：

> 自一九五八年起，美國全國性選舉研究小組約每兩年便向美國人調查同樣的問題：「你相信華府的決策總是或大多是正確的嗎？」在一九六〇年代中期以前，回答「相信」的美國人高達百分之七十五；但之後出現跌幅，並持續了十五年，到了一九八〇年，回答「相信」的比率已跌至百分之二十五。在此期間，美國社會經歷了越戰、兩次暗殺、足以彈劾總統的水門事件、阿拉伯石油禁運。因此，美國人有很多疏遠甚至敵視政府的理由，但最關鍵的是：信任一去不復返。過去三十年，美國人對政府的認可一直徘徊於百分之二十至百分之三十五之間。一九七二年，美國民眾對政府的信任度跌破百分之五十，這代表四十歲以下的美

29. Frey, *Diversity Explosion: How New Racial Demographics Are Remaking America.*
30. William Frey, "A Boomlet of Change," *Washington Post*, June 10, 2012.
31. Inglehart and Welzel, *Modernization, Cultural Change and Democracy.*
32. Pharr and Putnam, *Disaffected Democracies: What's Troubling the Trilateral Countries.* 關於美國在此相關問題下的討論，亦可見 Mann and Ornstein, *It's Even Worse Than It Looks: How the American Constitutional System Collided with the New Politics of Extremism.*

國人自出生便活在一個多數民眾都不相信政府會做出正確決定的國家。儘管在這四十年裡，美國人的投票行為並未改變，他們的意識形態也不曾改變，但他們的心態卻大幅改變。在一個健康運作的民主制度裡，若有三分之二至四分之三的國民大多不認為自己的政府做出了正確的決策，那麼，這究竟意味著什麼？[33]

蓋洛普民調也記錄了這劇變的態度，該機構自一九三六年起開始做民調，發現美國民眾對工會的贊同，以及對國會、政黨、大企業、銀行、報紙、電視新聞及其他主要機構的信任度，均呈現下跌的趨勢。（軍方是少數仍然獲得美國民眾信任及支持的組織。）[34]就算向來受到美國人尊崇的最高法院，其支持度也急速下跌，由一九八六年的百分之七十，劇跌至二〇一二年的百分之四十[35]。

毫不意外地，皮尤全球態度調查計畫（Pew Global Attitudes Project）數據顯示，民眾對政府及其他機構的信任度下降並非美國獨有的現象[36]。哈佛學者諾里斯（Pippa Norris）及來自世界各國的專家在《批判性公民》（*Critical Citizens*）一書中表示，民眾對政治體系及核心政府機構的不滿正在加深，並且已成為全球趨勢[37]。二〇〇八年於美國爆發並蔓延至歐洲的金融危機，更助長公眾本來的不滿情緒，他們認為政府、政客及銀行等都必須為這場危機負責[38]。

儘管上述調查都非全面性的，但它們起碼反映出人們心態與價值觀的轉向，這轉向多半發生在人們的生活經歷政治與物質變遷之後，但有時也會發生在這些變遷之前。

心態革命所含括的，是價值觀、標準及規範的巨大變化。它反映出人們對透明度、財產權及公正性的日趨重視：不論是社會對待女性或少數族裔的方式，還是企業對待小股東的態度。這些標準及規範有許多都來自深厚的哲學根源，但它們今天的傳播及普及卻令人感到驚奇，儘管仍然極不平均、未臻完善。心態轉變的推動力來自人口分布轉變、政治改革，民主及繁榮的擴展，識字率的大幅提升，教育普及，以及通訊和媒體的爆炸性發展。

全球化、都市化、家庭結構改變、新興產業崛起及其帶來的機遇、英語成為全球通用語言，上述這些在每個領域都帶來影響，但只有當它們轉變了態度時，它們才在最根本的層面上發生影響。確實，這些變化表達出**渴望**與日遽增的重要性，因為渴望乃是我們行動與行為的動力。追求更好的生活是人類的自然特質，但真正激發人們付諸行動的，乃是人們對更好的生活的具體範例及敘述的渴望，而非抽象改善的概念。經濟學者已證明移民便是一例。例

33. Mathews, "Saving America."
34. 蓋洛普一九三六年至二〇一二年公眾信心（十六間機構）的調查數據，見 http://www.gallup.com/poll/1597/Confidence-Institutions.aspx?utm_source=email-a-friend&utm_medium=email&utm_campaign=sharing&utm_content=morelink 蓋洛普的工會調查數據，見 http://www.gallup.com/poll/12751/Labor-Unions.aspx?utm_source=email-a-friend&utm_medium=email&utm_campaign=sharing&utm_content=morelink.
蓋洛普的國會調查數據，見 http://www.gallup.com/poll/1600/Congress-Public.aspx?utm_source=email-a-friend&utm_medium=email&utm_campaign=sharing&utm_content=morelink
蓋洛普的政府調查數據，見 http://www.gallup.com/poll/27286/Government.aspx?utm_source=email-a-friend&utm_medium=email&utm_campaign=sharing&utm_content=morelink
35. "Americans' Approval of the Supreme Court is Down in a New Poll," *New York Times*, June 8, 2012.
36. 皮尤的全球網站：http://www.pewglobal.org/
37. Norris, *Critical Citizens: Global Support for Democratic Government*.
38. "European Commission," *Eurobarometer*, http://ec.europa.eu/public_opinion /archives/eb/eb76/eb76_first_en.pdf.

如，人們之所以移民，並非因為他們遭到絕對剝奪，而是感受到相對剝奪；亦不是因為他們窮困，而是因為他們發現自己可以活得更好。我們與其他人接觸越多，就更能激發我們的渴望。

心態革命對權力的影響多重且複雜。普世價值觀的興起，加上由渴望主導的行為增長，兩者結合，就為權力的道德基礎帶來最嚴峻的挑戰。因這組合有助傳遞一個信息：事情不一定要一如以往，更好的方法其實始終存在，只是有待發掘。這使得人們對所有權威都越來越懷疑及不信任，並拒絕將任何權力分配視作理所當然。

這三種革命同時發揮作用的最佳例子之一，是印度的外包產業。身為快速擴張的中產階級，受過教育的年輕人在城市的電話服務中心及其他外包企業上班。這些企業二〇一一年的收入達五百九十億美元，直接及間接聘僱了近一千萬印度人[39]。納迪姆（Shehzad Nadeem）在《千人一面》（*Dead Ringers*）一書發表了印度電話服務中心如何影響員工的研究：「在界定認同及渴望上，資訊及通訊行業的就業人口日趨以西方為參考點……他們激烈抗拒舊有價值觀，炫耀式地消費。他們建構了一種關於西方的形象，並以此做為基準來衡量印度現代化的進程。」[40]雖然他們的工資待遇較高，卻令印度青年陷入了種種矛盾及渴望：他們渴望在印度的社會經濟脈絡取得成功，卻又以虛假的口音及名字淡化自身的文化身分認同，同時還得面對海外富裕客戶的羞辱及剝削。

特別對印度年輕的城市女性來說，這些職位帶來了其他工作難以匹敵的機會及收入，亦長遠地影響其行為，顛覆舊有文化規範。不要相信報紙上對電話服務中心的聳動報導：「這是印度最自由之處，愛情是最熱門的消遣，性是一種娛樂。」更切合現況的，是印度商業聯合會近期發表的調查報告：越來越多的印度城市年輕已婚女性選擇發展事業，延後其生育大計[41]。

革命性的後果：削弱權力壁壘

眾多事例都顯示事態其實沒多大變化，微權力儘管破格，但最終而言，強大的當權者仍然且會繼續稱王。個別獨裁者可能倒台，例如埃及、突尼西亞，但他們背後千絲萬縷的建制仍然握有影響力。畢竟，中國、伊朗及俄羅斯政府的鎮壓，大型銀行的合併，政府擴張的模式，對金融機構的紓困，以及大量富有或開發中國家主要企業的國有化，凡此種種都顯示權力仍然遵循舊有原則運作，不是嗎？高盛、美軍、中國共產黨、天主教教廷都沒有消失，依舊透過多種管道遂行它們的意志。

雖然有些巨頭倒下了，但取而代之的似乎也仍然依循舊有的組織原則，也同樣追求擴張及鞏固勢力。當世上最大的鋼鐵公司不再是美國或歐洲巨企，而是一家從小型企業崛起的印度公司，這有什麼關係嗎？這間公司儘管過去寂寂無名，但也同樣經過重重收購、招兵買

39. Shelley Singh, "India Accounts for 51% of Global IT-BPO Outsourcing: Survey," *Times of India*, April 28, 2012, http://timesofindia.indiatimes.com/tech/news/outsourcing/India-accounts-for-51-of-global-IT-BPO-outsourcing-Survey/articleshow/12909972.cms.
40. Nadeem, *Dead Ringers: How Outsourcing Is Changing the Way Indians Understand Themselves*.
41. Dhar, "More Indian Women Postponing Motherhood."

馬、成功從其他大型公司手上搶得客戶，才達到今天的地位。若說新冒出頭來的巨頭在運作上其實與傳統勢力一脈相承，尤其是在商界，而這不過只是資本主義常規運作的一部分，這種觀點難道不合理嗎？

這兩個問題的答案是：「有對有錯。」我們現在審視的趨勢，可以詮釋為（或誤解為）經濟學者熊彼特（Joseph Schumpeter，或是更早之前的馬克思）提出的「創造性破壞」。套用熊彼特的講法：「新開放的市場，不論國內或國外；以及各行各業的組織發展，如手工業、工廠、以至美國鋼鐵公司，都顯示工業化突變的過程……經濟結構周而復始地由內在發生變革，周而復始地摧毀舊有結構，周而復始地創造嶄新結構。創造性破壞的過程，是資本主義的本質性事實，是資本主義的成分，每項資本主義的關注都依附其中。」[42]

我們看到的各種權力轉移，包括商業機構的冒起及失勢，明顯符合熊彼特的預測，亦符合提出**破壞性創新**（disruptive innovation）一詞的哈佛商學院教授克里斯汀生（Clayton Christensen）的灼見。破壞性創新的意思是科技、服務或產品的變化，開闢了完全依賴嶄新形式的全新市場。破壞性創新的效應最終會蔓延至其他相關或相近市場，並加以削弱，iPad便是很好的例子；透過手機付款平台購買日常生活雜物，或者匯款給在另一個洲生活的女兒，亦是另外兩個佳例。

不過，熊彼特關注的是整個資本主義體系，而克里斯汀生則集中剖析當中的特定市場，但此處的論點卻是類似的改變力量也在更廣泛的人類活動領域中發揮作用。正如本章試圖說明的，增長革命、遷移革命及心態革命代表著更重大、更廣泛的變化。

這三種革命都為傳統權力模型帶來特定挑戰。在傳統模型中，龐大、集權、相互協調的現代組織坐享龐大資源、特殊資產、具摧毀性的力量，在在提供最有利的途徑以獲得及維繫權力。在過去幾個世紀，不管是在光天化日下強迫他人，抑或是以隱晦不顯的方式影響他人，這模型都是最有效的方法。

我們在第二章提到權力以四種截然不同的管道運作：**武力**，訴諸粗暴的威逼手段，迫使人們去做原本不會採取的行動；**守則**，訴諸道德責任感的力量；**遊說**，訴諸說服的力量；**回報**，訴諸誘因的力量。其中，武力及回報這兩項改變了誘因、重塑了局勢，驅使人們以某種方式行事；而守則及遊說這兩項則是在誘因不變的情況下改變人們對局勢的評估。如果武力、守則、遊說及回報有效，權力的壁壘就一定會存在；而增長革命、遷移革命及心態革命正在削弱這些壁壘，可參考下頁表的概述。

這表明確顯示，三種革命對權力的四種管道（武力、守則、遊說及回報）都已下達挑戰書。當然，武力是最為強硬的權力行使方式，不論是透過法律、軍隊、政府或壟斷。但隨着三種革命一路推進，依靠強硬手段的組織維持其主導性、保衛其領土的成本不斷上揚。

美國和歐盟對阻止非法移民及黑市貿易無計可施就是很好的例子。圍牆、藩籬、入出境管制、生物識別裝置、拘留所、警方突擊檢查、庇護申請聽證會、遞解出境等等，只是一些成本極其高昂但效果完全成疑的預防或鎮壓方式。為了阻止拉丁美洲的毒品流入美國，華府

42. Schumpeter, "The Historical Approach to the Analysis of Business Cycles," in *Essays: On Entrepreneurs, Innovations, Business Cycles, and the Evolution of Capitalism*, p. 349.

權力與三種革命

	增長革命 掃除權力壁壘：增加控制及協調難度	**遷移革命** 繞過權力壁壘：再沒有被關在籠內的觀眾	**心態革命** 削弱權力壁壘：一切不再理所當然
武力（強制力的真正或潛在使用）	當人口更多、更健康及更有見識，法律或軍隊仍可控制他們嗎？	管轄領域及市場邊界變得千瘡百孔，權力的邊界變得更難防守。	人們不再自動服從權威。
守則（訴諸道德規範及傳統責任）	道德主張還能跟上明顯的現實變化以及滿溢的資訊嗎？	渴望的釋放，導致對一切必然性的攻擊。	普世價值超越了教條。
遊說（訴諸說服力與偏好）	當令人看好的利基市場紛紛湧現，大市場仍有優勢嗎？	人們意識到選項幾乎是無限的，而且他們的實踐力亦有所提升。	人們不僅抱持懷疑心態，思想態度也更開放而能接受改變，偏好亦有所轉變。
回報（訴諸誘因換取服從）	在選擇眾多的世界如何提供量身訂作的誘因？	人口、資金及觀念都不斷流動，如何提供相應的誘因？	忠誠的成本不斷上升，讓人們接受現況的誘因越來越少。

耗費巨資投入漫長的「反毒品戰爭」，結果就只是失敗而已。

此外，生活水準提升以及普世價值觀傳播這兩者的結合，為人們創造了挑戰強制性權威的空間、欲望及工具。公民自由、人權及經濟透明度都是越來越備受推崇的價值，更多倡導者、專家、支持者、平台湧現以推動其發展。我的意思並不是說，強制力的執行已不再可能，而是其成本更為高昂，效用更難以持久維持。

透過守則或道德責任所行使的權力，也隨着三種革命的推進而越來越受挑戰。長期以來，人們一直依循習俗及宗教來制訂道德秩序及解讀世界。確實，對於生命短暫且貧病交迫的人們，家庭以及緊密扶持的社區幫助他們應付生活、互助互愛、接受殘酷的現實。但隨着物質生活改善，人們的選擇變多，也就比較不需依賴代代相傳的信仰體系，更願意擁抱新的體系。

在物質生活及行為出現急遽變化的今天，訴諸習俗或道德責任都很難成功，除非它們與時並進。天主教會的危機尤其值得注意：一方面願意立誓終生獨身的神父越來越難招募；另一方面，它亦得面對來自小型福音派教會的競爭，後者更能迎合特定本土社區的文化與實際需要。

權力也會透過遊說的方式運作，例如廣告公司的行銷或地產仲介的宣傳。權力亦會以提供誘因的方式運作，例如為選民、雇員等等提供利益套餐以確保其參與及認同。不過，這三種革命亦改變了遊說及回報的局勢。

試想一個候選人或政黨在選舉時的拉票行動：發訊息、打廣告，並承諾為選民提供服務及工作來做為回報。然而，增長革命造就了教育程度更高、見識更廣的選民，他們已不太可能再單純被動地接受政府的決策，反而更傾向監督當權者的舉動，他們勇於求變及主張自身權利。遷移革命則令選民人口組合更多元、分散及不穩定；有時甚至創造出一些儘管身在他方、他國，但卻能影響政治辯論及重要選民的參與者。心態革命則令人們對整個政治體系的懷疑日益加深。

雇主，廣告客戶，以及希望在利益及偏好日趨分歧的社區裡贏得支持或銷售額的人，也被類似的矛盾影響。要制定吸引一小撮人的利益套餐可能很容易，但要吸引大批人便沒那麼簡單。當規模的優勢越來越小，利基市場與單一議題政治的優勢就會越來越大。因此，市場壓力及小型對手的行動日漸迫使大企業得要採取利基市場的策略——對於長期習慣依賴由其規模所帶來權力的大企業來說，這實在是措手不及。

權力壁壘倒下：微權力的機遇

在接下來的章節，我們要把這些概念帶進現實世界。過去除了一般性哲學討論外，我們很難討論權力，原因之一是我們習慣以不同情境思考權力的動力關係，例如軍事衝突、商業競爭、國際外交、夫妻與父子關係等等。不過，這三種革命帶來的變化，卻涵蓋以上所有領域，並且跨越任何當下的趨勢。較諸數年或數十年前，三種革命與人類社會的模式和期望在今天更深刻地縱橫交錯，並挑戰了獲取、行使及維持權力的眾所皆知知識。這些挑戰如何展開？而自二十世紀起便居於主導地位的當權者又該如何應對？本書稍後會加以探討。

大型當權組織絕對沒有滅亡，它們正在反擊，而且在大多數情況下，它們仍穩占上風。獨裁者、財閥、巨型企業及各大宗教領袖在全球各領域仍然舉足輕重，仍舊是數十億人生活的決定性指標。然而，與過去相比，它們受到的約束越來越多，對權力的控制也越來越不穩固。我們會在後面的章節展現微權力如何限制傳統巨頭可採行的選擇，以及在某些情況下如何迫使它們離場——甚至令它們完全失勢，就像「阿拉伯之春」的例子。

對於韋伯及其社會學、經濟學等領域的門生所擁護的組織模式，增長革命、遷移革命及心態革命正在發動攻擊，而它們所攻擊的，正是韋伯式組織過去賴以著稱的優勢。過去，大型組織擁有更高的效率，因為受惠於生產規模，其營運成本較低；但來到今天，維持秩序及控制的成本卻不斷上漲。過去，集權與稀有資源的囤積，使得大型組織的效率較高；但現今商品、資訊、人才的獲取都已變得容易，尋找及服務本地或海外客戶也非難事。大型組織以往享有權威、現代及純熟的光環，但今天占據媒體版面的，卻是威脅它們的新興組織。隨着大型、理性、具協調性的集權組織模型慢慢積弱，微權力以另一種模型獲致成功的機會亦相應增加。

但是，權力究竟衰退到了什麼程度？這又有什麼後果？接下來，本書會具體講述權力在內政、戰爭、地緣政治、商業及其他領域的衰微過程。到底是什麼權力壁壘倒下了？又有什麼新權力崛起？傳統當權者又會如何反擊？

儘管壁壘已經解體，但權力的重組才剛開始而已，不過，根本性的變革已經出現。

第5章

為什麼壓倒性勝利、過半數和強大民意授權都是瀕危物種？

國家政治的權力衰退

政治的本質是權力，權力的本質是政治。自遠古時代開始，獲取權力的典型途徑就是在政治上爭權奪勢。權力對於政治人物來說，就如陽光之於植物。雖然政治人物對於如何運用權力各有不同，但對權力趨之若鶩卻是共同特質。正如韋伯約一個世紀前所說：「熱衷政治的人追求權力，要麼是把權力當作達成其他目的的手段，這目的可以是理想，也可以是利己；要麼是『為權力而求權力』，即是為了享受權力帶來的那種高高在上的感覺。」[1]

但這份「高高在上的感覺」是種脆弱的感受；而且在今時今日，它的半衰期正在縮短。政治分析者布朗斯坦（Ron Brownstein）把美國過去十年的政治稱為「動盪時代」（Age of Volatility）。二〇〇二年和二〇〇四年，選民讓共和黨控制了國會和白宮，然後於二〇〇六年和二〇〇八年奪去共和黨的控制權，到了二〇一〇年及二〇一二年才又把眾議院控制權交回給共和黨。在一九九六至二〇〇四年的五次選舉中，任何一黨在眾議院最大席次增幅只有九

1. 取自一九一八年慕尼黑大學演講的部分內容，見 Weber, *Essays in Sociology*, p. 78

席；二〇〇六年，共和黨失去了三十席；二〇〇八年，民主黨贏得二十一席；而於二〇一〇年，民主黨失去了六十三席。現今美國已登記的選民中，報稱自己是獨立選民的數量經常超越共和黨或民主黨支持者[2]。二〇一二年，拉丁裔選民的重要性已顯而易見。

這絕非美國獨有的現象，在世界每一處，政治權力基礎都越來越脆弱，獲得多數選票已不再保證擁有做出決策的能力，因為大量的「微權力」可以否決，拖延或削弱決策。就算是獨裁或一黨專制的國家，不論它們是否進行改革，手中的權力都在漸漸消逝。權力正從歷久不衰的大政黨流散至關注小型議題或特定選民的小政黨。即使在黨內，關起門制定決策、挑選候選人並制定黨綱的大老，也逐漸被黨內反對派和政治素人取代：前者這些政治新星並非經由黨內機制晉升，也無意阿諛黨內大老；後者則與政黨體系毫無關係，他們可能具有克里斯瑪，可能由政圈以外的富豪所支持，也可能靠嶄新的通訊或動員工具乘勢而起，但他們都開拓出嶄新的權力之路。

不論政客如何獲得政府職位，他們都會發現自己的任期正在縮短，而打造政策的權力也在衰退。政治向來是門妥協的藝術，但它現在卻成了令人徹底沮喪的藝術，有時甚至只是空無一物的藝術。在政治體制的各個決策層次、政府部門和大部分國家，僵局變得越來越普遍：執政聯盟解體、選舉更頻繁、「民意授權」變得更飄渺不定。地方分權、權力下放正在創造新的立法和行政機關。於是，越來越多的政治人物透過地方選舉或任命上台，而由於地方議會的權力擴大，首都高層官員的權力也遭到蠶食。就連司法機關也參與其中，法官越來越積極、越來越可能偵查政治領袖，阻擋或駁回他們的決策，或是進行貪污偵查，使他們心有旁騖，難以專心審議法律和制定政策。勝選仍然是人生大展光芒的時刻，但這光芒卻正在減弱。就算是威權政府的高層，他們的地位及權勢也不再如昔日般鞏固穩定。裴敏欣教授是最受人尊敬的中國專家，他曾跟我說：「政治局委員現今也公開談論過去的黃金歲月，羨慕中國共產黨過去的領導階層無須因為部落客、駭客、跨國罪犯、素行不良的省級領導或每年達十八萬人的公開示威人士而感到困擾。在過去，當挑戰者出現時，領導握有的權力足以對付他們；今天的領導雖仍然強勢，但較數十年前已大幅減弱，而且他們的權力持續衰退。」[3]

這些都是很有力的主張。畢竟，世界政治體制的多元化令人咋舌，除了中央集權制及聯邦制，還有摻雜兩者的各種變異，有些國家甚至是超國家政治體系如歐盟的一分子。獨裁制是一黨專政，但巧立名目地偽裝成多黨制或無黨制，實際上仰仗的是軍事或世襲權力，或是族群或宗教的多數或少數族群等等的支持。民主政治則是更加分歧。在總統制和內閣制底下，又有各式各樣的部門，各按不同時程舉行選舉，透過選舉法規來增加或減少可以參與的政黨，又設有複雜的法規來規範參政權、代議權、選舉經費、分權制衡等等。政治生活隨不同地方的習俗和傳統而異；眾多變化不定的因素，也影響了政治領袖是否能深得民心，並享有燦爛的政治生涯。有鑑於上述這些，我們何以可一概而論地宣稱政治正在分裂，世界各地的政治權力正面對越來越多的約束，而且也越來越短暫？

第一個答案來自政客自己。每一個我曾接觸的政治領袖或國家元首都一致地指出，限制

2. Ronald Brownstein, "The Age of Volatility," *The National Journal*, October 29, 2011.
3. 二〇一二年六月於華府與裴敏欣的訪談。

他們治理能力的干預清單實在越來越長：不只所屬政黨和執政聯盟的派系磨擦，或不合作的議員以及越來越不受拘束的法官，還有全球資本市場中咄咄逼人的債券持有人及經紀人、國際監管機構、多邊機構、調查報導記者和社群媒體運動推廣人，以及越來越多的倡議組織。瑞典前副首相、外交部部長和教育部部長耶爾姆・瓦倫（Lena Hjelm-Wallén）是該國資歷豐富的政治領袖，她對我說：「政治權力變化之深之快，令我震驚不已。回看昔日，我實在驚訝我們在一九七〇、八〇年代竟可做這麼多事，這在今天幾乎無法想像，因現今多種新因素的湧現，已削弱及拖慢政府與政治家的行動能力。」[4]

就算是最老練的政客，在議會殿堂裡也會栽在新角色手上。在二〇一〇年的巴西議會選舉中，贏得全巴西最多選票的候選人（同時也是有史以來獲得第二高票的候選人）是名小丑——真正的小丑，藝名是「塔里里卡」（Tiririca），就連進行選戰時，也是一身小丑打扮。他的競選政綱完全是反政客的，在他吸引數百萬人觀看的 YouTube 競選廣告裡，他說：「我不知道議員該在國會做什麼，但如果你們把我送進去，我就會告訴你們。」他如此解釋自己的目標：「我希望幫助這個國家有需要的人，尤其是我的家庭。」[5]

在韋伯的嚴肅觀點中，政治是一種「志業」（vocation）——一種政治家嚮往的工藝，要求紀律、要一套個人特質，以及相當大的努力。但隨著「政治階級」的標準在一個又一個國家中相繼失去公信力，像塔里里卡這種政治素人反而更成功。在義大利，喜劇演員葛里洛（Beppe Grillo）狠批形形色色的政治人物，他的部落格是該國最受歡迎的，他的演出座無虛席。二〇一二年，記者塞韋爾尼尼（Beppe Severgnini）在《金融時報》的一篇文章中寫道：「你可以稱他為喜劇演員、小丑或是表演者，但在這陣子，他是義大利政治新聞中最有趣的人物。」在同年的地方選舉中，葛里洛領導的政黨囊括全國約百分之二十的選票，並在多個城市的市長選舉中勝出[6]。在加拿大，福特（Rob Ford）二〇一〇年當選多倫多市長，但對手大肆攻擊他以往的過失，稱他為「毆打妻子的種族主義酒鬼」。在西班牙，埃斯特萬（Belén Esteban）是個大剌剌的電視名人，透過鏡頭，她把自己最私人的祕密公諸於世（譯注：她的節目也大肆報導名人的私生活），由此獲得傳統政治家所渴望的大批狂熱追隨者。

在美國，茶黨的興起絕非一場無組織的運動，但也與傳統的政治組織截然不同。茶黨捧紅的候選人如奧唐奈（Christine O'Donnell）被抨擊曾鑽研巫術，而其政綱重點之一是反手淫。內華達州共和黨候選人安格爾（Sharron Angle）也獲得茶黨支持，她曾表示若欲對國會撥亂反正，就得訴諸「美國憲法第二修正案」，亦即武裝叛變[7]。雖然她們在選舉中落敗，但能在二〇一〇年的共和黨初選中勝出，便足以突顯傳統政黨領袖操控候選人提名的能力已減少。共和黨的傳統領袖不只缺乏權力處理爭取黨內總統候選人提名的惡鬥，也無力在二〇一二年的參議員初選中保護多個現任參議員或黨內悉心扶植的明日之星，前者如長期擔任印第

4. 二〇一一年五月於布魯塞爾與耶爾姆．瓦倫的訪談。
5. Tiririca, quoted in "Ex-clown Elected to Brazil Congress Must Prove He Can Read and Write," November 11, 2010, http://www.abc.net.au/news/2010–10–05/brazilian-clown-elected-to-congress/2285224.
6. Beppe Severgnini, "The Chirruping Allure of Italy's Jiminy Cricket," *Financial Times*, June 4, 2012.
7. Greg Sargent, "Sharron Angle Floated Possibility of Armed Insurrection," *Washington Post*, June 15, 2010, http://voices.washingtonpost.com/plum-line/2010/06/sharron_angle_floated_possibil.html.

安納州參議員的盧格（Richard Lugar），後者如德州副州長杜赫斯特（David Dewhurst），他們都被茶黨支持的新秀所打垮。

越來越多的政治英雄不僅超越政黨，還超越組織政治本身。他們之所以追求權力和影響力，並不是為了要謀求或留任政治職務，反倒是為了促進和吸引人們留意他們的關注：例如成為反普亭陣營焦點的俄羅斯律師和部落格格主納瓦尼（Alexey Navalny）；身為三子之母的卡曼（Tawakkol Karman），因推動葉門自由和民主而獲得諾貝爾和平獎；從Google埃及辦事處中階主管躍為埃及革命重要領袖的戈寧（Wael Ghonim），他和卡曼一樣，都是阿拉伯之春的代表人物。

當然，這些故事令人印象深刻，但它們也終究只是故事。若要真正描繪政治權力的興衰，特別是它的衰退，我們需要數據和確鑿的證據。這章的目的，就是要列舉證據，證明在很多國家（而且是越來越多的國家）過去明確界定的權力核心已經一去不返，取而代之的是「一大群」參與者：它們每個都握有若干權力，可影響政治或政府的決定，但沒有一個擁有足夠的權力一錘定音。這似乎是健康的民主政治和理想的權力制衡，某程度來說也確實如此；但在許多國家，政治體系的四分五裂只會導致僵局，往往只有在最後一刻，才能做出最皮毛的決定，而這已嚴重蠶食公共政策的品質，以及政府滿足選民期望與解決急迫問題的能力。

從帝國到國家：增長革命和國家數目的激增

一時一刻可以改變歷史嗎？印度首任總理尼赫魯（Jawaharlal Nehru）稱之為「命運的約會」（tryst with destiny）。確實，當秒針踏進一九四七年八月十五日的那一刻，所記錄的不單是印度和巴基斯坦的政治獨立，而且是殖民地獨立浪潮的序幕，世界秩序自此由過去的帝國割據，邁向今日全球的近兩百個獨立主權國家。政治權力的運作從此跨進了新場景——一個自中世紀的君主公國和城邦時代以來從未出現，而且從全球的角度來說也從未發生的場景。如果今天的世界政治正四分五裂，原因是一開始就有太多國家存在，而每個國家都擁有些許權力。儘管我們今天對帝國崩解為眾多獨立國家的現象視為理所當然，但這其實代表著政治雪崩效應的第一個階段。在一九四七年的歷史時刻出現之前，世上共有六十七個主權國家[8]。而聯合國在其兩年前成立，當時共有五十一個會員國（見圖一）。印度獨立後，獨立浪潮席捲亞洲，首先是緬甸，印尼和馬來西亞。其後這股浪潮更全力進擊非洲：一九五七年，迦納獨立；之後五年，另有二十幾個非洲國家脫離英法的殖民帝國獨立，重獲自由。直到一九八〇年代初，差不多每年都有一個新國家在非洲、加勒比海或太平洋地區獨立。

雖然殖民帝國成為歷史，但蘇維埃帝國仍然存在——不只是因為蘇聯在形式上的結構，也因為它是實際掌控東方陣營的帝國。但這也很快因為另一次「命運的約會」而出現變化，一九八九年十一月九日，柏林圍牆倒塌，導致蘇聯、捷克斯洛伐克和南斯拉夫的解體。在一

8. 數據引述自Matt Golder, "Democratic Electoral Systems Around the World, 1946-2000," *Electoral Studies* (2004), 本章圖一、圖二引自此，兩圖表達了主權國的數目激增、獨裁體制減少、民主體制增加的變化。

圖一：自一九四五年以來獨立主權國數目成長了四倍

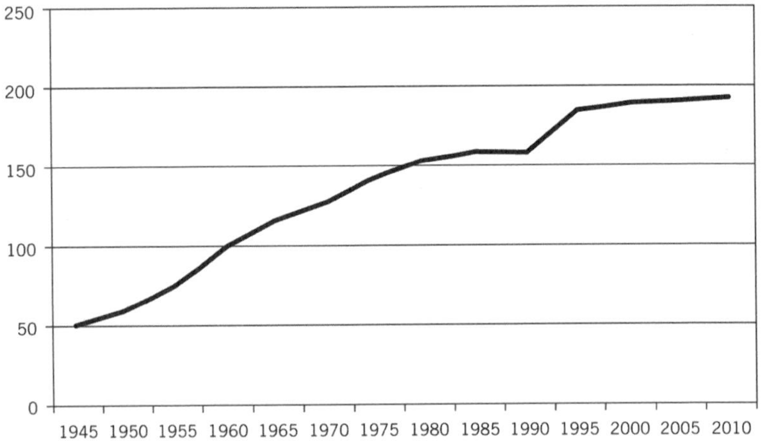

資料來源：取自「聯合國成員由一九四五年到現在的成長」（http://www.un.org/en/members/growth.shtml.）

九九〇年至一九九四年期間，聯合國增加了二十五個會員國。此後，國家獨立的浪潮雖減慢，但卻從未完全停止：二〇〇二年東帝汶加入聯合國；蒙特內哥羅則在二〇〇六年成為會員；二〇一一年七月九日，南蘇丹成為世上最年輕的主權國家。

對於二十一世紀的我們來說，我們對這一連串事件並不陌生；然而，我們這兩三代人所經歷的變革範圍卻是史無前例的。我們在上一章所檢視的增長革命，已清楚顯示激增的獨立國家各自有其首都、政府、貨幣、軍隊、議會和其他機構。這激增也拉近了人民與官員之間的地理距離：印度人在想到會影響他們的決策時，眼望的是新德里，不再是倫敦；波蘭的權力中心是華沙，而非莫斯科。

這變化言簡意賅。首都已近在眼前，遷移革命又拉近人民與政府之間的距離，兩者更易接觸：更方便、更便宜的旅途，以及更流通的資訊。同時，政府現有更大量的政治角色、民選職位以至公務員職缺等有待填補。政治實踐不再那麼遙不可及，政治圈也不再是排外的私人俱樂部。在短短半個世紀裡，主權國家的數量便成長了四倍，許多權力壁壘已不那麼令人生畏。不過，我們不該因為覺得熟悉，就低估權力雪崩效應第一階段引發的初步變化；儘管如此，下一階段的雪崩——政治在這些獨立主權國家內部的日趨分裂及稀釋——將會帶來其他的驚訝。

從專制到民主

被後人稱為「康乃馨革命」（Carnation Revolution）的運動發生在葡萄牙里斯本。當時滿街頭的士兵把鮮花插入槍管，向民眾保證他們的和平態度。這群在一九七四年四月二十五日把薩拉查（Antonio Salazar）總理拉下台的軍官信守承諾，結束了葡萄牙將近半世紀的高壓統治，並於一九七五年舉行選舉，為葡萄牙帶來民主，直到今天。

「康乃馨革命」發生後，花朵的種子飄散到地中海的其他重要國家，當地的社會和經濟因獨裁統治而無法如戰後西歐般發展。在葡萄牙變天後三個月，希臘軍政府垮台。一九七五年十一月，佛朗哥（Francisco Franco）去世，西班牙也成為民主國家。在一九八一年至一九八六年期間，這三個國家先後加入歐盟。

這股浪潮繼續擴展。阿根廷、巴西與智利分別於一九八三年、一九八五年與一九八九年先後走出漫長且痛苦的軍事獨裁統治。蘇聯解體時，南韓、菲律賓、台灣和南非都各自過渡至民主社會。自一九九〇年起，非洲的一黨專政國家都陸續走向多黨選舉。「康乃馨革命」燃點了學者杭廷頓所形容的「第三波」（Third Wave）民主化浪潮。第一波在十九世紀發生，選舉權擴張，美國與西歐出現現代民主制度；然而，這股浪潮卻因極權主義思想與第二次世界大戰的出現而遭到逆轉。第二波民主化浪潮在第二次世界大戰後發生，歐洲的民主制度捲土重來；但這一波的壽命依然短促，因共產主義及一黨專政的猛風吹襲了東歐及許多新興的獨立國家。第三波不僅歷久不衰，而且影響深遠，現今全球民主國家的數量之多乃史無前例。而且值得注意的是，就連少數僅存的獨裁國家，其專制程度也較以往下降，選舉制度不斷被強化，民眾也在新的示威形式支援下被賦權，獨裁者也更難以鐵腕鎮壓。局部的危機和反撲誠然存在，但全球趨勢卻是堅定不移：權力不斷從獨裁者手中流逝，權力也日益短暫易逝（見圖二）。

數據也佐證了這場轉變：一九七七年是威權統治的高峰期，當時全球共有九十個威權國家。根據政體研究計畫（Polity Project）的數據：二〇〇八年時，全球共有九十五個民主國家，二十三個獨裁國家，介於兩者之間的國家則有四十五個[9]。另一備受尊崇的資料來源自由之家（Freedom House）也對各國的選舉民主程度做出評估，標準為該國是否定期、按時、公開、公正地進行選舉，儘管該國可能缺乏其他公民及政治自由（圖三顯示各區域的趨勢）。二〇一一年，在自由之家調查的一百九十三個國家中，有一百一十七個屬於民主選舉國家。相較之下，在一九八九年所調查的一百六十七個國家中，只有六十九個屬於民主選舉國家。換句話說，全球的民主體制比例在二十年的彈指之間已經增加逾一半。

是什麼引致這場全球性的轉變？本土因素顯然有其效用，但杭廷頓也留意到以下的強大力量。威權政府糟糕透的經濟政策，侵蝕了其在公眾心目中的地位。嶄露頭角的中產階級要求更佳的公共服務、更大的政治參與，並以更多的政治自由做為最終目標。西方政府和倡議者鼓勵異議分子行動，並獎勵實施改革的威權政府，例如得以成為北約或歐盟成員，或是得到國際金融機構的資金援助。在教宗若望保祿二世（John Paul II）的帶領下，天主教教廷搖身一變成為倡議者，支持波蘭、薩爾瓦多和菲律賓的反對派。更重要的是，大眾媒體新興的傳播廣度和速度的推波助攔，使得一場民主勝利催生下一場勝利。識字率的提升，使得更多人民能夠接觸到媒體，民主制度的凱旋新聞無遠弗屆地由一個國家傳到另一個國家，鼓勵各地人民群起效尤。在今天的數位文化中，這個因素更是爆發力十足。識字率及教育水準的改善，代表著全球增長革命的成功，這令政治溝通更容易穿山越嶺到達另一國土，並燃起其他地方的政治渴望，也就是心態革命，促使人們追求自由、個人表達、實質代議權的核心價值。

當然也有例外：除了還沒有實現民主的國家，也有一些國家出現民主逆轉。戴蒙（Larry Diamond）是這個領域的頂尖學者，他稱近年俄羅斯、委內瑞拉和孟加拉等地的情況為「民主

9. See Marshall et al.," Political Regime Characteristics and Transitions, 1800-2010" (2010), Polity IV Project, available online at http://www.systemicpeace.org/polity/polity4.htm.

圖二：民主體制的增加與獨裁體制的減少：1950-2011

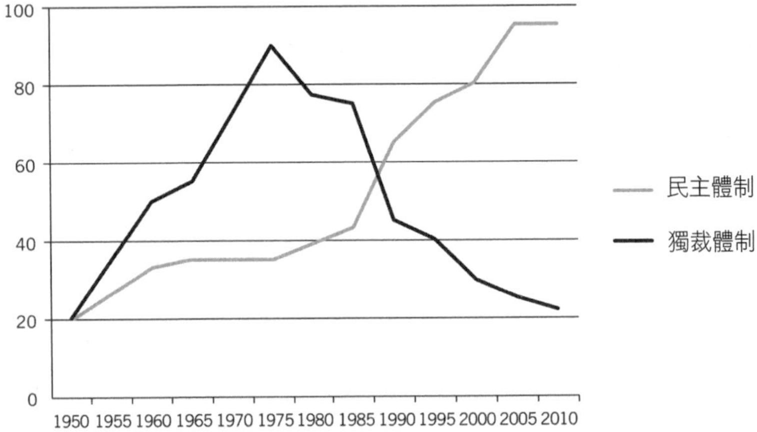

資料來源：取自 Monty G. Marshall, Keith Jaggers, and Ted Robert Gurr, "Political Regime Characteristics and Transitions, 1800–2010," Polity IV Project, http://www.systemicpeace.org/polity4.htm

圖三：各區域的趨勢（自由之家 2010 年調查）

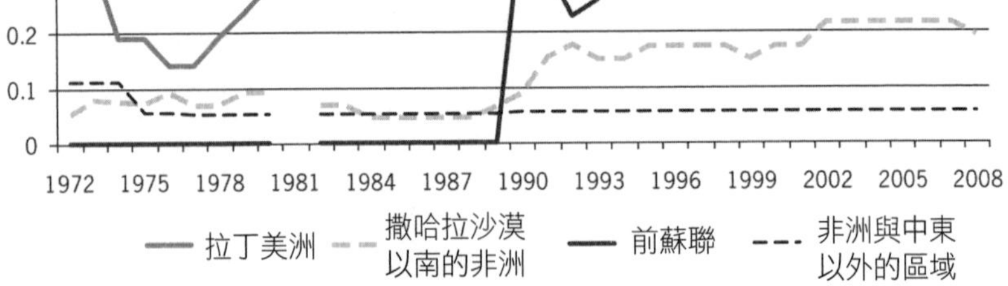

資料來源：取自 Freedom House, *Freedom in the World: Political Rights and Civil Liberties 1970-2008*（New York: Freedom House, 2010）

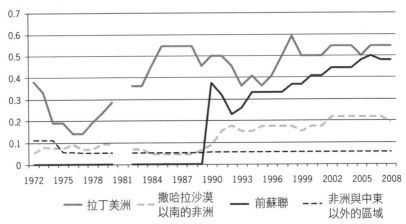

衰退」（democratic recession）。話雖如此，越來越多的證據顯示公眾的態度已經轉變。例如拉丁美洲，儘管貧窮和不平等依舊持續，貪污醜聞時有發生，但民意調查顯示人民對文人政府的信心大於軍隊[10]。

就算獨裁政府在今天也更不獨裁。一項世界各地民主選舉制度的研究指出，汶萊大抵是世界上唯一一個「選舉政治無法扎下任何有意義根基」的地方[11]。隨著世上的高壓國家大為減少，有人可能會預期，死守獨裁的國家會是那些自由與政治競爭越來越受壓制的國家。實情卻是相反。何解？選舉是民主制度的核心，但並不是政治開放度的唯一指標：新聞自由、公民自由、限制任何單一機構（包括國家元首）權力的分權制衡，以及其他指標，都能顯示政府對社會的操控程度。數據顯示，儘管就平均來說，威權國家的數量減少，但政治封閉的國家數量卻是增加。最顯著的改善發生於一九九〇年代初，顯示當時推動大量國家採行民主的力量，也對當時仍未採行民主的國家帶來莫大的解放效應。

對於被關進監獄的倡議者及異議人士來說，這股力量的鼓舞能力有限。從開羅到莫斯科，從卡拉卡斯到突尼斯，民主每踏前一步，總是會出現限制民主勇往直前的警告或反例。新聞報導常常提及高壓政府對新興民主工具和科技的反擊，可以預期的是，權力巨頭絕對會

10. Larry Diamond, "The Democratic Rollback," *Foreign Affairs*, March-April 2008; see also Larry Diamond, "Can the Whole World Become Democratic? Democracy, Development and International Politics," PhD thesis, University of California at Irvine, April 17, 2003.

11. Golder, "Democratic Electoral Systems Around the World, 1946-2000." 截至二〇〇四年，戈爾德認為汶萊和阿聯酋可符合民主選舉制度，而兩國在二〇一一年出現國會選舉。國際選舉制度基金會（IFES）管理的選舉指引網頁內則沒有記錄汶萊的選舉結果。

奮力抵抗阻礙其力量的任何趨勢。然而，目前可以肯定的是：民主正在擴展，而在民主國家內部出現的趨勢，將會日漸帶領尚未全面民主化國家的趨勢。再者，數據與事實都指出，在民主制度本身裡，權力的頹勢已經加劇，這表現在投票模式、議會協商、執政聯盟、地方分權和地方議會的錯綜複雜機制上。

從多數到少數

我們現在投票的頻率更多，遠多於以往。這是公民生活過去五十年的主要趨勢，起碼在西方成熟民主國家生活的公民如是。對於自一九六〇年以來持續踐行民主的十八個國家，包括美國、加拿大、日本、澳洲、紐西蘭及大部分西歐國家，在一九六〇年至二〇〇〇年期間，絕大部分公民收到投票通知的頻率急增，選任或罷免代議士的機會自然也跟著大增，同時也可透過公投就公共政策或國務事項表達自己的意向。選舉頻繁度的提升，並不等於會有更高的投票率：許多西方國家的投票率近年均呈現下降的趨勢；然而，對於選擇行使投票權的人士來說，他們確實擁有更多投票機會，而這表示政客必須反覆多次獲得選民的支持。這種恆常的監督以及恆常的選舉比試包袱，不單占據了當選者可以分配在研究、決策的時間，或就不同議題所投注的時間及政治資本，同時也嚴重限制他們的自主性。

我們的投票頻率究竟增加了多少？多爾頓（Russell Dalton）和格雷（Mark Gray）對此做了研究。在他們調查的國家裡，自一九六〇年至一九六四年這五年裡，共舉行了六十二次全國性選舉（見圖四），而在一九九五至一九九九年這五年裡，全國性選舉增至八十一次。為何會增加？原因可能如下：選舉法規的改變、公投的使用量大增，或者有些國家新增地方議會而因此需要選舉。歐盟成員國便要定期為歐洲議會舉行選舉。研究者指出，他們的統計數據乃是選舉舉行的日數，而不是每個投票日的實際投票量；事實上，真正的趨勢可能遠較他們提出的數字更驚人，因不少國家會把多項選舉集中在同一天進行，例如總統選舉和國會選舉，或者市議會選舉和市長選舉。傳統上，美國會在每兩年的十一月舉行全國投票日，這使得美國成為這股趨勢的例外，但並非因為美國人的投票頻率較低。事實上，美國眾議院每兩年便進行選舉，這是所有成熟民主國家中最短的，也令美國人成為全球收到投票通知頻率最高的選民[12]。

總體而言，全球趨勢都是政府各級選舉都更為頻繁。賓州州立大學教授戈爾德（Matt Golder）追蹤一百九十九個國家自一九四六年（或由該國獨立開始）至二〇〇〇年的民主立法機關選舉和總統選舉[13]，他發現期間這一百九十九個國家共舉行了八百六十七次立法機關選舉和兩百九十四次總統選舉。換言之，在這五十四年間（當中有十多年民主尚未如日後般興盛），平均而言，**每個月**在全球某角落都有兩場重要的選舉在進行。

非營利組織選舉制度國際基金會（International Foundation for Electoral Systems）是全球最重要的選舉技術協助機構，該基金會主席斯威尼（Bill Sweeney）曾對我說：「我們服務的需

12. Dalton and Gray, "Expanding the Electoral Marketplace."
13. Golder, "Democratic Electoral Systems Around the World, 1946–2000."

圖四：在世界各研究國家於 1960-2001 年的選舉總數

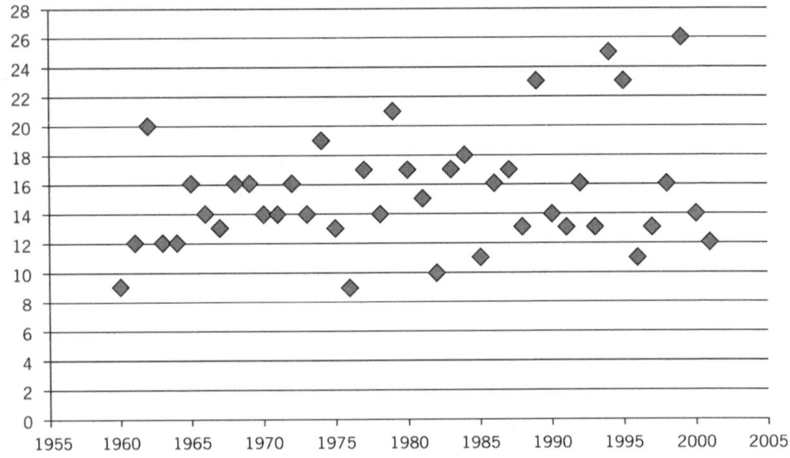

資料來源：取自 Russell Dalton and Mark Gray, "Expanding the Electoral Marketplace," in Bruce E. Cain et al., eds., *Democracy Transformed? Expanding Political Opportunities in Advanced Industrial Democracies*（New York: Oxford University Press, 2003）

求正在激增。差不多每一處地方，選舉都愈見頻繁，我們感受到人們對於制度和技術的熱切渴望，他們想要確保選舉的真實透明、大公無私。」[14]

越來越頻繁的選舉，只是令政治領袖感受行為更受掣肘的一個原因；另一個原因，則是取得多數支持的選舉結果正在驚人地下降。今時今日，獲得「少數」支持的人才是領袖。二〇一二年，在「富裕國家俱樂部」經濟合作與發展組織的三十四個成員國中，只有四個國家的政府在議會中享有絕對多數[15]。在印度，三十五個政黨瓜分二〇〇九年選舉的席位；事實上，自一九八四年以來，該國已沒有任何一個政黨獲得絕對多數的席次。事實上，放眼全球，絕對多數都愈見凋零。自第二次世界大戰結束以來，在實施選舉的民主國家裡，若將少數黨派獲得的議會席次加總，那麼它們平均贏得逾五成以上的席次；到了二〇〇八年，少數黨派平均而言控制了百分之五十五的總席次。就算在不被視為民主的國家，少數黨派的影響力也在坐大：三十年前少數黨派取得的總席次不足百分之十；今日平均而言達百分之三十[16]。

所以，今時今日當政客宣稱自己取得「民意授權」時，他們通常都只是在痴心妄想，因為真正在選舉中大獲全勝而可以使用「民意授權」這詞的選舉結果根本少之又少。政治學者指出，就算在可以出現成王敗寇局面的兩黨制美國，最近一次可宣稱獲得壓倒性勝利的總統大選，已是一九八四年雷根連任擊敗孟岱爾（Walter Mondale）的選舉。雷根只輸掉一個州與哥倫比亞特區的選舉及其選舉人票，他的實際得票率更高達百分之五十九，至今仍無來者可達到或超越這項紀錄[17]。至於三黨制、四黨制、五黨制甚或多黨制的國家，以及眾多小黨並存的國家，這種風光大勝就更難發生了。

於是，過去尊貴的治理藝術現今變得更高度依賴更骯髒、更親自動手的技能：組成並維持執政聯盟。要組成聯盟，就得討價還價，而這些政治交易便成為小黨派堅持特定政策或爭奪內閣職位的機會。割據的選舉結果對小黨有利。事實上，邊緣政黨（亦即觀點極端，或是只關注單一議題，或是只有區域影響力的政黨可藉此獲得更多權力，而又無須稀釋自己的立

14. 二〇一二年六月於華府與斯威尼的訪談。
15. 此數據是根據我自己的計算結果。
16. 有關數據分析和更多詳細資料請見本書結尾的附錄。
17. 尼克森、詹森、羅斯福和哈定在總統競選時勝出的得票率差距，均高於在一九八四年選舉勝出的雷根。

場來吸引中間選民。義大利鼓吹沙文主義和自由放任主義的北方聯盟（Northern League）、極右派的以色列外交部部長利伯曼（Avigdor Lieberman）、擁護分離主義的比利時法蘭德斯人民黨（Flemish Popular Party），以及印度國會及地方議會中的各共產主義政黨，全部都在聯盟中享有過大的影響力，聯盟中的其他夥伴儘管反對它們的主張，卻別無選擇，只能拉它們同上一艘船。例如在二〇一一年十二月，由於印度國大黨（Congress Party）主導的聯盟中有兩個黨派提出強烈反對，總理辛格（Manmohan Singh）最後只好屈辱地擱置讓外國超市擁有印度合資企業百分之五十一股權的計畫。

隨著聯盟而起的攻防戰，顯示選舉「贏家」由勝利一刻開始便必須妥協。二〇一〇年五月，英國選舉產生了僵局國會（hung parliament），最後是由卡麥隆（David Cameron）領導的保守黨和克萊格（Nicholas Clegg）領導的自由民主黨組成了執政聯盟，但這兩個政黨在很多議題的看法上都南轅北轍，尤其是移民及歐盟問題，最後兩黨都做出顯著的讓步。然而，有時就連聯盟都無法組成。二〇一〇年，荷蘭便曾經歷為期四個月的無政府局勢。比利時更糟糕，一九八八年，政治領袖花了一百五十天才成功組成執政聯盟，刷新了該國的紀錄。這或許看來已經很糟糕了，但在二〇〇七至二〇〇八年，由於荷語的法蘭德斯區和法語的瓦隆區兩地的衝突惡化，整個國家歷時九個半月沒有政府，而且期間極端分子曾煽動法蘭德斯區徹底自比利時獨立。二〇一〇年四月，比利時政府宣布內閣總辭，於是又陷入漫長的政治僵局。二〇一一年二月，比利時打破了柬埔寨所保持的長時間處於無政府局勢的紀錄。直到二〇一一年十二月六日，在歷時五百四十一天的僵局後，事態終於隨著新首相宣誓就職而轉變。這些事例已有力地說明政治家的權力正在減退，然而在這荒謬、原本以為會導致癱瘓的政府危機中，比利時的經濟和社會發展卻繼續穩步前行，如同其他歐洲鄰國。事實上，各個敵對勢力之所以願意一起尋求解決之道，就只是因為信貸評級機構標準普爾下調了比利時的評級[18]。

其他近期有關政府組成、執政期間長短的研究，進一步證實了權力的衰退。其中一個有趣的研究來自斯堪地那維亞的研究者，他們詳細地蒐集了十七個歐洲民主國家自第二次世界大戰結束以來或該國正式實行民主（如希臘、西班牙和葡萄牙）後的政府資料，包括德國、法國、英國及其他重要歐洲國家。雖然這些研究結果並不能籠統概括地用來解釋印度、巴西或南非等國家的情況，但仍令人眼前一亮，說明了今天民主政治確實支離破碎的事實，以下是一些例子。

在任者優勢正在消失

一般而言，儘管執政黨及執政聯盟擁有諸多優勢，如任免權和公眾目光等，但他們仍會失去選票，只要認同他們的選民失去熱情，而他們的對手又掌握了可大肆抨擊的執政疏失。這種現象在近年逐漸增加：分析歐洲十七個民主國家的研究顯示，自一九四〇年代開始，每隔十年，執政者競選連任時平均流失的選票不斷增加。一九五〇年代時，執政者平均失去百

18. 最新訊息來自BBC News, "Belgium Swears in New Government Headed by Elio Di Rupo," December 6, 2011, http://www.bbc.co.uk/news/world-europe-16042750.

分之一．〇八的選票；到了一九八〇年代，平均損失率為百分之三．四四；至於一九九〇年代，數字已差不多倍增至百分之六．二八。一九五〇年代，這些國家共有三十五個內閣成功連任，三十七個失敗；到了一九九〇年代，成功連任的只有十一個，失敗的達四十六個。負責分析的政治學者納魯德（Hanne Marthe Narud）及瓦倫（Henry Valen）同時指出，不論在成熟的民主國家如英國、荷蘭，或者年輕的民主國家如希臘或葡萄牙，這股趨勢同樣銳不可當；換言之，這股趨勢並不受民主經驗長短和傳統的影響[19]。

政府更快垮台

也有證據證明自第二次世界大戰結束以來，執政黨及執政聯盟或內閣越來越趨向在任期結束之前先因內訌而垮台。政治學者將內閣總辭的情況分為兩種。一種是技術性的，例如出於該國憲法規定，或者需按選舉法規進行改選，又或總理離世必須補選。另一種則屬酌情性，換句話說，就是由於政治動盪引致，比如內閣因政治紛爭而辭職，或者國會通過了不信任案。根據前述的研究資料，較諸之前幾十年，在一九七〇年代及八〇年代出現的內閣總辭，酌情性要比技術性來得多（兩個年代的比例分別為百分之七十二．九及百分之六十四．七）。到了一九九〇年代，酌情性與技術性內閣總辭兩者數量不相伯仲[20]。

一點都不令人驚訝的是，在二十一世紀頭十年，酌情性內閣總辭的趨勢又加快了。二〇〇八年發生金融風暴，政府倒台，內閣崩潰，聯盟岌岌可危，政府部長遭到辭退，過去穩如泰山的政黨領袖也被迫辭職下台。隨著經濟問題席捲整個歐洲，當權者毫無危機控制能力的事實盡現於世人眼底。

就算是總統制的國家，隨手也都可找到證據顯示選舉勝利所意味的民意授權正遭到削弱。在美國，每任總統都感到越來越高的挫敗感，來源之一便是參議院通過部長任命案的時間。紐約大學學者萊特（Paul Light）表示：「在一九六四年至一九八四年，得要耗時逾六個月才能通過的任命案幾乎是聞所未聞。」當時，只有百分之五的被提名人需等待超過六個月才能確認其任命。相較於今天的龜速，過去的效率實在是快得令人難以置信。萊特發現，在一九八四年至一九九九年期間，百分之三十的任命案花了逾六個月的時間。另一方面，在一九六四年至一九八四年，百分之五十的任命案只花了一、兩個月便獲通過的；但在一九八四至一九九九年，卻只剩百分之十五。接下來的十年，隨着政治更趨兩極化，情勢更是每況越下。

從政黨到派系

政黨大老在制定政綱、政策並推派候選人時，一邊嘴裡叼着雪茄、一邊進行利益交換的政治神話雖然深入民心，但其實已距離現實越來越遠。美國共和黨的大逆轉便是一例。才在不久之前，共和黨所代表的是守舊商業保守主義以及嚴謹的紀律——即使面對極端保守團體

19. Narud and Valen, "Coalition Membership and Electoral Performance."
20. Damgaard, "Cabinet Termination."

齊心協力的煽動，有時是成功的煽動，共和黨也依然故我，不為所動。但茶黨的崛起，已證明茶黨遠非只是組織性質的挑戰。茶黨當然不是一個「政黨」，而是一個由各式組織、派系和團體及個人組成的鬆散組合，推動它們的，是相近的意見（這些意見本身也是不斷變化），而它們用「茶黨」這個概念來稱呼這些意見，並把它當成品牌。有些茶黨候選人或組織獲得大企業的金援（例如美國第二大私人企業科氏工業集團〔Koch Industries〕的老闆、億萬富豪科氏兄弟〔David Koch、Charles Koch〕），而這些大企業從過去就常影響美國的政治。其他茶黨成員就比較屬於草根性的直接民主行動團體，與美國政治參與的悠久傳統一脈相傳。然而，這群烏合之眾卻形成一股龐大的力量，讓傳統政黨無力招架，不管是委員會、規範或權力菁英都對茶黨無計可施。茶黨於二〇〇九年崛起，才短短數月就令共和黨以及美國政局翻天覆地，成功讓不被政黨重視的候選人與局外人贏得初選。二〇〇八年大選時，茶黨並不存在；但四年後，任何一個有意逐鹿二〇一二年共和黨總統提名的候選人，都得尋求茶黨的支持。

茶黨是一個非常美國化的現象，它不僅反映美國對直接民主的迷戀，也反映金援對政治的影響力，而且還是支持小政府的民粹主義的最新管道。但是，茶黨由寂寂無名到急速崛起絕非單一個案。歐洲的海盜黨（Pirate Party）運動宣揚駭客道德，要求網路資訊的自由及更多的公民自由；這運動於二〇〇六年起源自瑞典，廣傳到奧地利、丹麥、芬蘭、德國、愛爾蘭、荷蘭、波蘭和西班牙。它在二〇〇九年提出綱領「烏普沙拉宣言」（Uppsala Declaration），著眼於鬆綁版權法和專利法、宣揚透明度和言論自由，並動員年輕人投票。它不僅在瑞典的歐洲議會選舉中贏得百分之七．一的選票及兩個席位；二〇一一年九月，它又再下一城，在柏林市議會選舉中取得百分之九的選票，贏得一名席次。它的手下敗將包括歷史悠久的自由民主黨（FDP），這個梅克爾（Angela Merkel）執政聯盟中的重要政黨，在該次選舉中的得票率連百分之五的門檻也達不到，沒有贏得任何席次[21]。二〇一二年，海盜黨發展再創新里程，其瑞士支部的一名成員當選為艾希貝格市（Eichberg）市長[22]。

賀雅爾（Ségolène Royal）則是在二〇〇七年法國總統大選時發動另一種反叛型選戰。賀雅爾是社會黨的總統候選人，與薩科齊（Nicolas Sarkozy）角逐法國總統。在成為總統候選人的道路上，她完全不仰賴黨內的傳統「男爵」及其細密黨部組織與民選高官的支持。

那麼，她是怎樣辦到的？她發動了類似茶黨的運動，而且和美國的情況一樣，她通過了黨內初選。在民主制度裡，黨內初選其實是個近期的產物：美國是對初選最熟悉的國家，即便如此，其實也要到一九六〇年代後期，初選才真的成為習慣，其他國家就更不用說了。不過，初選現在已日漸普及。二〇〇七年法國總統大選時，社會黨舉行了所有黨員都可參與的初選，而賀雅爾的團隊發動大型選戰，及時吸納了大批新黨員參與投票。透過這種方式以及設立網站，並且發送賀雅爾與社會黨黨機器切割的政治訊息，她在初選中贏得壓倒性的百分之六十一選票，儘管最後在總統大選中落敗而回。

法國社會黨人對此次的選舉創新意猶未盡，決定在二〇一一年再踏前一步，為二〇一

21. Wil Longbottom, "Shiver Me Timbers! Pirate Party Wins 15 Seats in Berlin Parliamentary Elections," *Daily Mail*, September 19, 2011, http://www.dailymail.co.uk/news/article-2039073/Pirate-Party-wins-15-seats-Berlin-parliamentary-elections.html.
22. Richard Chirgwin, "Pirate Party Takes Mayor's Chair in Swiss City: Welcome to Eichberg, Pirate Politics Capital of the World," *The Register* (UK), September 23, 2012, http://www.theregister.co.uk/2012/09/23/pirate_wins_eichberg_election/.

二年的大選做準備。這次他們決定所有選民都可參與初選，不限於該黨黨員。若要參與初選投票，人們只需在一份基本聲明書上簽字，表明贊同左派價值觀，而基本上，這是個完全不具約束力和強制力的聲明，以致於最後至少有一名根本不是社會黨黨員的人士成為該黨候選人。換句話說，社會黨推出總統大選候選人以挑戰現任總統的方式，已經跟該政黨毫無瓜葛。最終獲得提名的乃是歐蘭德（François Hollande），他在一九七〇年代便已和賀雅爾同居，並育有四名子女，他在總統大選中擊敗了薩科齊。但在當選後，歐蘭德和賀雅爾分手，這位新總統與記者女友提耶維蕾（Valerie Trierweiler）一起入住愛麗舍宮。

儘管美國茶黨與法國社會黨位居社會光譜的兩端，但它們都是同樣一股國際趨勢的例證：在先進的民主國家中，主要政黨都感受到高層閉門內定與真正能夠動員選民的候選人之間的差別。隨着少數黨派的崛起，它們更得學著如何適應新的形勢。在許多國家，那些幾十年來一直期望能夠分一杯羹的政黨，都找到了能夠為其選舉新旗手另闢蹊徑的管道。不論使用任何一種方法，它們都擴大了「遴選集團」（selectorate）的範圍，也就是有權選舉政黨領袖的那一小撮人[23]。

初選的擴充是局勢已起變化的指標。以色列民主研究所（Israel Democracy Institute）分析了十八個內閣制民主國家的五十個主要政黨的資料，其負責人克尼希（Ofer Kenig）指出，在二〇〇九年，有二十四個政黨允許普通黨員在黨魁選舉中擔當「重要角色」，其餘政黨則讓議員推選與任命委員會進行篩選[24]。

正如前述，初選的趨勢也蔓延至其他地方[25]。在拉丁美洲，自從各國在一九八〇年代脫離軍政府統治開始至今，約有百分之四十的總統選舉都包含了至少一名通過初選的候選人。一項針對拉丁美洲政黨的調查顯示，在二〇〇〇年，逾一半的政黨都採用了初選或類似初選的制度。另一項研究則發現，在拉丁美洲裡不曾舉辦初選的國家，人民對政黨的信任度也會較低，例如玻利維亞和厄瓜多等國。總體而言，政治學者發現，雖然只有少數的國家目前採行完全開放的初選，也就是「遴選集團」人數最多的方式，但這在國際之間是股越來越明顯的趨勢。加州長久被視為美國選舉的指標，也開始更重視選民，而非政黨排序：二〇一一年的公投決定，同一張選票將會列舉所有初選候選人的名字，而得票最多的首兩名候選人不論隸屬何黨派，都可成為正式普選候選人。

　　雖然美國政黨大老在維持權力和執行黨規上遇到的麻煩已經夠多了，現在又出現了「超級政治行動委員會」（Super Political Action Committee），其誕生背景是美國最高法院對「聯盟公民訴聯邦選舉委員會」（Citizens United v. Federal Election Commission）一案的判決，它取消了選戰募款金額的上限，使得私營企業得以登上政治舞台。儘管超級政治行動委員會並不能夠與自己支持的候選人班底進行協作，但在二〇一二年的選戰中，很明顯每個總統候選人（甚至是所有爭取共和黨提名的擬候選人）都擁有一個或多個超級政治行動委員會使出銀彈政策來為自己宣傳或攻擊對手。超級政治行動委員會既是一種嶄新的強大政治權力，建基

23.「遴選集團」的概念出自Bueno de Mesquita et al., *The Logic of Political Survival.*
24. Kenig, "The Democratization of Party Leaders' Selection Methods: Canada in Comparative Perspective."
25. Carey and Polga-Hecimovich, "Primary Elections and Candidate Strength in Latin America."

於可動用的巨額金錢，但也是權力四分五裂的另一個例子。（譯注：二〇一〇年美國最高法院裁定美國政府不能限制企業、工會、任何團體的政治活動，保障它們支持自己選擇的候選人的權利。此裁定變相令大型企業、富人可投入巨額金錢來支持或反對任何候選人的政治宣傳。超級政治行動委員會可合法地接受企業或個人無上限的政治獻金捐助，甚至在選戰中支持或反對特定的候選人。美國《華盛頓郵報》二〇一二年第三季曾公布數據，當時美國各個超級政治行動委員會所籌得的捐款總數約二．三億美元，超過一半來自全美四十七位富豪。）它的捍衛者認為，超級政治行動委員會只是種良性發展，它使得想讓政治更具競爭性的人多了另一種手段。曾協助遊說團體抵制公開捐款者資料要求的法學教授戈拉（Joel M. Gora）表示，眾多允許公眾獲得超級政治行動委員會資料的法規都不過是「保護在位者」這場騙局的一部分。戈拉主張：「這些法規其實是在限制局外候選人，不論是自由派或左派的，還是保守派或右派的。」[26] 事實上，商人林貝克三世（Leo Linbeck III）在二〇一二年便已成立了一個超級政治行動委員會，該會的唯一目標就是驅逐根深柢固的在位者，因為林貝克認為他們已經無視於選民的需求。正如《華盛頓郵報》的凱恩（Paul Kane）報導：「大多數政治行動委員會的目的都在於提高其支持的候選人的勝選機會，或拉低意識形態相反的競選對手的勝選機會；但超級政治行動委員會決意另闢蹊徑：驅逐在位者，不管他屬於民主黨還是屬於共和黨。為什麼不呢？……（林貝克的超級政治行動委員會）成功協助擊敗兩名資深的共和黨議員與兩名資深的民主黨議員，它拉下馬的是總共約六十五年的國會議員經驗。」[27] 儘管林貝克的資金有限，而他的超級政治行動委員會也彈盡援絕，但該委員會的發言人還是以勝利者的姿態表示：「我們已經成功證明，我們的想法是可行的。」[28]

超級政治行動委員會或許是獨特的美國現象，但放眼世界，金錢已是種影響政治結果推動的重要原因，如同昔日的意識形態。然而，正如義大利的貝盧斯柯尼、泰國的塔克辛、突尼西亞的本・阿里（Ben Ali）以及其他例子所顯示的：在現今的時代，單憑金錢已絕無可能塞住權力流失的各種破洞。

從首都到地方

更多的國家。更多的民主體制。更強大的壓力要求分享權力，就算是在獨裁國家裡也是一樣，至於民主國家，則得在政黨之內與之外為人民提供更多的選擇。更頻繁的選舉、更多的公投、更多的監督，更多的競爭者。這些趨勢全都指向同一方向：權力正在再分配、流散，由當權者流向更多競爭者手中。

除了上述，還有另一股全球趨勢：權力也正在從首都、中央行政機構轉移到地方政府[29]。以英國為例，其政治體系以穩定見稱，保守黨和工黨輪流執政，自由民主黨在兩者之間見縫插針——當兩大政黨都無法取得過半議席，僵局國會出現，如二〇一〇年時，拉攏自由

26. Joel M. Gora, quoted in Eggen, "Financing Comes Full Circle After Watergate."
27. Kane, "Super PAC Targets Incumbents of Any Stripe."
28. Blake, "Anti-Incumbent Super PAC's Funds Dry Up."
29. 見 Ansell and Gingrich, "Trends in Decentralization."

民主黨共組聯盟便可取得執政權。這當中涉及的談判誠然嚴肅，但較諸要與五、六個政黨同組執政聯盟，這種程度的談判其實算不上複雜。

在英國，這三個政黨控制下議院中的多數席位，而選舉法規則令這局面牢不可破。若是如此，我們該如何解釋近年常常聽到的各種黨派，例如英國獨立黨、英國國家黨、蘇格蘭民族黨、新芬黨、北愛爾蘭統一黨和威爾斯民族黨等？事實上，英國政治局勢遠較傳統的刻板印象來得更多姿多采。這些政黨有些屬於地方性政黨，有些屬於極端政黨，但在過去二十年的光陰裡，它們已在選舉中勝出，也獲得媒體的垂青以及隨之而來的公信力。如何做到的？因為出現了新的選任公職。一九九八年，英國進行大型的政治改革，將英國國會部分的憲政權力**下放**至蘇格蘭、威爾斯和北愛爾蘭議會。與此同時，歐盟成員國的身分，使得英國公民得以參與歐洲議會選舉，而該選舉所採取的比例代表制開啟了小型政黨贏得席次的大門。英國獨立黨質疑歐盟成員國對英國帶來的好處，但它卻是因為歐洲議會選舉而乘勢而起。二〇〇九年，排外的極右翼政黨英國國家黨贏得了歐洲議會的兩個席次，兩席雖然是很少的數目，但卻是重大的突破，因為這表示被主流政黨所鄙視的小政黨贏得了選民的信任。

英國並非單一個案。在西班牙，兩大政黨民眾黨（Partido Popular）和社會勞工黨（Partido Socialista Obrero Español）自該國於一九七八年實行民主以來就輪流執政。但一如英國，西班牙也有舉足輕重的地方性政黨、地方政府（包括加泰隆尼亞自治區政府和巴斯克自治區政府），它們成功地從馬德里的中央政府手中爭取到越來越多的自治權。在義大利，北方聯盟與其他地方性政治團體所獲得的進展也不相伯仲。

歐洲議會為二十七個成員國內的小型政黨開啟了參與政治的大門。歐洲議會本身是否擁有實權並不重要，重要的是歐洲議會選舉使得小型政黨在其國內具有正當性，從而得以存活。與此同時，權力下放已是國際大勢所趨：義大利早在一九七〇年代便已成立由選舉產生的地方議會，法國也在一九八二年跟進，比利時則是在一九九三年改採由地方議會組成的聯邦制，芬蘭、愛爾蘭、紐西蘭和挪威在一九七〇年代至九〇年代分別引入新的選舉式地方政府。在部分國家，經由選舉產生的地方行政首長數目也有所提升：一九九四年，玻利維亞將地方政府的數量增加了一倍，並提升其自主性。

同樣的，拉丁美洲民主國家的日漸成熟，也導致地方分權的加速。經由民眾以直接選舉方式產生、而非透過中央政府任命的地方行政首長（市長）的國家，在一九八〇年只有三個，到了一九九五年已增至十七個[30]。美洲開發銀行的一項研究發現，拉丁美洲地方政府在一九九〇年的公共支出為公共支出總數的百分之八，十五年後，比例上升至百分之十五。權力若下放得越多，比例就越高：在阿根廷、巴西和哥倫比亞，地方政府的公共支出約占總數的百分之四十。大型的地方分權計畫也在菲律賓、印度和愛沙尼亞等國進行[31]。

與此同時，一些聯邦制國家把原有的州、邦、省等一分為二，創建了新的地方行政和立法機關。自二〇〇〇年以來，印度新增加的邦包括查提斯加邦（Chhattisgarh）、北阿坎德邦（Uttarakhand）和賈坎德邦（Jharkhand），正在研議的則為特倫甘納邦（Telangan）。奈及利

30. Stein, "Fiscal Decentralization and Government Size in Latin America."
31. Aristovnik, "Fiscal Decentralization in Eastern Europe: A Twenty-Year Perspective."

亞的地方政府數目也是倍增：由一九七六年的十九個，增加到今天的三十六個。就連加拿大也分拆了西北行政區，新成立了奴納武特省（Nunavut）。

新的舞台等於新的機遇。在整個歐洲，各路人馬乘勢而起：左派政黨、右派政黨、生態主義政黨、地方性政黨和單一議題政黨，甚至像海盜黨這種怪異的政黨，都藉此從傳統政黨手中奪取榮耀及選票。投給它們的一票不會再石沉大海，它們的小型規模與極端主張亦不會再使之不受注意。這些「邊緣性」的小型政黨可以破壞、擾亂、阻礙甚至否決大黨及其聯盟的決定。其實這些小「海盜」一直存在，今天只是數量越來越多，而且在大多數的民主國家裡，也越來越能感覺到它們限制大黨選擇的能力。

由於地方行政機關掌握了更多權力，市長、州長的政治生涯與公眾形象也有所改變，有時他們晉升成為全國知名的政治人物，有時他們甚至完全繞過中央政府，擁有更高的自主權。一些城市和地區其實已實際上自行決定對外政策，範圍已遠超過傳統的貿易代表團或姊妹市的範疇。

一些學者提出，許多城市和地區現在幾乎已脫離中央政府的控制，一種現代版的中世紀城邦秩序正在成形[32]。

從州長到法界人士

逾七十年來，在泰國上演的情節與角色其實都再熟悉不過：在文人政府與軍政府之間搖擺。泰國起初是軍事統治，一九七〇年以後，脆弱的選舉制度周而復始地被政變打斷，然後經歷一段或長或短的過渡軍政府。儘管政局動蕩，泰國經濟在一九八〇、九〇年代高速成長，軍方擁有的銀行、製造商以及民間的商人在政變與憲法交錯中財源廣進。億萬富豪且曾任警察的塔克辛在二〇〇一年成為泰國總理，他奉行民粹主義，並在二〇〇五年的連任大選中獲勝，接著卻捲入瀆職和貪污風波。在接下來歷時兩年的政治危機裡發生了大選與政變，而在二〇〇七年的再次大選裡，塔克辛的妹妹成了總理。

在這場亂局當中，出現了一個新的政治勢力：司法機關。自二〇〇六年開始，泰國最高法院的判決逐漸形塑了國家的政治方向。法院解散塔克辛領導的政黨以及其他幾個政黨，禁止幾個政界大老參政，甚至還剝奪一位總理的職務，原因是這位總理在主持電視台烹飪節目時收了酬勞。二〇〇八年十二月，憲法法院以嚴肅的原因「選舉舞弊」為由，宣布解散執政黨，結束為了為期三個月的動亂，為新的聯盟政府鋪路。

泰國法院有其靠山。二〇〇六年首次介入政局的法院，其前身為軍方成立的裁判署。而在介入政局前不久，泰國人心目中的道德權威泰皇發表了一場演講，敦促法院採取明智的行動。儘管如此，法院出現在泰國的政治生活中，改變了當地長久以來的傳統，為示威者和倡議者提供了一個發表主張的新平台。在印度，最高法院介入總理辛格領導下的無能執政聯盟所導致的權力真空，偵查非法採礦、推翻公職人員任命，甚至決定軍事首長的卸任年齡。正

32. Stephen J. Kobrin, "Back to the Future: Neo-medievalism and the Postmodern Digital World Economy," *Journal of International Affairs*, Vol. 51, No. 2 (Spring 1998): 361–386.

如一位印度評論者所言：「印度已經成為香蕉共和國，把這香蕉去皮的就是最高法院。」[33]

正常運作的司法機關是一件事，但法院介入政局或解散政府則完全是兩碼子的事。就算在司法體制受人尊重的國家，也鮮有類似的先例；不過，一旦出現就相當驚人。一個例子是二○○○年美國最高法院就佛羅里達州選舉人票的訴訟做出的裁決，從而使得小布希（George W. Bush）當選美國總統。另一個例子是義大利法官進行的「乾淨的手」（Mani Pulite）偵查。該偵查於一九九二年在法官迪皮耶特（Antonio di Pietro）的領導下展開，最後揭露了規模龐大的貪污體制，後來稱之為「回扣城」（tangentopoli）或「賄賂城」（bribesville）。短短數月便有多位政黨領袖、前任部長、地方官員以及工業家落網。

最終，這醜聞牽涉眾多義大利傳統主流政黨的領袖，包括基督民主黨和社會黨；在後來的選舉中，這些政黨喪失了影響力。一九九四年，自第二次世界大戰以來最多義大利總理所出身的基督民主黨分裂成多個黨派。同年，社會黨在建黨一百零二年後也宣布解散，而曾於一九八○年代擔任總理的黨魁克拉西（Bettino Craxi），也是「乾淨的手」的偵查重點。「乾淨的手」並沒有完全消除義大利的貪腐，但它徹底改變了政治局勢，舊有的政黨體系消失了，取而代之的是新的參與者：貝盧斯柯尼領導的右派政黨義大利前進黨、左派的民主黨、地方性政黨以及其他黨派。在貝盧斯柯尼漫長的執政歲月，他的醜聞接踵而至，法官又再次成為主角，鍥而不捨地偵查一宗又一宗的醜聞，直到貝盧斯柯尼在二○一一年終於跌出權力舞台。

這些偵查使得知名法官搖身成為政治生活的新參與者。醜聞案的核心偵查法官迪皮耶特羅最終辭去法官一職，跳入政壇成立小黨。西班牙法官加爾松（Baltasar Garzon）領導過無數國內外的知名偵查，包括西班牙的政治家和銀行家、巴斯克軍事激進組織艾塔（ETA）、美國官員、蓋達組織及阿根廷前軍事將領。他最赫赫有名的案件是要求引渡智利前獨裁者皮諾契特（Augusto Pinochet）受審，後者因此於一九九八年至一九九九年在英國遭到長期拘留。（加爾松後來因大膽偵查佛朗哥政權的暴行而遭到起訴，並被指濫用職權而遭停職。）海牙國際法院以及審理戰爭罪行的國際裁判所的成立，也促使原本只有地方知名度的法官成為國際公眾人物，如南非的戈德斯通（Richard Goldstone）和加拿大的阿爾布爾（Louise Arbour）。他們在世界舞台上的聲望及權勢輕而易舉地超越了前人：第二次世界大戰後由盟軍成立的兩個國際軍事法庭的法官。

就國內政治形勢而言，法官日益增加的權力因地而異，但整體而言，這情況已對政府領袖和政黨的權力行使施加了新的限制。誠然，很多國家的司法體系只是宣稱獨立，司法就政治問題日益增加的裁決，並不保證明智的監察。例如，在巴基斯坦，不少人都相信軍方利用最高法院來控制文人政府。法官權力的增加，也未必是民主的發展——每個法官的當責性天差地遠——然而，這確確實實是政治權力衰退的一部分。

從領袖到一般人

誰是我們的領袖？曾經，領袖千絲萬縷地與政府機器與政黨糾纏一起，就連革命者也

33. Pilling, "India's Bumble Bee Defies Gravity."

嚮往位高權重的職位。但是近來不少我們崇拜的英雄都透過數位世界贏得威望，他們利用科技傳播信息、影響結果，而過去若欲達成這些成就，就必須依賴政黨、非政府組織或傳統媒體。北京作家、社會運動者劉曉波率先在網上推出「〇八憲章」，呼籲中國在現代化及改革的同時應引入普世民主價值、人權——他隨即被逮捕和監禁，翌年因「顛覆」行為被關進監獄，並在獄中獲頒諾貝爾和平獎。

埃及的戈寧認為國內的反對黨既軟弱又不可靠，遂透過臉書組織要求政府當責的運動。在哥倫比亞，工程師莫拉里斯（Oscar Morales）在臉書設立了一個名為「百萬個反對哥倫比亞革命軍的聲音」（One Million Voices Against FARC）的社團，抗議該組織對平民的大肆襲擊，此社團引發大型示威活動，並迫使哥倫比亞革命軍釋放人質。透過推特，摩爾多瓦的倡議者促成了該國的政治轉型。二〇〇六年，肯亞律師歐克羅（Ory Okolloh）和名為M的部落客創辦監督肯亞貪污狀況的網站[34]。伊朗在二〇〇九年的總統大選後爆發了民眾抗議，但因外國記者不准進入伊朗採訪，伊朗裔美國人尼克內賈德（Kelly Golnoush Niknejad）架設了網站TehranBureau.com，直接從當地群眾蒐集新聞並加以散播[35]。部落客兼公民社會運動家本·加比亞（Sami Ben Gharbia）協助發動突尼西亞的反政府示威遊行，方法是透過他的部落格傳播維基解密披露的美國外交網絡所提及的貪污醜聞。

這些新的參與者使得世界各地的政治論述範疇變得更加廣泛。他們在傳統管道之外運作，不受傳統政治組織控制，不論是政府或是政黨。他們無所不在，在面臨鎮壓時又可閃避。然而，科技不過是工具。若從宏觀的角度來看，權力正一層又一層的流散，令個人可登上史無前例的位置，不但繞過了發展數十年的政治體制，還能更為直接有效地影響、說服或約束「真正」的政治人物，這是任何古典政治理論家無法想像的。

避險基金和駭客倡議者

如果把鮑森（John Paulson）和阿桑奇（Julian Assange）同置一室，他們可能很快就會打得你死我活。鮑森經營的鮑森公司（Paulson & Co）是全球最大型的避險基金之一。阿桑奇是維基解密的創始人，維基解密是一個專門洩露政府和企業祕密資訊的網站。然而，他們有一個非常重要的共通點：兩者都是新型的政治參與者，透過限制政府的權力，他們改變了國家政治的本質。

若不信任某國的經濟政策，避險基金可以光速撤離數十億美元的資金；許多金融機構的決定都能限制某國政府的權力，避險基金只是其中之一。《紐約時報》專欄作家兼作家佛里曼（Thomas Friedman）形容它們的限制為「黃金緊身衣」（Golden Straitjacket）：

> 為了穿上「黃金緊身衣」，一個國家必須採納或看似正朝以下金科玉律邁進：私人企業必須成為經濟成長的基本動力；保持低度的通貨膨脹率並維持物價穩定；縮編國家官僚機構的規

34. Goldstein and Rotich, "Digitally Networked Technology in Kenya's 2007-2008 Post-Election Crisis."
35. Niknejad, "How to Cover a Paranoid Regime from Your Laptop."

模；盡可能維持預算平衡，更好是有財政盈餘；取消及降低進口貨關稅；去除外資投資的限制；去除配額及國內的壟斷事業；增加出口；私有化國營企業和公共事業；解除對資本市場的管制；實現貨幣自由兌換；開放工業、股票和債券市場，允許外資直接投資及持有；解除經濟管制，盡可能促進國內競爭；盡可能消除政府貪污、補貼和回扣；開放銀行業和電信業，以便讓私營企業進行競爭；允許公民在眾多相互競爭的退休規劃自行選擇，包括外資經營的退休產品與互惠基金。當你把上述條件全都縫起來時，你便得到了「黃金緊身衣」……而一旦你的國家穿上了「黃金緊身衣」，通常會發生兩件事：國家的經濟會增長，政治則收縮。也就是說，從經濟角度看，「黃金緊身衣」通常帶來更多的成長、更高的平均收入——透過更頻繁的貿易、更多的外國投資、更高度的私有化，以及全球競爭壓力帶來的更有效的資源運用。**然而，從政治層面看，「黃金緊身衣」壓縮了政治和經濟政策的選擇，當權者可動彈的範圍相對十分狹窄**……無論政府的領導者是民主黨或共和黨，是保守黨或工黨，是戴高樂主義政黨或社會黨，是基督民主黨或社會民主黨，只要它偏離金科玉律，就會看到投資者紛紛撤出，利率會上升，股票市值會下跌[36]。

歐洲金融危機的惡果，就是債市及全球金融機構限制政府選擇的極端例子，政府甚至會因為拒絕金融市場提出的經濟改革要求而被拉下馬，例如希臘。

但正如前文所述，一種與政黨和其他傳統政治組織毫無關係的新政治倡議階級也已成為政府的煩惱根源。今天，這些倡議者稱為「駭客倡議者」(hacktivist，該詞於一九九六年由歐米加〔Omega〕首次提出，他是自稱為「死牛異教」〔The Cult of the Dead Cow〕的網絡駭客組織的成員之一）。駭客倡議者的定義是「使用合法／非法的數位工具達至政治目的」[37]，迫使政府參與無休止的高科技貓捉老鼠遊戲——這場遊戲包括也超越電腦網路的滲透和妥協。它也包括多種廣泛的資訊通訊科技，史丹福大學教授戴蒙稱之為「解放科技」（Liberation Technologies）。他在同名著作中指出：

幾年前，當我即將完成一份有關全球各地爭取民主的研究之時，我才驚覺到越來越多的人透過網際網路、部落格、社群媒體和手機來揭露專制政權的濫權惡行並加以挑戰。透過這些管道，資訊與通訊的流通可以繞過獨裁政府的審查和監控，並監督選舉、發動示威。到了二〇〇七年——從這些科技的發展速度來說，那好像已是上世代的事——數位資訊通訊科技已帶來一些驚人的成就：透過數百萬激動人心的簡訊，這些新科技促使菲律賓的公民社會發動群眾，走到街上，把貪污腐敗的總統艾斯特拉達（Joseph Estrada）趕下台；它們迅速動員大量群眾參與反對威權主義的革命，例如烏克蘭的橙色革命，以及黎巴嫩的雪松革命；它們記錄二〇〇七年奈及利亞選舉的幕後操縱；它們（透過衛星圖片）揭露了巴林皇室偌大的皇宮，顯示社會令人吃驚的貧富懸殊；它們還迫使中國廈門危害環境的化工廠停工。我稱這些

36. Friedman, *The Lexus and the Olive Tree*, pp. 101–111; emphasis added.
37. Elinor Mills, "Old-Time Hacktivists: Anonymous, You've Crossed the Line," *CNet*, March 30, 2012, http://news.cnet.com/8301-27080_3-57406793-245/old-time-hacktivists-anonymous-youve-crossed-the-line.

公民使用的資訊通訊科技為「解放科技」，因為它們可賦予公民權力，以對抗、限制獨裁政權，並要求獨裁政權當責——甚至將社會從獨裁統治中解放[38]。

政治離心機

如果你是一個職業政治人物，心懷古典的政治思維，你會覺得過去六十年國家政治生活支離破碎的整體影響具有毀滅性。韋伯認為政治家內心深處渴慕的是「高高在上的感覺」，但這種感覺正隨着公職權力流逝而褪色。

相較過往，今天有越來越多的國家、政府、政治機構及組織反映並塑造我們的觀點、選擇和行動。人口遷移及都市化創建了新的政治、社會、文化、專業網絡，而這些網絡的節點，則是新興且權力增大的城市。全球的規範達至新階段，個人的抱負和期望也隨著社群媒體、光纖纜線、衛星天線和智慧型手機而提高。情況就如一部政治離心機把過去我們認識、建構政治的元素抽離，再四散在更新更廣的框架。以下是幾項重點影響。

不再走中間路線的政黨

數百年以來，政治運作的前提都是將大眾的利益（或透過選票表達，或由統治者所主張）彙整成完整的政策。代議制政府則是將人民的意志由鄰里城鎮，上達至省縣地方，最後達至主權國家的層次。政黨或政黨內部的派系，連同工會和公民團體，承諾會代表人民，傳達他們的意見。

現在政黨已不再扮演這舉足輕重的角色。為什麼？因為較諸過往，今天的溝通管道已大為縮短且更為直接。瑞典前副首相和外交部部長耶爾姆．瓦倫曾帶著憤怒和無奈的語氣跟我說：「比較可能動員人們的，是會影響他們的單一議題，而不是政黨所主張的抽象而面面俱到的意識形態。」[39]新的論壇和平台，使得公眾可直接支持政治領袖，而政治領袖則可直接回饋公眾並對之負責，無需透過政黨為媒介。在票源分散和議會多黨盤據的形勢下，主流政黨已大幅失去原有的號召力。與以往相比，加入、投票支持或甚至成立一個新的小黨的成本已大為降低。至關重要的是，支持某個新興黨派的機會成本也降低了；換言之，投票或支持一個小黨而不是大黨，或者透過其他途徑參與政治進程，我們今天得放棄的東西會比過去少。在民主社會中，大型、基礎深厚的政黨仍是控制政府的主要方式，但新型的政治組織及參與方式正在削弱其重要性並繞過它們。

政府受到限制

不論任何層面，權力的衰退對行動自主權都會有所限制。就算在總統制國家，派系鬥爭增加也令法案更難在國會通過。不過，有時來自標準的政治體系之外的勢力，也會限制政府。有能力揭發政府弊端、取消重要支持或成功戳破政府行動說詞的單位，已由債券持有

38. Diamond and Plattner, *Liberation Technology: Social Media and the Struggle for Democracy*, p. xi.
39. 二〇一一年五月於布魯塞爾與耶爾姆．瓦倫的訪談。

人、國際倡議者，延伸至部落客與知名人士。智利前總統拉哥斯（Ricardo Lagos）曾跟我說：「追求單一面向目標的非政府組織權力越大，政府的管治權力就越小。事實上，許多非政府組織都是專注單一議題的利益團體，較諸大多數政府，它們在政治上更靈活，對媒體更精通，在國際社會中也更活躍。非政府組織數量的激增，束縛了政府機器的行動，也大為限制政府的選擇。這是我擔任總統時的親身體驗，在出國訪問與其他元首、官員交談時，他們也表示相同的意見。總體來說，非政府組織對社會是有益的，但它們視野狹窄，並承受著要對支持者和資助人有所交代的壓力，這會使得它們變得非常僵化。」[40]過去，政府會尋求重塑政治局勢——可能是滿足公眾需求，又或是鎮壓公眾需求——方法是修改選舉規則、通過憲法修正案或宣布進入緊急狀態。儘管它們仍可嘗試採取這些方式，但它們必須面對來自傳統政治體系之外的監督和行動。

高度競爭

隨著政治權力分散，各種政治參與者的角色也愈見模糊：政黨（大型和小型，主流和極端）、倡議團體、媒體及選民。選任官員和政府部門現在隨時可以自己製作宣傳材料，或直接在網路上與選民交流。單一議題利益團體現在會推舉自己的候選人，而不是參與漫長的政治步驟。隨着參與政治的壁壘較過去降低了，競爭者的數量也增多。有抱負的政治家必須考慮結盟，也要迎戰來自政黨、倡議者、捐款人、意見領袖、公民記者、監督機構和各類人士的攻擊。

更具權力的個人

個人——非政治人物、非專業人士——角色的擴展，也許是政治離心機最刺激、最具挑戰性的效應。這結果來自組織性、文化壁壘的倒塌，這壁壘把人民與專業政治人物分隔開來。主要政黨的重要性日益下降，以及直接、簡單的政治討論途徑增多，在在令這些壁壘不合時宜。這項發展喚起了直接民主的希望，喚起了將雅典的集會或瑞士的州議會帶入數位時代的希望。但有利也有弊，它也引進巨大的破壞，已經有大量例子證明，不懷好意的個人或外部團體有能力擾亂或阻礙政治進程。

所以，巴西前總統卡多佐、德國前副總理費雪、瑞典前副首耶爾姆．瓦倫和智利前總理拉哥斯並非只是從權力及特權的角度做出無的放矢的抱怨。高高在上的政府職位所擁有的權力確實正在衰退，但權力並不是落入他們可以還擊、收買或擊垮的某個特定政治對手、組織。原因並不在於他們的個性、政綱，若是如此，他們可透過更改政治立場、雇用新的顧問來解決。事實是，權力正從他們的職位流失，而這職位的權力與威望向來是職業政客的最終回報。再次強調的是，權力不只正在轉移，它還正在衰退，並且在某些情況下，它正在消失。

政治離心機挑戰專制政權，使得它們的敵人更加難以捕捉，並造就了新的挑戰者和競爭者。但它也同樣對民主帶來挑戰。對許多支持者來說，民主是一個目標——威權政府的權

40. 二〇一二年十一月於聖地牙哥與拉哥斯的訪談。

力衰退，有助推動大量國家朝向這目標發展。但權力衰退的效應不僅於此：它底下的深層經濟、科技和文化力量，催生了各種思路和情感，而這些思路和情感未必都是民主的。地方分離主義、排外情緒、反移民運動、宗教基本教義派都從權力的衰退中受益。不論是在哪裡，政治離心機的一個共同效應，就是使政治局勢變得更複雜，並消除舊有的模式與習慣。有一點可以的肯定是，這情況將會持續。

第6章 五角大廈對海盜

大型軍隊權力的衰退

蓋達組織發動九一一攻擊大約花了五十萬美元，但當日造成的直接損失以及美國回應攻擊的總花費共三兆三千億美元。換句話說，蓋達組織在策畫與攻擊上每花一美元，就得花掉美國人七百萬美元[1]。美國回應九一一攻擊的金額，相當於美國國債的五分之一。二〇〇六年，真主黨在黎巴嫩戰爭期間向以色列軍艦發射了巡弋飛彈，擊中以軍配有導彈防禦系統的哈尼特號（Hanit，或稱「矛號」）護衛艦，哈尼特號差點沉沒。以軍軍艦的成本為兩億六千萬美元，據報真主黨使用的導彈費用為區區六萬美元[2]。二〇一一年，索馬利亞海盜為全世界帶來介乎六十六億至六十九億美元的損失，發動了兩百三十七次襲擊（較二〇一〇年的兩百一十二次更多），儘管該水域已有多國聯合海軍派出有史以來最先進的軍艦巡邏[3]。

恐怖分子、叛亂分子、海盜、游擊隊員、爭取自由的戰士和罪犯並非新鮮事，但若仿效邱吉爾的口吻，那麼，在人類衝突史上，從未出現如此少人以如此低的成本，卻能為如此多

1. Shan Carter and Amanda Cox, "One 9/11 Tally: $3.3 Trillion," *New York Times*, September 8, 2011; Tim Fernholtz and Jim Tankersley, "The Cost of bin Laden: $3 Trillion over 15 Years," *National Journal*, May 6, 2011.
2. "Soldier Killed, 3 Missing After Navy Vessel Hit Off Beirut Coast," *Haaretz*, June 15, 2006.
3. One Earth Future Foundation, *The Economic Cost of Somali Piracy, 2011* (Boulder, CO: 2012).

人帶來如此巨大的傷害。因此，就武裝衝突而言，儘管微權力很少贏得勝利，卻令權力巨頭的日子愈發艱難，儘管他們擁有大型且昂貴的國防建制。

透過軍事方式行使權力的改變發生在兩個面向。首先，小型、靈活的戰鬥組織越來越有本事爭取自身利益，並重擊大型、裝備齊全的敵軍。其次，擁有傳統軍隊的國家動用大規模毀滅性武器的能力及意願日趨下降。雖然今天的微權力明顯仍無法與世界上的軍事強權捉對較量，但在不對稱的衝突中，它們卻越來越能「阻擾」更大型、更先進的對手取得勝利——這證明了權力的運作已出現基本的變化。

阿奎拉（John Arquilla）是位最受推崇的現代戰爭思想家，他認為世界已經進入「長期非常態戰爭時代」。他寫道：「傳統衝突方式的偉大將領無法提供我們什麼協助。傳統戰爭理論，尤其大型就是絕對力量的觀念，也無法提供太多幫助。這種觀念至今仍然存在，鮑威爾（Colin Powell，美國第六十五任國務卿、小布希內閣成員）「壓倒性武力」的信條以及「震懾」等觀念正是其代表。然而，早在越戰時代，這些觀念便已站不住腳；而今天，事實也很明顯，若要再使用這些觀念來對抗叛亂分子和恐怖組織，只會落得問題百出。」[4]

在論及展示及行使權力時，軍事力量代表的是最終手段。政治的目的是要說服他人，而戰爭或戰爭威脅的目的是要迫使他人屈服。以軍隊的規模、裝備和技術來衡量的軍事力量，其實是複雜的權力概念的替身，一旦登場，便會鴉雀無聲。在剝除外交的禮儀、文化的影響力以及「軟實力」後，唯一剩餘的赤裸事實就是武力。根據傳統思維，權力的平衡會自然傾斜向軍事實力更強的一方。正如記者魯尼恩（Damon Runyon）討論另一事宜時形容：「跑步比賽不一定是跑最快的人勝出，戰場上也不一定是最強大的一方獲勝，不過，把錢押在它們身上才是明智之舉。」[5]有人曾建議史達林（Joseph Stalin）幫助俄羅斯的天主教徒，以便討好教宗，他的回應如下：「教宗？**他**的軍隊有多少個師？（聽到史達林的回覆，教宗庇護十二世嚴正反擊：「告訴他，他在天堂會遇到我的萬師雄軍。」[6]

雖然第二次世界大戰已經結束近七十年，冷戰的軍事競賽也是二十年前的事，但是軍事規劃家仍然相信優勢軍力的教條，依然假定大規模以及先進的軍隊是國防和強權的重點。

美國就是明顯例子。二〇一二年，該國國防預算逾七千億美元[7]，占全球軍費支出總和近一半。若把其他相關機構的支出也納入計算，美國國防支出總額升至約一兆美元。中國和俄羅斯是美國最大的軍事對手，它們的軍費支出分別只占全球總支出的百分之八和百分之五，儘管這兩國（特別是中國）的軍事支出高速增長。全球只有大約二十五個國家的軍費支出在國內生產毛額的占比中上升，而它們主要是中東國家。就算美國計畫在未來十年削減國防開支，但其軍事支出仍然是天文數字。美國預定在二〇一七年完成其削減計畫，但即便如此，美國的國防預算仍是中國目前國防預算的六倍，並且超過次十個高軍事支出國家的國防預算總和[8]。就算國防預算略為削減，美國仍能調動十一艘航空母艦，維持其核三角（nuclear

4. John Arquilla, *Insurgents, Raiders and Bandits: How Masters of Irregular Warfare Have Shaped Our World*, pp. xv–xvi.
5. Runyon, *On Broadway*, p. 87.
6. 引自Winston Churchill in *The Second World War*, p. 105.
7. “United States Department of Defense Fiscal Year 2012 Budget Request,” February 2012, http://comptroller.defense.gov/defbudget/fy2012/FY2012_Budget_Request_Overview_Book.pdf.
8. Edward Luce, “The Mirage of Obama’s Defense Cuts,” *Financial Times*, January 30, 2012.

triad）力量：遠程轟炸機、洲際彈道導彈和彈道導彈核潛艇[9]。

過去二十年間，每當美國發動常規戰爭，美軍都能輕易取勝。但其實類似的常規戰爭只有數宗：第一宗是一九九一年的波斯灣戰爭，還有某程度上的第二次波斯灣戰爭，儘管伊拉克軍隊在後者幾乎沒有還擊。二〇〇八年，美國國防部部長蓋茲（Robert Gates）表示，在過去逾四十年的美軍行動中，其實只有第一次波斯灣戰爭才「多少可視為傳統常規衝突」。至於其他行動，包括出兵格瑞那達、黎巴嫩、索馬利亞、科索沃、伊拉克和阿富汗，美軍只是平叛、反恐，或因政治或人道主義而出手干預，並不是真正的戰場上戰術進退的比拚。這股趨勢也可放諸全球，一九五〇年代，全球平均每年發生六場國際衝突；踏入二十一世紀的首十年，全球平均每年發生的國際衝突少於一場[10]；在過去六十年，各個強權之間完全沒有戰爭[11]。

這並不表示戰爭沒有發生。雖然涉及國家層次的武裝衝突事件在一九九二年至二〇〇三年之間少了百分之四十（這數字包括國與國之間的戰爭，以及國家和非國家行為者之間的戰爭），但此後數目又開始上升[12]。數字在二〇〇三年開始一度下降後，非國家行為者之間的武裝衝突（人類安全報告計畫〔Human Security Report Project〕將之定義為「兩個組織化的團體相互使用武力，但雙方都不是國家的政府」）在二〇〇八年急遽上升。

今天戰爭以不同形式呈現，而這些形式都是大型常規軍事建制難以應對的。讓我們快速回顧過去十年的戰爭片段：

■二〇一一年十月，阿富汗赫爾曼德省（Juz Ghoray）：一名美國海軍陸戰隊隊員巡邏時，在名為「丑山」的山脊附近發現一個埋藏的土製炸彈。拆除裝置時，他又發現第二個裝置，在移除裝置並前進時，他踩到了第三個裝置，炸斷了右腿——他因此成為二〇一一年期間斷肢的兩百四十名美軍之一[13]。他很幸運：同年聯軍共有兩百五十名士兵死於土製炸彈。

- 二〇〇八年十一月二十六至二十九日，印度孟買：十名巴基斯坦持槍分子挾持一艘印度拖網漁船，經由海路到達孟買，向整個城市進行恐怖襲擊。雖然持槍分子最終被殺或被捕，但造成一百六十八名死者，傷者逾三百人。
- 二〇一一年八月二十五日，墨西哥蒙特瑞（Monterrey）：墨西哥最暴力的販毒集團塞塔斯（Los Zetas）的持槍分子襲擊一家賭場，掃射賭場顧客後縱火焚燒賭場，造成逾五十人喪生。
- 二〇一二年二月七日，葉門蘇庫特拉島（Socotra Island）東北部：索馬利海海盜發動襲擊，挾持權宜船籍國為賴比瑞亞的希臘散裝貨船，駛入索馬利海海岸——這是該年開始以來的三十七次襲擊之一，也是第十一起貨船及船員被挾持事件[14]。

9. 所有雷根政府時期投資在軍事上的裝備，將於二〇一〇年至二〇二〇年間退役。美國海軍有部分聲音反對航空母艦，若此反對勢頭占上風，美軍航空母艦的數目在未來十至二十年內可能縮減至十一艘以下。
10. Human Security Report Project (HSRP), *Human Security Report 2009/2010: The Causes of Peace and The Shrinking Costs of War*, December 2, 2010, http://www.hsrgroup.org/human-security-reports/20092010/overview.aspx.
11. 同上。
12. 同上。
13. 文中敘述的事件取自“Amputations Soared Among US Troops in 2011,”（http://news.antiwar.com/2012/02/09/amputations-soared-among-us-troops-in-2011/）特別依據此圖表：http://timemilitary.files.wordpress.com/2012/01/amp-chart.png 簡易引爆裝置的傷亡數字來自布魯金斯研究院的阿富汗索引。

■二〇一〇年五月，華府：美國商會發現中國駭客在過去一年入侵其電腦網路，竊取了成員資訊與雇員電子郵件記錄，甚至還能控制其空調系統[15]。美國政府、軍方與企業受到中國與其他地方的駭客攻擊高達數百例，而這些駭客多半與該國政府有關。

這些例子在在證明，諸如美國等傳統軍事強權現今面臨的挑戰，已不單是一群新的敵人，而是戰爭本質的變化。這變化是增長革命、遷移革命和心態革命的黑暗面所推動。土製炸彈已成為阿富汗、伊拉克、敘利亞及其他地方衝突中的武器首選；其製作並不需要鍗或複雜合金，只需利用普通的家居用品、農業原料或消費品便可操作、組裝。教育的普及，使得人們可以輕易設計土製炸彈——兩者都是增長革命的成果。一如海盜使用玻璃纖維製的小艇、廉價的 **AK-47** 步槍和火箭彈，便足以挾持價值數百萬美元的大型船隻，襲擊孟買的恐怖分子則利用了隨手可得的武器及通訊科技——它們都是增長革命和遷移革命的副產品，包括恐怖分子在印度海海域航行導航的全球定位系統，以及協調攻擊行動、監視警察、向外廣傳其惡行的衛星電話、手機、黑莓機。受惠於便利的旅行及通訊，現在一個恐怖分子單槍匹馬都可完成過去需要藉助轟炸機或導彈才能達成的遠程高效攻擊：「鞋子炸彈客」里德（Richard Reid）和「內褲炸彈客」阿卜杜勒木塔拉布（Umar Abdulmutallab）都是例子，兩人都幾乎成功炸掉一架飛機。透過激發常常被殘忍扼殺或輕易扭曲的渴望和抱負，心態革命吸納了一批對現實不滿的狂野分子、犯罪分子和潛在的革命分子。或許同樣必須注意的，是單槍匹馬或寥寥幾人的攻擊者，已可為強權帶來慘重的損失，這事實已深深烙印在成千上萬的人的腦海，無法磨滅。

這些新的軍事力量並不需要世界大型軍隊引以為傲的階層制度及協同調動。隨着發動戰事的壁壘倒塌，昔日使得大型軍隊具有威力並能嚇阻攻擊的優勢也變得不那麼重要。在一開始的「震懾」性威嚇後，阿富汗戰爭和伊拉克戰爭並沒有出現大規模火炮攻擊、坦克襲擊和超音速空戰等形式的衝突，冷峻、精密的核戰理論更沒有上場。與此同時，北約部隊卻得學習在一個截然不同的媒體環境中作戰：敵人可透過社群媒體輕易地散布訊息，而記者、部落客和社運分子則是詳盡地記錄盟軍的傷亡及其醜陋的連帶傷害，對任何正在上網的網民、躁動的群眾宣揚。

衝突本質的變化，使得各國國防部和各個軍事院校重新深刻地思考，試著讓組織結構與學說與時並進。《四年期國防總檢討》（*Quadrennial Defense Review*）乃美軍最重要的軍事戰略及預算指導文件，而二〇一〇年的該四年期報告以及二〇一二年一月的《國防戰略指導報告》（*Defense Strategic Guidance*）兩者都強調，與各種敵對者之間的小型、非對稱衝突的重要性日漸提升[16]。《國防戰略指導報告》把「反恐和非常規戰爭」列為美軍的主要任務之首。

14. ICC International Maritime Bureau (IMB), Piracy & Armed Robbery News & Figures, http://www.icc-ccs.org/piracy-reporting-centre/piracynewsafigures.
15. Damon Poeter, "Report: Massive Chamber of Commerce Hack Originated in China," *PC Magazine*, December 21, 2011, http://www.pcmag.com/article2/0,2817,2397920,00.asp.
16. Ann Scott Tyson, "US to Raise 'Irregular War' Capabilities," *Washington Post*, December 4, 2008; US Department of Defense, *Quadrennial Defense Review*, February 2010, http://www.defense.gov/qdr/.

美國的軍事規劃家也對以下趨勢表示憂心：可以擊落飛機、擊沉船隻或瞄準高速公路汽車的先進精準武器，不僅越來越容易被對手如中國或敵手如北韓取得，就連非國家行為者也可輕易拿到。美國國防部負責政策規劃的前副部長、美國海軍戰爭學院（Naval War College）教授曼肯（Thomas Mahnken）提出警告：「敵人正以最少的成本取得發動精密戰爭所需的精確武器。」[17]無人機科技使得監控出現革命性進展，也改革了美軍對抗叛亂分子和恐怖分子的方式；然而，廣泛應用和散播這項科技，使得任何願意花上區區幾千塊美元的人都可以引發大混亂。

小勢力的大崛起

伏爾泰在十八世紀寫道：「相信天助強者的君主若欲發動戰爭，那麼，他會讓軍隊的人數倍增。」然而在歷史上，小型武裝部隊擾亂、阻止甚或擊退大型軍事機器的情景卻是一再上演。

公元前四百八十年的溫泉關戰役（Battle of Thermopylae）便是個歷史早遠的例子。希臘以寡敵眾的部隊藉助高地勢和複雜地形，成功將人多勢眾的波斯軍隊困在山谷三天，希臘三百壯士最終英勇戰死沙場，但是他們也為敵軍帶來完全不合比例的傷亡損失。希臘人雖然輸了溫泉關戰役，此役卻削弱了波斯軍隊的作戰能力，最終還成功阻止對方入侵。從《聖經》記載的大衛故事以至越戰中的越共，歷史上比比皆是的是小型且欠缺裝備的一方，不僅可以堅守陣地，還能阻撓聲勢驚人的敵手進襲，甚至取得勝利。

這種作戰方式的現代先驅包括切．格瓦拉、胡志明和毛澤東。毛澤東的游擊戰術使得中國共產黨拿下了中國。對於游擊戰和常規戰，毛澤東認為兩者在規模及協調上的要求是截然不同的：「游擊戰講求的是小型部隊獨立行動及扮演核心角色，絕不可過多干預它們的行動。」相較之下，傳統戰爭「得要集中指揮……所有單位、所有支援部隊、所有作戰區域必須做出最大程度的合作」。然而在游擊戰中，這種指揮和控制「不僅不適宜，也不可能發生」[18]。

在現代軍事用語裡，游擊戰是種「非常規」、「不對稱」的戰爭：「非常規」是由於發動游擊戰的一方儘管使用武力，但並不是傳統的軍事力量；「不對稱」是因為若以戰鬥人員數目與物資做為蠻橫的軍事力量標準，它們都是以寡敵眾。今天，非常規與不對稱衝突已成為常態。例如，在阿富汗，逾四十三萬阿富汗和聯軍部隊都無法制伏規模只為其十二分之一的塔利班勢力。在伊拉克，在二〇〇七年的高峰期，逾十八萬聯軍部隊再加上近十萬伊拉克安全部隊，得要與兩萬動亂分子交鋒。

俄羅斯在車臣也遇到類似的情況：一九九九年至二〇〇〇年，在所謂的第二次車臣戰爭中，逾八萬裝備精良的俄羅斯軍隊被約兩萬兩千名爭取車臣獨立的叛亂分子拖延達五個月。最終，俄羅斯軍隊獲勝，重新控制車臣，但俄羅斯付出慘痛的代價，數萬平民因此傷亡，逾

17. Thomas Mahnken, quoted in Andrew Burt, "America's Waning Military Edge," Yale Journal of International Affairs, March 2012, http://yalejournal.org/wp-content/uploads/2012/04/Op-ed-Andrew-Burt.pdf.
18. Mao Zedong, "The Relation of Guerrilla Hostilities to Regular Operations," http://www.marxists.org/reference/archive/mao/works/1937/guerrilla-warfare/ch01.htm.

五千多名俄羅斯士兵命喪戰場[19]。

環顧整個非洲和東南亞，我們可發現幾十個近來出現且頑強抵抗的叛亂組織，包括烏干達的聖主抵抗軍（Lord's Resistance Army）、菲律賓的莫洛伊斯蘭解放陣線（Moro Islamic Liberation Front）。而且，軍事衝突之所以發生的原因，越來越不是為了要保衛某塊特定領土，而是因為無疆界的意識形態、犯罪、宗教或經濟目的。在一九五〇年代的軍事衝突中，只有一小部分與國家和非國家武裝行為者有關；相較之下，此類衝突在一九九〇年代已成為主流。二〇一一年，當時的美國國防部副部長林恩（William Lynn）說，軍事交鋒的形式正由「激烈但短暫的衝突」演變為「更漫長、更持久的戰鬥」[20]。

小型部隊的戰績，證明它們的成功已日趨成為常態，至少它們不僅達到政治目標，而且也未被殲滅。哈佛大學學者阿諾奎因—托夫特（Ivan Arreguín-Toft）分析了一八〇〇年至一九九八年世界各地發生的一百九十七場不對稱戰爭。此處所謂的「不對稱」乃是依循傳統觀點，也就是衝突開始時，雙方的軍隊和總人口數目之間的差距。阿諾奎因—托夫特發現，所謂的「弱者」，其實贏得了差不多百分之三十的戰役。這項發現本身已相當出乎意料，更令人驚訝的是這股趨勢的時間變化：在過去兩個世紀中，所謂的「弱者」在衝突中獲勝的頻率穩步上升。在一八〇〇年至一八四九年，弱者的獲勝率只有百分之十一點八；但在一九五〇年至一九九八年，弱者的獲勝率上升至百分之五十五。這意味著戰爭的一個核心公理被推翻了：從前，占有優勢的一方最終必能取勝，但這說法今天已站不住腳[21]。

之所以如此，部分是因為在今天的世界裡，強者所動用的蠻橫暴力在政治上已經無法為眾人接受：例如在第二次世界大戰期間不分青紅皂白地轟炸、炮擊平民；法國在阿爾及利亞戰爭期間使用的酷刑；或者在越戰期間，美國在南越針對越南共產黨的刺殺行動「鳳凰計畫」（Phoenix program）。正如阿諾奎因－托夫特的主張，諸如備受爭議的「鳳凰計畫」的暴行，或許可以在短期內有效地對抗游擊戰的間接攻擊，但如果強國並沒有面對真正的生存威脅，尤其該國是採取民主制度的話，這種手段就會受到高度的公眾監督，因此在政治上不可行。退役將軍、越戰老兵、曾經擔任北約歐洲盟軍最高司令的克拉克（Wesley Clark）曾對我說：「今天，一個師的師長可以直接控制在三、四十英里之內戰場的武裝直升機，擁有所謂的『全方位優勢』，也就是可以掌控陸海空及太空和網路空間。然而，有些我們可以在越戰時採行的戰略，今天卻無法進行。我們擁有更多的科技，但合法的選擇卻減少了。」俄羅斯對車臣以及斯里蘭卡對坦米爾之虎（Tamil Tigers）的血腥鎮壓所取得的「成果」正反映出，今天擁有優勢火力的一方若欲戰勝軍事上處於弱勢的頑強對手，需要付出極大的代價。

政治因素在不對稱軍事衝突戰果中具有的決定性地位，亦可解釋極小型勢力的逐漸崛起——恐怖主義。自從恐怖主義於一七九三年九月至一七九四年七月法國大革命時期的「恐怖統治」植根開始，至今已出現各種進展。儘管美國國務院認定的外國恐怖組織約達五十

19. Global Security, "Second Chechnya War—1999-2006," http://www.globalsecurity.org/military/world/war/chechnya2.htm.
20. William Lynn, quoted in Burt, "America's Waning Military Edge."
21. Ivan Arreguin-Toft, "How the Weak Win Wars: A Theory of Asymmetric Conflict," *International Security* 26, no. 1 (2001): 93–128; Ivan Arreguin-Toft, "How a Superpower Can End Up Losing to the Little Guys," *Nieman Watchdog*, March 23, 2007, www.niemanwatchdog.org.

個，但活躍的組織數目其實有上百個；有些恐怖組織的成員只有幾十個，有些則達數千人。再者，不可輕看單槍匹馬的行為者或小型組織改變歷史的力量，早在塞爾維亞民族主義者、波士尼亞人普林西普（Gavrilo Princip）在塞拉耶佛刺殺斐迪南大公從而引發第一次世界大戰之前，例子已俯拾皆是。

最能代表現代恐怖主義的乃是九一一事件，還有蓋達組織在倫敦、馬德里和峇里島發動的襲擊，車臣恐怖分子在莫斯科的襲擊，以及虔誠軍（Lashkar-e-Taiba）對孟買的襲擊。那麼，是什麼使現代的恐怖主義與過去有所不同？現代的恐怖主義不再只是國內的安全議題（亦即各個國家可自行採取其對策），而是全球軍事的關注。賓拉登及蓋達組織發動的恐怖攻擊，促使全球逾五十個國家的政府投入了超過一兆美元，以保障自己的國民免受襲擊。一九九四年，法國發布了一份重要的國防戰略文件，當中有二十處提及恐怖主義，但在二〇〇八年的新版文件中，提及「恐怖主義」的次數已多至一百零七次，比「戰爭」這個詞出現得更頻繁。對此，學者黑克爾（Marc Hecke）和里德（Thomas Rid）寫道：「恐怖主義的衝突，似乎已使戰爭威脅黯然失色。」[22]

終極壟斷的結束：使用暴力

小型及非國家行為者在現代戰爭中的重要性和影響力越大，就越能侵蝕過去幾世紀以來一直指導政治和權力分配的核心原則。韋伯寫道：「國家，是可以正當壟斷暴力使用的組織。」

換句話說，現代國家的定義及其存在的部分理由，在於它可以集權行使軍事力量。召集軍警是國家的特權，而阻止其他勢力在該國領土上使用暴力是國家的職責之一，這是它賴以建立其正當性的社會契約的成分之一。這種新型的暴力壟斷，代表中世紀的搶劫幫派和傭兵時代已一去不返，而層層相疊的封建領主和諸侯對同一塊領地各自掌握的自主軍隊也畫上句點。軍事控制與國家主權已牢不可切。

今天，這樣的壟斷已在多個層面出現裂痕。墨西哥、委內瑞拉、巴基斯坦和菲律賓的政府已喪失國內大片領土的控制權，它們往往成為武裝組織的基地，成為跨國計畫或企業的據點。就連游擊戰的基礎也發生變化。在過去，游擊隊的目標通常是推翻入侵者或殖民者並贏取或奪回主權。游擊戰理論家認為，若能獲得作戰地區的民眾支持，游擊隊就能獲得正當性。切·格瓦拉寫道：「游擊隊員需要當地民眾的全力支持，這是不可或缺的條件。」現在，游擊戰戰爭幾乎沒有邊界可言：它們不再需要依賴民眾支持——原因很簡單，因為它們與有形領土渺不相涉。若要在阿富汗戰勝塔利班組織，聯軍需要贏得阿富汗人民的心；若要對抗攻擊紐約、倫敦和馬德里的蓋達組織及其仿效者，那麼，情報人員要遠比經濟發展專家來得更重要。與此同時，面對不斷增加的預算壓力，各國都試著減輕常駐軍隊的沉重負擔，逐漸把過去守護主權的職責「外包」。

現代國家和現代軍隊之所以結合為一，並不只是出於意識形態或政治哲學，它也出於深

22. Marc Hecker and Thomas Rid, "Jihadistes de tous les pays, dispersez-vous," *Politique Internationale* 123 (2009): fn 1.

刻的實際需要。它反映了戰爭的成本和科技。幾個世紀以來，國家必須採行越來越先進的暴力手段，一開始它們只需要普通槍砲，現在則是重型火炮、坦克、戰鬥機和電腦主機，這都增加了戰爭的成本，還得安排戰爭物流以提高軍隊的效率。

軍事理論家認為，自現代國家出現以來，戰爭已出現四代的演化，每一代戰爭都呼應歷史的時期，也反映當時的科技進步和戰術創新。例如，在機關槍出現之前，軍隊會集中火力，將大量士兵集中在作戰據點，一排一排地前進，以爭奪一小撮領土。這種近距離戰鬥模式導致大量士兵戰死沙場。從拿破崙戰爭到美國內戰，這種恐怖的模式不斷上演，並在第一次世界大戰的戰壕達到高峰。能夠在這種戰鬥形式中得利的，乃是大型且組織完善的軍隊，它強調的是規模（亦即用完即棄的人員）以及協調。二十世紀上半葉，重型火炮、坦克和飛機取代了這種模式；也就是先依靠這些武器充當開路先鋒，再由步兵接管該地域。這種模式確實更有效，但也更昂貴。這些新型戰備的成本，就是讓軍隊必須擴充其規模。根據韋伯對二十世紀早期的考察，他認為並沒有任何一個內生的原因可以禁止私人資本主義企業興戰，儘管如此，一個強大、中央集權的組織絕對是必要的。對於規模、能力和科技的要求，使得軍隊成為現代、集權階層組織的代表。韋伯認為，分權的軍隊注定會失敗。

這種共識在第二次世界大戰中開始失守，觸發點是德國的閃電戰，突破了法國的馬其諾防線等靜態防禦工事。側翼突襲戰術及空降部隊的運用，講求的是快速靈活的行動，地面指揮官必須主動出擊，沒有一分半秒的時間等待高層的指令，太多的中央集權只會裹足難前。二十世紀下半期，新的衝突將人類帶到第三代戰爭：敏捷性和靈活性日益重要。由於地對空飛彈等複雜軍事裝備的可攜性提升，使得地方指揮官可做出一連串影響深遠的決定。然而，冷戰的兩極對抗以及由此引發的軍備競賽，還有國家之間的傳統衝突，使得國際軍事強權仍以規模為優先考量，正如軍事理論家阿奎拉所說：「它們依賴的是幾個大部隊，而不是大量的小部隊。」阿奎拉指出，從越戰到今天，美軍的結構並沒有太多改變。他說：「美軍的『規模問題』是根深柢固的慢性疾病，也就是說，它無法以小型隊伍進行小型任務。此外，美國還保有傳統、階層式的軍事思維，也就是『越多人就越好』——並相信人若變少，成效一定不佳。」[23]

今天，許多戰鬥者都不認同這樣的觀點。安裝土製炸彈的塔利班武裝分子、哥倫比亞革命軍成員、哈瑪斯指揮官、坐在電腦前撰寫部落格的聖戰分子全都奉行「更小可以更好」。他們不是循傳統招募途徑入伍的士兵，也不是軍校的畢業生，但他們在今天的軍事行動的影響力不可小覷。同時，不單單只是「壞人」人數越來越多，而且行動越來越有效，例如恐怖分子、叛亂分子、海盜和犯罪分子；在西方民主國家的軍隊中，也有越來越多的私營軍事公司承擔了原本由軍隊和警察負責的軍事和保全任務。

這其實也不是全新的現象。在中世紀和文藝復興時期，發動戰爭和維持治安的人通常是傭兵；然而，在上一代人的世界裡，今時今日年營業額估計達一千億美元的私人軍事服務市場根本不存在。它的發展已經超出補給和物流（這是所有軍事行動的重要部分），而且還走

23. John Arquilla, "The New Rules of Engagement," *Foreign Policy*, February-March 2010.

到前線。私營軍事公司承擔了部分最敏感的任務，包括審訊戰囚。二〇一一年，據報至少四百三十名美國聘用的私營軍事公司雇員在阿富汗被殺，這比美軍的傷亡數字還要高。L-3通訊（L-3 Communications）是一家美軍聘用的私營軍事公司，它在伊拉克及阿富汗的傷亡人數僅次於美軍和英軍[24]。辛格（Peter Singer）是這領域的專家，他寫道：「過去兩個世紀中，從來沒有如此高度地依賴私人士兵，私人士兵執行的任務直接影響了戰術和戰略是否成功。」[25]這些公司起步時通常都是辦公地點偏遠的小公司，例如倫敦郊區或維吉尼亞州鄉間的不知名辦公園區，包括黑水公司（Blackwater，現改名為Academi）、軍事職業資源公司（MPRI）、執行結果公司（Executive Outcomes）和卡斯特戰鬥（Custer Battles）、泰坦（Titan）、神盾（Aegis）等，這些公司都在不同的軍事行動中扮演了重要角色。它們有些被更大的公司收購，有些經營失敗退出市場，也有些維持獨立運作。近來的事態，讓私營軍事公司找到一個新市場：在索馬利亞海域保護商船。歷史悠久的傭兵，現在已經成為繁榮、多元化的產業。

美國軍事思想家提出第四代戰爭（4W）的概念，用以描述戰爭與政治、以至士兵與平民的界限模糊不清的衝突[26]。這種衝突是暴力非國家行為者與國家的對戰，戰場不單在於狹義的武裝對抗，也在媒體和輿論層面開戰，兩方皆旨在削弱對手的理據及正當性。恐怖主義、網戰和宣傳是第四代戰爭常用的「武器」[27]。第四代戰爭觀念的成形，最早可追溯至一九八九年，當時冷戰接近尾聲。在第四代戰爭中，美國的對手在財力及裝備上的劣勢，反倒使它們的成功更加引人注目。

武器海嘯

過去數十年武器越來越複雜，越來越昂貴，是以也越來越難取得。儘管美國和其他國家仍然享有某程度的軍備優勢，但在今天的戰爭中，最合適的軍機並不是戰鬥機，而是價格更低廉、靈活性更高的無人機。

越來越多國家採取無人機執行各種任務：充當誘餌、執行偵察或發射導彈。無人機價格豐儉由人，簡單不具攻擊性的短程無人機價格可低至幾千美元，而一架具主動截擊能力的「死神」（Reaper）無人機價格可達一千五百萬美元。無人機並非新概念，但近幾十年來的科技進步提升了無人機的威力，降低了成本，也提升了無人駕駛情況下的飛行能力，這些在在增強以無人機執行戰鬥任務的誘因[28]。與此同時，無人機在非軍事用途也有所斬獲，例如房地產經紀從高空拍攝房屋圖片，生態學家觀測熱帶雨林，大型農場跟蹤草原上牛群的放牧情況。逾三十幾個國家使用無人機，幾十家私營公司向沒有無人機基礎建設的國家提供代飛服務[29]。但令人不安的發展，是到處都有無人機的玩家及私人用戶：二〇一二年，美國一名為「自製無人機」（DIY Drones）的團體成員人數已達兩萬名。二〇〇四年，黎巴嫩真主黨派出一架無

24. Rod Nordland, "War's Risks Shift to Contractors," *New York Times*, February 12, 2012.
25. Singer, *Wired for War: The Robotics Revolution and Conflict in the Twenty-First Century*, p. 18.
26. Lind et al., "The Changing Face of War."
27. Amos Harel and Avi Issacharoff, "A New Kind of War," *Foreign Policy*, January 20, 2010.
28. Singer, *Wired for War.*
29. Sutherland, *Modern Warfare, Intelligence and Deterrence*, p. 101.

人機飛入以色列領空，以色列軍隊將之擊落；然而，以軍無法擊落的是無人機入侵帶來的心理影響，以及真主黨藉此所證明的能力[30]。若果每個不滿、妄想或瘋狂的人都有能力從天空肆虐，那會是什麼局面？史丹福大學的福山（Francis Fukuyama）打造自己的無人機，目的是拍攝更美麗的自然風光，他說：「技術成本降低了，商業用途增加了，再者，要追蹤無人機的難度日益增加。既然不知曉無人機的來源，威懾也無用武之地。看不見的敵人可以任意攻擊人們，這可不是令人愉快的世局發展。」[31]

比起過去幾年軍事衝突中最具破壞性的武器，亦即土製炸彈，無人機是種高度精密的武器。土製炸彈種類繁多，有許多種火藥和引爆系統可供選擇，其製作不需要按照特定的標準，通常利用手邊現成的材料，例如農用裝備，來自工廠、藥房或醫院的化學製品。相對大型軍隊的武器庫，土製炸彈在精密性和技術水準來說簡直是幼兒班；然而，它卻特別適用於今天的分散式戰爭。它無需複雜的供應鏈，也不需花時間部署。製造土製炸彈的步驟頗為簡單，在網路上隨處可見。此外，諸如伊拉克、前蘇聯和利比亞等國對彈藥疏於管控，也令土製炸彈的製作成本及複雜度下降。土製炸彈體積小，便於偽裝，使用者無須暴露自己行蹤；但其直接影響卻明顯且可怕：殺死敵人或令對方傷殘。事實上，土製炸彈的自製品質相對於高科技的先進武器，就如《聖經》中大衛與歌利亞的對比，並且會為叛亂的一方贏得公眾同情。

考慮到巨人歌利亞為應付土製炸彈投入的資金，以及它所帶來的死傷，歌利亞對大衛的對比就更具體。自二〇〇三年以來，美國為應付土製炸彈投入逾兩百億美元。美國國防建制內部的多個團體和部門都被委派應付這挑戰，於是又出現典型的科層問題：各部門工作目標重疊、競爭，彼此之間缺乏協調，當然，也造成浪費。光是協同單位聯合土製炸彈防衛組織（Joint IED Defeat Organization）的縮寫JIEDDO，就已讓人感受到這機構的臃腫[32]。開創性的發明如特殊裝甲車、掃雷機器人和特殊保護服等拯救了無數士兵和平民的生命，仍然無力扼止土製炸彈的潮流。例如，二〇一一年，在阿富汗清除或引爆的土製炸彈達一萬六千五百五十四個，較前一年的一萬五千兩百二十五個上升百分之九。而在二〇一一年因土製炸彈而傷亡的阿富汗人則較上一年增加了百分之十。百分之六十的平民傷亡，都是因為土製炸彈[33]。

然而，今天的游擊戰和恐怖主義活動的終極武器其實比土製炸彈更狡詐：受到鼓動隨時準備放棄自己生命來達成任務的人。據統計，一九九〇至二〇〇六年期間，全球三十宗傷亡人數最多的恐怖攻擊中，二十二宗出自自殺炸彈客。殉道古而有之，敢死隊也不斷在戰爭史上出現。然而，自一九八〇年代開始，自殺式攻擊數量急遽上升，其頻率及精心部署史無前例。前現代的動機與後現代的可能性的組合，帶來了毀滅性的後果。再一次，三大革命增加了自殺炸彈客的衝擊。自殺炸彈客利用今天的旅遊便利，加上殉道文化肯定行兇者並吸引新追隨者，激化了恐懼的效果，不單單在針對的對象，也由於媒體的放大效應將恐懼帶到世界各

30. Scott Wilson, "Drones Cast a Pall of Fear," *Washington Post*, December 4, 2011.
31. Francis Fukuyama, "The End of Mystery: Why We All Need a Drone of Our Own," *Financial Times*, February 25, 2012.
32. Christian Caryl, "America's IED Nightmare," *Foreign Policy*, December 4, 2009; Thom Shanker, "Makeshift Bombs Spread Beyond Afghanistan, Iraq," *New York Times*, October 29, 2009.
33. Tom Vanden Brook, "IED Attacks in Afghanistan Set Record," *USA Today*, January 25, 2012, http://www.usatoday.com/news/world/story/2012-01-25/IEDs-afghanistan/52795302/1.

處。再者，殉道文化的效力堅決徹底，自殺炸彈客的唯一目的就是接近目標，他們根本不想逃脫，是以自殺炸彈客幾乎無從抵禦。

分散及隱匿戰鬥當然也會使用現代的工具，在新的分散式戰爭局勢中，網路與土製炸彈及自殺式攻擊的地位同樣重要。在網路戰場的大前方是駭客攻擊民用及軍用基礎建設，並針對敵方政府、社會依賴的網路、平台進行分散式阻斷服務攻擊（distributed denial of service）。但還有更簡單的招式，就是在網上散播強調對方敵意的好戰訊息，進行宣傳及威脅，吸引同一路的新追隨者。在美國及歐洲的反恐戰爭中，許多意見領袖說出驚人之語，但因缺乏軍事常識而備受嘲笑；然而，二〇〇九年十二月成功攻擊美國中央情報局阿富汗基地的自殺炸彈客，卻是一名拿起武器的「聖戰專家」。網際網路不單是號召人們的工具，還可以使人們的目標更加激進[34]。

這些工具和科技都有一個共同點：極易取得。二〇〇九年底，以色列軍事情報機構主管亞德林（Amos Yadlin）將軍在一次演說中指出，從軍事能力看來，以色列的敵人仍遠遠落後，然而，他們正利用「精確導彈、電腦技術、防空武器、全球定位系統和無人機」奮起直追。他補充，單是在市場上隨手可得的商用電腦產品，已可令以色列的敵人可以加密其通訊，並對以色列發動駭客攻擊。亞德林說：「網路空間給予小人物的權力，是過去超級大國才能擁有的。例如無人駕駛飛機，這種武器可在無須考慮距離和飛行時間的情形下發動攻擊，也不用擔心飛行員的生命安全。」[35]

亞德林將軍的觀點表達了軍隊現今面對的難題——以及部署軍隊的政府理當要保護的公

民面對的難題。分散政治、商業及宗教權力的離心力，在軍事領域裡也同樣所向無敵。權力衰退改變了衝突的方式和可能性，新武器的普及和成本的降低，增強了小型、非國家、非傳統行為者的影響力。媒體和通訊讓人們得知採取何種策略才會成功，從而使得更多人跟進。

隨着這些新興小型軍事力量的成功，其他蠢蠢欲動、甚至尚未出現的群體已了解該如何仿效。這並不表示小規模衝突將會不可避免地無休止發生——但是對於任何關注和平、視和平為道德或實踐要務的人來說，這確實寓意深遠。

同時，這對當今權力的獲得、維持和喪失也影響深遠。

權力的衰退和戰爭的新規則

「不要再次發生」是戰爭倖存者心底共同的感嘆，然而生活的每一天卻都提醒人們：暴力、恐怖、脅迫的陰影仍然影響人類的生活和社會。冷戰的「和平紅利」在波斯灣戰爭、世貿中心攻擊、巴爾幹衝突、盧安達種族屠殺以及西非內戰等事件後已迅速消失。卡普蘭（Robert Kaplan）已發出警告：「無政府狀態正在形成」，因為冷戰所維繫的國家逐一解體，族群和宗教衝突也在加劇[36]。九一一攻擊的衝擊、蓋達組織及其他恐怖組織的興起，以及之

34. Jarret Brachman, "Al Qaeda's Armies of One," *Foreign Policy*, January 22, 2010; Reuel Marc Gerecht, "The Meaning of Al Qaeda's Double Agent," *Wall Street Journal*, January 7, 2010.
35. Amos Yadlin, quoted in Amir Oren, "IDF Dependence on Technology Spawns Whole New Battlefield," *Haaretz*, January 3, 2010.
36. Kaplan, *The Coming Anarchy: Shattering the Dreams of the Post–Cold War.*

後出現的各種「全球反恐戰爭」，在在把世界圍困於新形式的暴力：低度但影響巨大的衝突。儘管來自不同領域，但分析者如卡普蘭或《燃燒的世界》（*World on Fire*）作者蔡美兒（Amy Chua）都指出，迅速發展的全球化進程以及國家的弱化，使得暴力衝突更有可能發生，意圖在沒有西方式民主的地方引入這種民主方式，很可能會出現反撲，導致暴力衝突[37]。今天的恐怖主義、網路戰爭和毒品走私是以不定形、不斷變化、無邊界的方式在進行，隨時都可能在世界的某個角落出現。

你可以說它們是「低程度衝突」、「小型戰爭」、「非常規戰爭」，又或者如學者黑克爾和里德稱之為「『戰爭二．〇』（War 2.0）。不論你如何稱之，今天的暴力衝突與塑造十九、二十世紀的暴力衝突形式以及與記錄片中的已截然不同……亦與大多數國家的國防開支重點截然不同。」[38]然而，更令人難以看透的是該如何應對這新的局面。有人認為世界主要軍事大國應激烈地裁軍、軍事改革，但這與它們的既得利益衝突，還會予人示弱之感，更讓人憂慮的是，此舉會侵蝕傳統的威懾力量。傳統的國家之間威脅並沒有消失，不論是從高加索到南美洲懸而未決的疆界爭端，又或如伊朗、北韓等國的加強軍備，甚或美國和中國之間的尖銳猜忌。在此同時，對於該如何處理非國家行為者不斷增加的暴力攻擊，則視各方對問題根源的立場而定，例如經濟不平等、文化崩壞、企業主導的帝國主義傳播、伊斯蘭基要主義者、背後有國家撐腰或教唆等等。

雖然透過權力衰退的角度觀察今天的戰爭並不能平息這些爭論，但它可以告訴我們，哪種形式的衝突會延續，以及成功的軍事戰略必須將哪些新的現實納入考量——不論是西方式民主、正在崛起的強權、發展中國家、好戰團體或叛亂團體。

超強軍事競爭的來臨

戰爭和國防超強競爭的舞台背景如下：武器隨手可得；士兵與平民、軍用科技與民用科技的界線模糊；衝突次數日益增多，但起因較少出於領土之爭，而是金錢、商品和思想之爭。就如主要政黨、產業和銀行業巨擘一樣，大型軍事機構也因為傳統權力壁壘的坍塌而面對新的競爭者。諸如五角大廈的核心國防部門已無法深鎖衝突的工具與資源。現在，衝突的技能不僅可以從基礎訓練、軍事院校中學到，還可以在巴基斯坦西北部的叛亂分子訓練營、英國萊斯特的伊斯蘭學校，或中國廣州的電腦學校中學到。

在這散亂的局面中，傳統軍事機器依舊重要且威嚴。它手握公共資源優勢，有能力使自己占據政府財政預算的首要位置。國家主權賦予其道德影響力，讓它能吸引新的追隨者，以及合理化各種投資和支出，乃至加入聯盟軍隊的政治正當性。在這些面向上，它都有傳統做為靠山。傳統軍事機器失去的是排他性。傳統軍事機器在哲學與實踐上的兩大重要壟斷消失了，將它的脆弱暴露於人前。哲學上的壟斷，指的是只有國家才享有使用武力的正當性。實踐上的壟斷，指的是主權國家之間的地緣政治競爭使得傳統軍事機器不可或缺，而為了求勝就需要更為複雜的科技。然而，強勢的非國家行為者崛起，以及科技在專家群體之外的高速

37. Chua, *World on Fire: How Exporting Free Market Democracy Breeds Ethnic Hatred and Global Instability*.
38. Hecker and Rid, *War 2.0: Irregular Warfare in the Information Age*.

擴散，都摧毀了傳統軍事機器的具體優勢。

今天，各個國家的軍隊正試圖以速度、成果各異的方式適應「全方位戰爭」，即是戰爭中使用的武器既有數位也有傳統，應用的戰術既有心理也有脅迫，作戰人員中有平民，他們四散潛伏，數量就如身穿制服講求協調的士兵。不論從死亡數字或經濟損失角度計，超級軍事競爭並不表示會較以前出現更多或更糟的衝突。不過，這也完全並不等於國家軍隊已經退出歷史舞台。然而，它提供了一個新視角，讓我們明白國家軍隊需要達成什麼。

軍事力量不再等同國家安全

從傳統國與國之間的戰爭過渡到分散式的小規模衝突，大體上結束了大型軍隊的專精化優勢。是以任何依賴軍事力量或優勢火力的國防戰略都再也站不住腳。主要國家的軍隊也看清這一點，並嘗試做出調整。如前文所述，美軍在二〇〇八年底發表的指導性文件表示，非常規戰爭具有「與傳統戰爭一樣的重要戰略意義」——這是一個重要的主張，將會影響美軍的整體軍事規劃，從人員、裝備到訓練[39]。對於美國來說，聚焦在非常規戰爭，意味著更重視特種作戰、情報蒐集、平反叛亂，以及軍方所說的「低能見度行動」，同時也意味更著重與同盟國和當地軍隊合作。根據二〇一二年宣布的計畫，美國特種作戰司令部（US Special Operations Command）在全球約七十五個國家部署的兵力將增加百分之六，從二〇一二年的六萬六千人，到二〇一七年的七萬人[40]。從這增長可窺見，今天的行動例如平反叛亂，或許已有別於特種部隊作戰行動手冊的指引。美國國防大學最近的一項研究指出，今天的叛亂爆發原因多半不是追隨某種意識形態或某個領導階層（如越南共產黨），而更有可能是一觸即發的「憤怒聯盟」（如巴勒斯坦大起義）[41]。

其他國家的軍隊也在相應調整。中國人民解放軍過去二十年縮小了部隊規模，用現代科技取代多餘的人員。同時，中國人民解放軍近年積極參與聯合國維持和平行動，反之在二○○○年前鮮見其蹤影。中國海軍也訪問了更多國家的港口。此外，中國工人在外地如蘇丹等屢屢遭遇綁架和殺害，亦觸發中國以新思維來保護越來越多的海外國民及海外利益。軍事分析員正在詳細分析全球主要軍事強權的經驗，例如美國、中國、印度、英國、法國和以色列，以尋求「最佳做法」來準備對抗今天最有可能面對的軍事任務：反恐、平叛、人道主義介入干預和維和[42]。

爆發電子戰的可能性尤其獲得關注。過去十年的攻擊記錄顯示國家面臨的威脅有多廣——例如旨在使系統癱瘓的攻擊、向系統植入惡意代碼的攻擊、搜集敏感資料或阻礙通訊的通訊網路攻擊，以及關鍵基礎建設如輸電網的攻擊[43]。網路戰爭還包括「信息戰」，比如散播宣傳資料及把網站連結導向其他網站。美國、伊朗、喬治亞、愛沙尼亞、吉爾吉斯和亞塞

39. Ann Scott Tyson, "New Pentagon Policy Says 'Irregular Warfare' Will Get Same Attention as Traditional Combat," *Washington Post*, December 4, 2008.
40. Tony Capaccio, "Pentagon Bolstering Commandos After Success in Killing Bin Laden," *Bloomberg News*, February 9, 2012.
41. "The Changing Character of War," ch. 7 in Institute for National Strategic Studies, *Global Strategic Assessment 2009*, p. 148.
42. David E. Johnson et al., "Preparing and Training for the Full Spectrum of Military Challenges: Insights from the Experience of China, France, the United Kingdom, India and Israel," National Defense Research Institute, 2009.
43. John Arquilla interview in "Cyber War!," *Frontline*, April 24, 2003, www.pbs.org.

拜然等國都曾出現各種網路攻擊。私營網路服務商如推特和Gmail等也曾遭受攻擊——例如二〇〇九年夏天的伊朗動亂。但是，以攻擊的規模、造成的損失、攻擊的能見度來看，網路攻擊還未出現一個個案可以與九一一相提並論，因此國家並未特別投注資源，公眾也不甚重視。事實是各國政府對網路戰的適應太過緩慢，駭客和網路攻擊者明顯有很多破壞政府關鍵職能的機會。以色列軍事情報主管亞德林指出：「網路世界瞬息萬變，在這場較量中搶先行動非常重要。若欲回應網路戰的變化，最多只能有幾個月的時間，而空戰的機師則可以花上數年。」[44]

軍事學者阿奎拉指出，無法與時並進以適應分散的嶄新戰爭局勢，不一定是軍人心態的問題。阿奎拉在二〇一〇年寫道：「過去二十年對這些事宜的關注雖然緩慢，但也穩定增加。但高階軍官往往會因宿命論而畫地自限，他們認為國會及產業領袖會阻撓任何激進的改變。」[45]

再者，以先進科技、優勢裝備強化軍力的傳統主張也未被淘汰。提出「軟實力」這概念的學者奈伊（Joe Nye）表示，軍事力量「仍然建構期望，以及形塑政治的計算」。就算沒有派遣常規軍隊處理發生中的衝突，它本身的威懾仍然非常重要。奈伊寫道：「軍事力量，連同規範和制度，有助於確保最低程度的秩序。」[46]但是，當橫蠻的軍力不再足以確保宰制地位時，問題就變成該如何分配資源：一方是傳統的權力單位，另一方則是相對缺乏經驗的新興權力單位。沒有人認為恐怖分子可以終結強權的存在，但前者肯定可以影響後者的行為，讓它們無法再採取過去認為理所當然的選項。

金錢比秩序更常發號施令

塞塔斯究竟是怎樣的組織？在某種層面來說，它不過是墨西哥長期毒品戰爭的眾多武裝派系之一。這並不是一場象徵層次的戰爭：從二〇〇六年十二月到二〇一二年年初，近五萬人死於毒品相關的暴力事件[47]，這場戰爭令墨西哥政府失去了大片領土和大量經濟活動的控制權。在這裡頭，塞塔斯格外強大，它控制了墨西哥東北部的重要領土，確保大量毒品經由繁忙的拉雷多渡口（Laredo）混入美國。臭名昭著的塞塔斯約有四千名成員，他們在其控制區域裡實施恐怖統治，勢力擴展至墨西哥其他地區，甚至越過邊境直達美國。在毒品戰爭中，墨西哥政府的對手眾多，其中塞塔斯最令人生畏；不過，真正使塞塔斯與眾不同的乃是其起源。塞塔斯的成員招募自墨西哥軍隊和警察的菁英，原本只是海灣卡特爾販毒集團（Gulf Cartel）的私人軍隊。儘管貪贓枉法在墨西哥是平常事，但塞塔斯將之提升到另一境界。現在塞塔斯又出現了本質變化：在各個販毒卡特爾權力競爭之際，原本只是民兵的塞塔斯也加入戰局，自行組成販毒集團，爭奪關鍵市場、毒品販賣管道，據說其勢力已透過與義大利黑手黨組織卡拉布里亞光榮會（Calabrian 'Ndrangheta）的聯繫擴展至歐洲。

塞塔斯從政府軍隊變為私人軍隊，再轉而成為毒販的變遷，顯示了今天衝突中角色可互換的特性。其他例子如下：伊拉克叛亂分子逐漸把綁架當作生意，而他們大都出身自海珊的

---

44. Amir Oren, "IDF Dependence on Technology Spawns Whole New Battlefield," *Haaretz*, January 3, 2010.
45. John Arquilla, "The New Rules of Engagement," *Foreign Policy*, February-March 2010.
46. Joseph S. Nye, Jr., "Is Military Power Becoming Obsolete?" *Project Syndicate*, January 13, 2010.
47. "Q and A: Mexico's Drug-Related Violence," *BBC News*, March 30, 2012, http://www.bbc.co.uk/news/world-latin-america-10681249.

軍隊；塔利班開始參與阿富汗的毒品交易；海盜日益猖獗等等。這些事例都在在表明經濟機遇——從追逐更高的報酬到自己組成犯罪集團大發橫財——已成為衝突參與者的驅力。金錢向來是促使人們拿起武器（有時是放下武器）的動機之一，但是，在分散式的衝突環境中，當最有用的武器都能輕易到手之時，經濟誘因變得格外強烈，遵從指揮結構所獲得的獎賞與表揚也就不那麼吸引人了。從犯罪到叛亂、以至私營軍事公司，對於那些受過武器及後勤物流訓練的人來說，市場機遇無處不在，而這些相關訓練也越來越與傳統意義下的「民用」科技有關。

換言之，在今天的衝突中，命令已不如物質誘因來得重要。在傳統軍隊中，酬薪是次要的，人們參軍的首要動力是忠誠、公民義務、使命感或目標——從九一一攻擊後大量美國人報名參軍可見一斑。某些叛亂團體，甚至暴力團體也能引發這種召喚感，追隨者想要藉此驅逐占領者、捍衛領土或對抗異教徒。然而，軍事角色的散落，以及以非軍事途徑參與衝突的方式的興起，代表市場的訊號——價格、報酬和機會成本——正在以現代西方在過去起碼一百年來未曾經歷過的程度形塑暴力的模式。

軍事權力的衰退影響每個人

離心力將衝突分散，鬆綁軍事能力，並將之轉化為兼具軍用與民用色彩的混合能力，這不僅影響了龐大的國家軍隊，就連衝突中的新成員也同樣面臨著危險，儘管這股力量曾導致它們崛起。

例如，近在眼前的聖戰運動就是個例子。九一一攻擊，以及隨後發生的馬德里和倫敦攻擊，都是以賓拉登和薩瓦里（Ayman al-Zawahiri）為核心的恐怖組織網絡長達數月、甚至數年的部署結果。近期蓋達組織策畫的幾次攻擊規模都縮小了——而且還遭到挫敗——甚至還有些滑稽，例如「鞋子炸彈客」和「內褲炸彈客」。為什麼會有這樣的區別？其中一個原因可能是反恐機構能力提升，在大陰謀得以實現前就將之粉碎；另一原因則是聖戰世界以及蓋達組織本身的權力與能力的衰退。研究「聖戰裂縫」的學者里德分析了聖戰分子的不同定位：本土的叛亂分子只想守住自己的土地，通常對侵略全球毫無興趣；另一些聖戰分子則是完全變質，改行成為組織化的犯罪與走私集團，他們的驅動力是金錢，而非使命感，與塞塔斯不無相似；還有一些聖戰分子則是來自歐洲和北美等地的網路群體，其中有些人找到門路參與真正的軍事行動，在阿拉巴馬州長大的哈馬米（Omar Shafik Hammami）就是個例子，他由美國中部受人歡迎的高中生變成索馬利亞反政府游擊隊的主要領導人[48]。

里德和黑克爾指出：由於利益、使命感和能力的不同，外表看來令人聞風喪膽的聖戰世界的內部其實頗為脆弱。塔利班組織內部也是一樣，軍事觀察家把塔利班武裝分子分為兩類：受意識形態驅使的「正統塔利班」分子，以及比較在乎地域與金錢的「偏門塔利班」分子。一項針對四十五個已不再活動的恐怖組織進行的研究發現，真正被打敗的恐怖組織只是少數，其中有二十六個是因內訌而解散。里德和黑克爾進一步指出，認為蓋達組織對底下的

48. Thomas Rid, "Cracks in the Jihad," *The Wilson Quarterly*, Winter 2010.

支部擁有指揮及協調能力的想法，其實是種誇大的誤解。他們認為，若欲描述聖戰運動的傳播方式，比較適合的稱呼是「維基恐怖主義」（wikiterrorism），也就是對意識形態、方法和忠誠鬆散且脆弱的傳揚，這種方式使得聖戰運動無處不在，但同時也削弱了其效力[49]。

無人機、土製炸彈、徹底軍事化的網路空間、精確導航武器、自殺炸彈客、海盜、富有且裝備精良的跨國犯罪網路，及大量其他武裝行為者已改變了國際安全的局面。未來，這種新形勢還將不斷變化，因此我們無法對其準確描繪，但可做出一個可靠的假設：大型軍事建制的權力將不如過去壯大。

49. Hecker and Rid, "Jihadistes de tous les pays, dispersez-vous!"

第7章 世界將屬於誰？最終否決權、抗衡和泄露，或，為何地緣政治完全被顛覆

二〇一二年三月二十八日，發生了一件重要卻沒人注意的事：據澳洲財政部計算，當天，發展較落後國家的經濟總值已超越富裕國家。專欄作家哈切爾（Peter Hartcher）的形容更加貼切，他說目前這種「脫離正軌的局面已維持一個半世紀……因為其實在一八四〇年之前，中國一直是世界上最大的經濟體」。他接著引述著名亞洲經濟分析師柯凱思（Ken Courtis）的話：「中國人的看法是這樣的：在這幾個世紀裡，我們只是倒楣而已……一個世代轉眼過去，全球勢力已經轉移。隨著時間流逝，這不單是經濟及金融權力的轉移，也是政治、文化和意識形態的權力轉移。」[1]

是嗎？哈切爾的專欄文章引發讀者熱列回應，反映了各地學者和政策制訂者喋喋不休的爭論：哪些國家會主導未來的世界？坎培拉的戴利克回應：「在未來幾十年內，我們沒什麼好擔憂的。理論上，中國和印度是全球的發電廠，但這兩個國家大多數的人民就連排水設備

1. Peter Hartcher, "Tipping Point from West to Rest Just Passed," *Sidney Morning Herald*, April 17, 2012.

和電力供應也沒有。」巴費拿回應：「我們也不該忽略其他『新興經濟體』的問題：邊境衝突；水源及資源擁有權；專利權和其他知識財產權；族群，宗教和意識形態差異；文化歧異性；歷史爭端及戰爭。這些問題使得新興國家的未來並非一片光明。」佛蒙特的大衛就提到，應同時考慮「這些國家人口的『財富』分布，在我看來，中國一般人民與特權黨員兩者之間的貧富差距，實在是無法拉近的天與地（印度也一樣）。」雪梨的卡里多尼亞則比較憂心：「倘中國經濟成長下滑，恐怕你也會成為失業大軍的一員，能夠找到一份清潔工作便已萬幸。要是中國打噴嚏，澳洲便得感冒；要是中國感冒，澳洲就患肺炎。」[2]這些評論所蘊含的基本假設，乃是什麼因素使得一個國家變得強大，強大到足以成為**霸權**——一個可將自己意願加諸他國的國家。這一章不只會解釋用以界定霸權的因素已出現轉變，還會揭示在國際體系內奪取及運用權力的方式也正在經歷深遠的變化。

數百年以來，國與國之間的競爭，以及領土、資源和影響力的爭奪，都是軍官和外交官的職責。十九世紀及二十世紀期間，所謂強權國家的代表，運用自身國家的軍力及財力來贏得戰爭、牽制盟友、鞏固經貿要道及地域版圖，以至為全球各地制訂遊戲規則。在第二次世界大戰後，超級強權國家崛起，成為強權國家的領袖。直到二十一世紀初，隨著蘇聯走入歷史，美國便成為世界僅存的超級霸權。很多人認為，各國之間的爭權奪勢終於有史以來第一次分出勝負，產生出一位明確甚至最終的贏家。

維基解密泄露了超過二十五萬份的美國外交檔案，正如該網站負責人阿桑奇道出的駭人訊息：「足證美國暗中監視盟國及聯合國；對『附庸國』（client state）一切貪污及侵犯人權的行為視若無睹；與原以為是政治中立的國家進行幕後交易；遊說美國企業；還有美國外交官使用的手段。」[3]

資深的分析家對此毫不驚訝，例如華盛頓卡內基基金會總裁馬修斯挖苦的回應：「這正是霸權一貫以來的做法。任何占有主導地位的國家，實際的行為就是如此。」[4]

這批泄露的外交資料也顯示，霸權若想遂其所願，其實也波折重重，同樣會受到其他國家的官僚、政客、非政府組織、一般公民的阻撓。只要隨便翻開任何一個月分的資料，就會發現：

- 當美國知道歐洲議會打算投票否決追查恐怖分子資金來源以及提供航空公司乘客名單時，美國焦慮萬分。
- 俄羅斯國會要求美國信用卡公司必須加入該國支付卡系統，但若加入，美國公司的收益將會大幅減低。
- 為了要恢復美軍軍機在土庫曼境內的降落權，雙方政府經歷了漫長的談判。
- 由於哈薩克政府拒絕給予核廢料處理設備和人員地方稅豁免，這項重要戰略手段的挫敗，讓美國政府沮喪不堪。

2. 哈切爾發表於二〇一二年四月十七日專欄文章的讀者回應。
3. "Secret US Embassy Cables Revealed," Al Jazeera, November 29, 2010.
4. 二〇一二年九月於華盛頓與馬修斯的訪談。

即使是理論上受美國控制的國家，也不願意唯命是從。例如埃及，即使獲得美國數億元的軍事及經濟援助，也囚禁當地的美國非政府組織高階職員。巴基斯坦向塔利班和蓋達恐怖分子提供庇護，包括賓拉登在內。以色列無視美國提出的要求，繼續在具爭議的領土興建殖民區。阿富汗政府大部分的財政預算都依賴美國及其盟國的援助，但它嚴詞抨擊美國在該國境內的戰爭行動。此外，儘管美國發出強烈警告，以色列仍有可能單方面炸毀伊朗的核設備，美國對此深感頭痛。美國前國家安全顧問布里辛斯基告訴我，世界已進入「後霸權時代」，亦即「沒有一個國家可以強勢或永久地將其意志施加在其他國家之上」[5]。

美國霸權湧現的變化，是一個沒完沒了的爭論主題。習以為常的想法在面對一宗又一宗無法預料的事件時不斷搖擺，不知該如何因應。起初，冷戰突然結束，反映美國的意識形態取得勝利，連同美國的經濟成長以及一九九〇年代的通訊和科技熱潮，似乎都在預示一個嶄新的單極世界誕生：獨一的超級強權可擊敗所有懷抱霸權野心的競爭對手。但是其後美國遭受九一一恐怖攻擊，小布希政府實行單邊主義，美國財政又再次深陷赤字，再加上中國持續崛起，在在扭轉眼下的局勢。結果，美國權力衰落論成為潮流。梅菲（Cullen Murphy）二〇〇七年的著作《我們是羅馬帝國嗎？》（*Are We Rome?*）恰如其分地提醒我們，歷史上每個帝國最終都只有沒落一途[6]。

隨著歐巴馬在美國總統選舉中以黑馬姿態勝出，這場爭論暫時畫上了休止符。忽然之間，美國的道德公信力又在全球重振聲威，幾年前迅速萎縮的軟實力也是一樣。然而，歐巴馬在國際間剩餘的政治魅力，卻又被持續的金融危機、長期的財政赤字泥沼、伊拉克和阿富汗的消耗戰所侵蝕。歐巴馬在二〇一二年的國情咨文申辯：「若有人告訴你美國正在走下坡……那麼他們並不知道自己在說什麼。」關於美國全球地位的辯論仍繼續上演，不管是來自最新的報章頭條、經濟數據、嚴謹的國際關係理論，或是全球秩序的歷史比較研究等等。

在美國的權力看來搖搖欲墜的同時，它的競爭對手也是一樣。在大西洋另一邊，許多人原本相信可以抗衡美國的歐盟也是自身難保：經濟危機、治理笨拙、人口老化，再加上超乎其吸納能力的大量移民湧入。繼承蘇聯資源和軍力的俄羅斯向來是美國的敵國，但它的人口也同樣老化，而且這個仰賴石油的威權國家還得奮力遏制民眾的不滿。共產體制結束後二十年，裙帶資本主義、強硬國家干預，再加上到處肆虐的罪行，使得這個全球大國變成一瘸一拐、蹣跚而行的怪獸，儘管俄羅斯仍然擁有核子武器，但它已非昔日那個超級強權。

如上文提及，對於那些正在尋找下一個新崛起強權的人，答案很簡單：「東方出現了一股新活力。」事實上，根據追蹤全球主要媒體的全球語言監察組織（Global Language Monitor）的資料，「中國崛起」是二十一世紀最多人瀏覽的新聞[7]。全球經濟衰退，但中國卻逆勢起飛，它的軍事力量及外交影響力持續擴張。自一九九〇年代中期以來，亞洲國家的經濟成長速度是歐美的兩倍。對於未來的形勢發展，分析家之間唯一的分歧，只在於西方國家落後的速度。一個預測指出，最快在二〇二〇年，亞洲國家總體經濟量將超越歐美的總和；另一預

5. 二〇一二年五月於華盛頓與布里辛斯基的訪談。
6. Murphy, *Are We Rome? The Fall of an Empire and the Fate of America.*
7. "Bin-Laden's Death One of Top News Stories of 21th Century," *Global Language Monitor,* May 6, 2011, http://www.languagemonitor.com/top-news/bin-ladens-death-one-of-top-news-stories-of-21th-century/.

測則認為，中國經濟可在二〇五〇年遠遠超越美國；以調整後的購買力計，中國經濟在本世紀中期差不多達美國經濟的兩倍，而緊隨其後的將會是印度，歐盟則是排名第三[8]。對華盛頓政府來說，這些預測讓人不安和恐慌；但在北京政府看來，中國揚眉吐氣的時代終於來到。如上文所見，澳洲人與全球各地的人們也都正在參與這場討論，並且各執一詞。

中國崛起也引來其他對手參與競爭。經濟成長快速的印度是核武俱樂部會員，該國的科技發展以及外包產業，使之可望成為強權。地大物博且外交活躍的巴西，已取代英國晉身全球第六大經濟體[9]，也在國際間鋒芒漸露，與其他新興國家組成「金磚五國」（BRICS：巴西、俄羅斯、印度、中國和南非）。這五國各自擁有區域性的影響力，是區域的穩定者、仲裁者，動員者，有時也會欺凌鄰近小國。此外，不論是與美國進行雙邊談判還是在聯合國會議裡，或是其他的多邊談判中，這五國都會抵抗並侵蝕霸權的特權。

這些國家的行為是否會對國際秩序的穩定構成威脅，以至美國必須出手制止並震懾？它們是否只打算在「美國治下的和平」（Pax Americana）下極大化自己的利益，卻無意加以推翻？這些國家的崛起究竟意味著什麼：是美國領導的單極國際體系進一步深化，還是諸如中國的主要敵手已漸露頭角，抑或是全球將轉向成為多極世界，美國只是各種新興的夥伴、盟友、敵對集團的一員而已？至於金磚五國在享受短暫的優勢後，是否又會走進貧窮所帶來的政治、經濟、社會或生態失衡的困局？事實上，在經歷一輪急速成長後，金磚五國與其他新興國家的經濟已開始放緩，這通常會讓快速轉變的社會出現政治上的不滿。上述觀點各有其支持者，為了促進自身國家的利益，同時也可能為了協助維護國際的和平，他們也都開出自己的藥方。

在隨後的內容，我們將檢視為何軍事及外交政策專家費盡心思研究「霸權」這個議題，以及為何權力在世上主要國家之間的轉移會對我們每個人都帶來影響，不光只是膚淺的影響，像是哪個國家的國內生產毛額最高、軍事力量最強大、奪取最多奧運金牌等。這一章探討的是深層的故事——正是大家將目光著眼於爭論、追蹤各國財富進帳時往往會忽視的問題。不管是位居全球高位的國家、企圖攀升至高位的國家，或是身處底層的國家，都無法逃脫增長、遷移、心態革命帶來的影響，以及隨之而來的權力衰敗。事實上，經濟及人口的驚人暴增，貨品、意見、人們史無前例的流動，以及公眾渴望的不斷上升，在在削弱權力的壁壘，這是所有國家都必須面臨的挑戰，不論其規模、收入水準、政治體系或軍事力量。

隨著這些壁壘倒下，以下兩者之間的分野也變淡：一方是精於玩弄權力政治的菁英國家，另一方則是前殖民地、附庸國，或曾被強權操控或忽視的偏遠邊緣政治體。曾幾何時，複雜昂貴的情報機關為少數國家帶來資訊的優勢；今時今日，小國只需憑現成數據及網上資料便能與大國一爭長短。以往大國投入數十億元的對外援助，以確保其勢力範圍底下政權的友好與效忠；今天，國外援助管道如雨後春筍，可能是有點自不量力的小型國家，也可能是資產媲美其他國家國內生產毛額的基金會。好萊塢和共產國際（Comintern）曾經手執全球文化牛耳，現在風靡全球的是中國的孔子學院、印度的寶萊塢電影和哥倫比亞的電視劇。

8. Robert Fogel, "123,000,000,000,000," *Foreign Policy*, January-February 2010; see also Dadush, *Juggernaut*.
9. Joe Leahy and Stefan Wagstyl, "Brazil Becomes Sixth Biggest Economy," *Financial Times*, March 7, 2012, p. 4.

小國越來越有能力招架大國的算計，這是權力轉移的其中一面，而這種權力轉移使得國際政治舞台出現更多成員。蓋達組織、蓋茲基金會、半島電視台等等，都有各自關注的議題，通常也與任何一個特定國家沒有關係。恐怖分子、叛亂分子、非政府組織、移民團體、慈善家、私人機構、投資者及金融機構、媒體和新全球宗教團體，雖不致癱瘓國際軍事及外交事務，卻能透過新的途徑和手段讓各國軍隊和大使舉步為艱，並影響國際議題。〈科尼二〇一二〉（Kony 2012）這個網路影片就是個例子：它由基督教社運分子與導演羅素爾（Jason Russell）製作，呼籲追捕烏干達戰犯科尼（Joseph Kony）。這段短片雖沒有搬上銀幕，但在YouTube播出後，短短數星期已獲得千萬人點閱，而且捐款、明星背書、要求行動的聲音如雪片般飄來——當然，影片對烏干達的描繪也引起該國部分人士的抗議。誠然，軍購、國際援助，以及貿易制裁或軍事行動的威脅，仍是國際關係的主要技倆。並不是每個小國都已掌握發揮政治力量的新途徑，不過，很多小國已精通此道。

當美國、中國、俄羅斯及其他敵對強權在軍事和貿易交鋒時，它們也必須認清國內在政治、經濟、文化上的新行動主義勢力。如上一章所提，權力衰退已顯著改變全球衝突的形式。這種轉變也深遠影響了國家之間的外交行為——這個關係網絡不僅形塑我們的生活，也維繫當下的世界秩序。若欲了解它帶來的影響，我們需要明白霸權及大博弈（Great Game）為何具有如斯分量。

霸權的賭注

每當國際政治出現重大動盪，衝突和無政府狀態便如幽靈般乘勢抬頭。事實上，當強權的階層結構洗牌時，攸關厲害的不僅是個別國家的名聲，也是國際體系的穩定性以至存亡。

當國家試圖增進其利益時，必然會與他國的利益產生衝突，這些衝突可以是領土、天然資源、乾淨的水源和空氣、航線、出入境管制、敵對團體的庇護，或其他各種會引起爭端的議題。這些利益衝突往往導致邊防戰、代理戰、領土爭端、叛亂、不法祕密組織、人道干預、流氓國家（譯注：國際外交政治概念，流氓國家的行為包括發動仇恨戰爭，窩藏國際罪犯等等）的侵害及各種權力鬥爭。歷史已經嚴厲地告訴我們，如果區域性勢力無法預防或防堵這種衝突，後果會是什麼。數百年來，從三十年戰爭、拿破崙戰爭到第一次和第二次世界大戰，後果是一場比一場更慘痛、更血腥的戰爭。

自一九四五年以來，許多慘烈的區域性衝突屢屢發生，但即使造成嚴重破壞，卻未導致另一場世界大戰。為什麼世界得以維持前所未見的和平？其中一個關鍵因素就是霸權。過去六十年，各個國家都了解自己在國家階層的位置，以及自己不該跨越的界線。在冷戰的兩極體系下，全球大部分國家都落在美國或蘇聯的政治勢力範圍內，餘下的國家則充當旁觀者，不會妄下挑戰書。冷戰結束後，獨占鰲頭的就是美國，支配著全球的軍事、經濟甚至文化。

霸權穩定論在一九七〇年代由麻省理工學院教授金德伯格（Charles Kindleberger）提出，或多或少準確地描繪了今天的爭論。其核心思想如下：若欲化解代價高昂且危險的國際衝突，最有效的解藥就是一個可以確保世界秩序的宰制強權，因為只有它擁有這種權能，而且世界秩序也與它的利益息息相關。這個理論主張，若沒有霸權，能夠達致世界和平與穩定的唯一途徑只有透過管治制度——各國願意為了和平與穩定的益處而同意共同遵守的規範、法律和體制。無需多說的是，不論這項替代方案有何價值，它實在太過複雜，霸權才是更有效的良方[10]。

金德伯格指出，正是由於霸權失效，才導致全球在兩次世界大戰期間的經濟與政治動盪，包括金本位制的崩潰、美國大蕭條、歐洲政局不穩、法西斯勢力的崛起。大英帝國已走下坡，越來越不願也無力派遣軍隊或揮霍金錢來維持其霸權。唯一可繼承霸主地位的美國，則是自鎖於孤立主義。由於全球缺乏定心霸主，也就是一個能夠而且願意行使權力以維護世界秩序的國家，才使得經濟大蕭條擴散並引發第二次世界大戰。

透過人口、經濟生產總值、軍費支出和工業產能等國力指標，歷史學者可以精確地估算哪個國家在哪段時期裡享有絕對的霸權，也就是其他國家完全無法與該國相提並論的時代。學者沃爾福斯（William Wohlforth）鉅細靡遺地分析以上數據後指出，一八六〇年代的英國以及第二次世界大戰結束後、一九四五年至一九五五年間的美國，乃是「權力最集中於體系領導者」的兩個個案。然而，比起冷戰後的美國，兩者其實相形失色。沃爾福斯在一九九九年寫道：「美國是現代國際史上，第一個在各個權力因素都擁有所有決定性優勢的主導國，包括經濟、軍力、技術及地緣政治。」他指出，不管在哪個範疇，美國都成為壓倒一切的主導強權，沒有任何對手可爭長短，一個單極世界應運而生，而其觀點也廣獲其他分析員認同。

在世界史上，這是個全新的局面，其中所蘊含的元素不單能維持全球的和平與穩定，還能經歷時間的考驗[11]。

新元素

美國霸權非常成功地帶來全球的穩定，也使得國際體系中出現兩個新的權力層面。第一是「軟實力」，即國家可透過其文化及觀念的吸引力來表達及鞏固該國的權力。另一個則是組織、條約、國際法和公約的增加，而且在二十世紀下半葉有越來越多的國家加入。這個日趨龐大的體制架構建立出一個全球合作體系，其參與者之多與議題之廣，遠超出創建時的預期。

軟實力這概念的前身可在帝國主義找到其蹤影，不論是羅馬、英國或法國，這些國家以「文明使命」（mission civilisatrice）為名，向殖民地灌輸西方文明的光輝冠冕，使用的手段是燃起財富與奢華的欲望，或是創立教育、社會及文化制度。美國前總統柯林頓內閣高層、政治學者奈伊於一九九〇年的《勢必領導：美國權力性質的變遷》（*Bound to Lead: The Changing Nature of American Power*）中，提出一種更仁慈、更溫和及更具平等主義色彩的現代版「文明

10. Kindleberger, *The World in Depression, 1929-1939;* see also Milner, "International Political Economy: Beyond Hegemonic Stability," *Foreign Policy,* Spring 1998.
11. William C. Wohlforth, "The Stability of a Unipolar World," *International Security* 24, no. 1 (1999): 5–41.

使命」，之後他將這個觀念加以擴展，於二〇〇四年出版了《軟實力》，該書的副書名顯示軟實力乃是「世界政治致勝之道」[12]。

奈伊提出的軟實力是一種難以量度、卻易於發現的勢力：聲譽和尊嚴之權力、獲權威組織公認之地位、令人欽羨之經濟所提供的工作或貿易機會、引人入勝之文化。這種權力的形式也許難以量化，不像戰鬥機架數或部隊人數，或是石油儲備存量，但其價值卻是清晰可見。一九九〇年代，矽谷及好萊塢無疑增進了美國的軟實力，前者帶領全球科技創新，後者藉由娛樂產業將美國文化推向全球。軟實力並非美國獨有，但在一九九〇年代中期，美國在這個新興的權力舞台享有主導性地位，一如其他傳統的權力舞台。

今天世界各地的國際合作緊密也是前所未有。自聯合國於一九四五年成立以來，各國政府逐步投入各種新的合作方式。光是一九七〇年至一九九七年，國際公約協定的總數已成長三倍[13]。美國國務院列出對美國具約束力的條約清單，長達近乎五百頁，當中包括數千項的協定，涵蓋範圍由保護北極熊、道路交通以至核燃料等等[14]。今日廣被認可的國家行為規範，以及國際條約和組織的機制，在一個世紀前是幾乎無法想像的。這些國際協定的監管範圍相當廣闊：戰俘待遇、魚類群種管理，甚至是國際長途電話的費率。貿易、金融、通訊、移民、外太空、核擴散、瀕危物種、傳染病、恐怖分子、罪行——所有範疇都受國際協議或國際組織約束，它們不僅限制了國家可以採行的選項，也為國際矛盾創造了相互妥協的空間。

學者將之稱為體制（regime）——為針對某個共同關注的議題而設立的一整套規則及討論平台。每當新的全球挑戰出現，例如最近的氣候變遷或金融危機，各國已會出於良性的本能聚在一起，試圖建構一套體制克服危機，而不是任由各國自掃門前雪。這與馬基維利和霍布斯的國際政治觀可說是天淵之別，他們認為國際政治充斥著掠奪與狹隘的自利。今天全球有接近兩百個獨立主權國家，這已是過去難以想像的情況，而且對於何謂可接受的國家行為也有著更高的道德共識，這也是人類史上始料未及的。

霸權與規則並存，一直有效維持國際的穩定，霸權與規則兩者的關係並非對立競爭，而是互相發揮效用。聯合國制度本身，還有安全理事會常任理事國及其否決權的制度，正是為了鞏固第二次世界大戰戰勝國的權威，尤其是美國。美國也承擔了很多霸權的基本包袱，例如充當世界警察，在歐洲及亞洲駐兵、推動馬歇爾計畫，同時也是聯合國和其他國際組織預算的最大承擔者。美國的敵手蘇聯則利用意識形態、石油和武器，於東歐及發展中國家擴張其附庸國陣營。藉由「相互保證毀滅」（mutually assured destruction）的威脅，雙方的對峙僵局反而遏止了地方衝突的擴散。當蘇聯解體後，美國得要獨自背負霸主的所有付出與包袱。它擁有龐大的軍事優勢；它是全球最大的經濟體，其投資及貿易網絡遍布全球；它的政治體制強大且穩定；它的領土既安全又穩固；它在全球每個重要的角落都撒下外交官、軍隊及間諜的密網。同一時間，全球受惠於令人讚嘆的國際協議和論壇網絡，各種爭端糾紛可透過商

12. 見奈伊著作 *Bound to Lead: The Changing Nature of American Power*, and Nye, *Soft Power: The Means to Success in World Politics*. 奈伊在二〇一一年新書《權力大未來》中也探討了同一主題。

13. Patrick, "Multilateralism and Its Discontents: The Causes and Consequences of U.S. Ambivalence."

14. United States Department of State, *Treaties in Force: A List of Treaties and Other International Agreements of the United States in Force on January 1, 2012*.

討和協議的方式處理，不會演變至訴諸武力。霸權穩定論似乎言之成理：武力和財富的硬實力、文化和觀念的軟實力，再加上環環相扣的制度，都意味著「美國治下的和平」似乎可以長久維持。

如果不是霸權，會是什麼？

十年之後，全球局面卻變得更為複雜。九一一事件為美國帶來的沉重打擊，粉碎了美國自以為永遠不會在本土受到攻擊的幻想；伊拉克和阿富汗衝突的棘手問題，暴露了美國的軍事優勢其實有所限制；金融危機和大衰退，則揭示其經濟結構不堪一擊；美國主流政黨又要面對國內極端政治的競爭。話雖如此，美國在國際上也沒有任何足以挑戰其地位的敵手。儘管中國和印度的經濟急速起飛，但還不足以與美國相提並論，而且它們還有嚴重的內憂；在美國展露疲態之際，亦沒有任何國家想趁勢簽訂重大的聯盟或條約。權力制衡的古典元素完全沒有出現——即某國企圖防範敵手的結盟能力及限制其影響範圍。少數國家明顯採取高姿態，嘗試在各種國際議題談判中指點江山，從貿易規範以至氣候變遷，但是，與邊境的重兵部屬相比，這實在是微不足道。自華沙公約組織解散，再也沒有挑戰美國主導的北約組織的新軍事聯盟崛起。然而，美國是否仍然享有霸權？這個問題連在美國國內都是眾說紛紜。最多只能說，美國享有不確定的霸權地位。那麼，到底發生了什麼事？在過去數年，這種不安的感覺已引起大量的猜測與憂慮[15]。

一種反應認為，美國展露的衰敗跡象，乃是因為它不想再承擔成為霸權的代價，因為這不僅需要經濟力量，也需要政治意志。這種論調其實常常出現。耶魯大學歷史學教授甘迺迪（Paul Kennedy）在一九八七年的名著《霸權興衰史》（*The Rise and Fall of the Great Powers*）中，檢視了過去五百年全球權力體系的轉移，並以一個警醒為結論：美國的主導地位其實相當脆弱，因為它是以過去帝國的經驗為基礎，而歷史告訴我們，當帝國無法支撐過度擴張的軍事規模時，它們就會分崩離析。雖然蘇聯的解體似乎駁斥了甘迺迪的推論，但九一一攻擊後的世界，似乎又再次印證這種說法。就連美國霸權的擁護者也擔心，世界秩序的最大威脅並非狡猾競爭勢力的抬頭，而是美國無法繼續發揮其霸權角色。另外，著書繁多的英國歷史學者弗格森（Niall Ferguson）在二〇〇四年的《巨人》（*Colossus*）中也提出：美國身為「自由帝國」的領袖，必需肩負更多的責任。弗格森認為，所有戰後的規則與體制都不足以應付流氓國家、恐怖分子或疾病——這些威脅都因科技而提升其力量。他主張：「我們需要的是一個有能力干預的能動者……去遏止流行病傳播、推翻暴政、平息內戰和消除恐怖組織。」換句話說，一個有能力且積極的霸主[16]。

對於未來的國際競爭，觀點眾說紛紜。保守派學者卡根（Robert Kagan）預測「二十一世紀的局勢將重覆十九世紀的歷史」，他認為中國、俄羅斯、印度和整合後的歐洲將搶奪強權

15. Peter Liberman, "What to Read on American Primacy," *Foreign Affairs*, March 12, 2009; see also Stephen Brooks and William Wohlforth, "Hard Times for Soft Balancing," *International Security* 30, no. 1 (Summer 2005): 72-108.

16. Ferguson, *Colossus*.

的地位[17]。另有觀點認為，即使這些競爭勢力不會公然挑戰美國的霸權，但它們卻會採取所謂「軟制衡」（soft balancing）手法來限制或削弱美國的霸權，例如非正式協議、在國際論壇的串連投票陣營，甚或拒絕美國的外交或軍事要求[18]。也有人認為弗格森指出的恐慌乃是杞人憂天，因為美國霸權的受損程度其實不大。扎卡瑞亞（Fareed Zakaria）認為在「後美國世界」中，即使面對後起競爭對手以至多極勢力，美國仍具有得天獨厚的優勢，而這只會鞏固、而非削弱其地位[19]。

此外，也有人憂慮全球經濟及生活方式已出現翻天覆地的轉變，使得無論是霸權或國際規則的實踐均不可行，他們憂慮某種形式的無政府狀態——世界體系最原始的狀況——將會重臨。早在一九九四年，卡普蘭已經觀察到無政府狀態出現：失靈的國家和族群衝突、不受管束的恐怖分子及犯罪網絡，以及環環相扣的世界在面對疾病和重大災難擴散時毫無招架之力。政治學者施韋勒（Randall Schweller）的觀點則更嚴峻，他以物理學的熵（entropy）來比擬目前全球體系的變化，也就是說，這個體系嚴重失衡以至其本質出現變化且無法復原。施韋勒相信，資訊爆炸與各種不同的認同及利益，使得國際政治局勢完全失去方向，只有隨機的變化。「熵會減低及分散體系內可使用的能量。再也沒有人知道權威位居何處，因為它居無定所；失去了權威，也沒有任何治理形式可言。」[20]

很明顯的，世界秩序正處於不斷變化的狀態。以上的辯論十分重要，但它們對世局將會如何發展莫衷一是，而且還會被習以為常的看法影響。權力的衰敗將有助於釐清一切。

誰害怕這隻可怕的大野狼？走投無路的傳統權力

基本來說，為確保其地位，強權在國際體系中採用的手段並沒有太多轉變：武器、財力和外交手腕通常已能左右大局。以下這些要素向來是國際勢力的主要資產：一支裝備精良且人數龐大的精銳部隊；強大的經濟、先進的科技、豐厚的天然資源；忠誠且訓練有素的外交官、法務人員和間諜；令人嚮往的意識形態或價值體系。不管是歷史上哪個年代，這些特性都能為人口最稠密、經濟最發達、政局最穩定和資源最豐厚的國家帶來優勢。現在出現問題的並不是這些基本資產正在萎縮，而是這些傳統權力模式基礎的有效性、可用性和影響性，不論是在軍事、經濟或是軟實力。

從壓倒性軍勢到一次性結盟的時代

在上一章我們看到，美國投注在武器、軍隊和後勤物流的支出比全球所有國家加起來還要多。這些心血並未白費。「美國治下的和平」，亦即美國軍事優勢乃是世界穩定的終極保證，始終是有效的。事實上，美國目前擔保的局勢穩定超過了五十個國家[21]。美國投入的軍事

17. Robert Kagan, "The End of the End of History," *New Republic*, April 23, 2008.
18. Robert A. Pape, "Soft Balancing Against the United States," *International Security* 30, no. 1 (Summer 2005): 7-45; on soft balancing, see also Stephen Brooks and William Wohlforth, "Hard Times for Soft Balancing," *International Security* 30, no. 1 (Summer 2005): 72-108.
19. Zakaria, *The Post-American World*.
20. Randall L. Schweller, "Ennui Becomes Us," *The National Interest*, January- February 2010.

支出始終遠遠高於其他國家，正如美國軍隊的足跡遍布全球一百三十個國家，從大型的長期駐兵，至小型的訓練、維和、特勤及平叛部隊等等。

美國也是北約組織的領袖，這是全球最重要的軍事聯盟，而自華沙公約組織瓦解後，也沒有其他聯盟擁有這樣的規模。光是這一點，就足以突顯美國的霸權地位。軍事聯盟向來都是強權政治的核心工具，它們的實質軍事威脅乃是外交談判的籌碼，它們畫分了勢力和禁區範圍，並藉共同防禦協定來遏止攻擊。換句話說，軍事聯盟往往是世界秩序的基礎。在之前數十年來，全球的結盟模式相當穩定：以鐵幕相隔，北約和華沙公約組織各占一方。至於發展中地區，新興的獨立國都迅速被拉攏、合作或脅迫加入其中之一。

在華沙公約組織自一九九一年七月解散後逾十年，北約的地位依然穩如泰山。事實上，三個前蘇聯共和國以及七個前蘇聯共產集團成員都相繼加入北約。儘管如此，北約和俄羅斯仍處於敵對：俄羅斯阻止其他鄰國加入北約，也反對北約在中歐部署防禦導彈。不過，兩者卻宣稱對方為夥伴，而非敵人，更於二〇〇二年成立特別委員會來理順雙方關係並緩解紛爭。除了俄羅斯，北約沒有其他明顯的潛在敵人——這是史上任何一個主要聯盟不曾面對的境況，亦逼使北約需要找出新途徑來證明自己的必要性。最重要的例子就是阿富汗的行動，二十八個北約成員國均牽涉其中，還有二十一個成員國派遣軍隊。

但是，這種看似強悍的軍力優勢，卻透露了欲蓋彌彰的劣勢，一個是北約缺乏現實的威脅，另一個則是成員國的權力稀釋。阿富汗行動完全由美國主導，其他國家只是略盡綿力甚至象徵性地參與，而且一些國家已相繼撤兵。二〇一〇年二月，荷蘭政府便因國內反對在阿富汗持續駐兵的聲浪而被推下台，最後，荷蘭宣告撤軍。其他參與國如法國、德國，也反對美國提出增兵的要求。此外，各國派駐在阿富汗的軍隊都各自為政，各自按自己國家的軍事指令或甚至國會法案行事。布拉格或海牙國會通過的議案，也會限制北約士兵在阿富汗攻打塔利班、培訓阿富汗士兵或打擊毒品交易的行動。這些限制使得某些美國士兵訕笑國際安全援助部隊（International Security Assistance Force）的縮寫ISAF，其實指的是「我看美軍打仗」（I Saw Americans Fight）[22]。

北約行動面對諸多掣肘，成員國之間的協調又受到平行組織的干擾。西歐聯盟（Western European Union）是個成立已久的防衛組織，但它的涵蓋範圍與北約重疊。歐盟有其官方的國防政策機關，包括歐洲防衛局（European Defense Agency）及其他機構，以執行海外軍事任務，包括維和部隊、軍事援助以及參與跨國部隊。當然，每個歐盟成員國也各自擁有軍隊。在北約、各國政府及歐盟多層的官僚架構下，使得這個聯盟越來越像是裁判與論壇的大雜燴，不僅成員重疊，還缺乏決策階層架構或明確的指令結構。

「意願聯盟」（coalition of the willing）是一種正在興起的新型跨國軍事聯盟，它見證了傳統聯盟力量的衰落。傳統聯盟最著名的衰落例子，是二〇〇三年眾國家同意組成一次性的盟軍，以參與或支持美軍攻打伊拉克的行動。但這也同樣可以用來形容美軍的阿富汗行動，以

21. Douglas M. Gibler, *International Military Alliances from 1648 to 2008*.
22. On the ISAF, see Anna Mulrine, "In Afghanistan, the NATO-led Force Is 'Underresourced' for the Fight Against the Taliban: When It Comes to Combat, It Is a Coalition of the Willing and Not-So-Willing," *U.S. News*, June 5, 2008.

及其他國防、維和任務，以及各種人道救援，從地震乃至索馬利亞沿岸巡邏等等：各國都派出軍隊，但並沒有組成正式的聯盟，也沒有高高在上的權勢逼使它們參與。正因為各國對這種一次性行動的參與出於「自願」，它們對行動的後續支持也取決於各國的政治發展、各國持續支付財政開支的意願，以至它們從參與行動所獲得的交換利益——以出兵伊拉克為例，許多國家之所以願意參與，是因為美國願意簡化該國公民入境美國的簽證程序。

至於在「美國治下的和平」下真正組成的新聯盟，有一些只是區域性國家的軍事合作平台，有點像是歐盟，例如備有維和部隊處理區域衝突的非洲聯盟（African Union），或是聯繫拉丁美洲的軍事關係的南美防務委員會（South American Defense Council）。但是，這些聯盟並不具有傳統聯盟的特性：緊密合作、共同參謀及分享技術，以及共同防衛的保證。或許有人會預期強權如中國或俄羅斯會建立新的聯盟，重建相當於華沙公約組織的對抗勢力；但相反的是，儘管不太成功但投入最積極的卻是委內瑞拉總統查維茲（Hugo Chavez），他聯同古巴、玻利維亞和其他同一陣線的國家組成區域性聯盟，以抗衡美國的勢力。今天較具代表性的「聯盟」，其實是由國家及受其支持的非國家行為者所組成——例如伊朗所支持的真主黨和哈瑪斯，或是據信以委內瑞拉為中間人的哥倫比亞革命軍與巴斯克分離主義武裝組織艾塔[23]。

一個傳統階層仍然穩固的軍事競技場，乃是軍售，至少是傳統武器。過去的武器主要供應國，像是美國、俄羅斯、中國、法國、德國，義大利，仍然占據全球絕大部分的軍售，且已維持數十年之久。但是，以政府財政為後盾的官方交易僅為全球軍售的一部分。正如聯合國祕書長於二〇一一年四月發表的報告指出：「近數十年，軍售已從以往主要經由政府官員或單位之間的直接交易，轉而透過私營中間人，後者在全球化的環境中進行營運，通常涉及多個地點。」[24]這部分的軍售是失控的，因為它們不受監管，多半也與國家無關，這正表明國防機關越來越無法控制武裝衝突，從而也是權力衰退的另一徵兆。

經濟外交的疲態

傳統以來，與軍事結盟雙軌並行的，是強權透過經濟利誘以換取其他國家對該國利益的支持。最直接的途徑是雙邊援助，即直接由一個政府輸送到另一個政府，方式包括借貸、資助以及優惠貿易待遇或能源交易。經濟外交也可以是懲罰性的，例如實施貿易限制、杯葛、禁運或制裁。

同樣的，儘管這些方式仍然有效，但它們反映的權力有效性已經減弱。首先，受惠於全球經濟整合，不管是哪個國家，都不再需要依靠某個特定國家為供應商、顧客或財務支援。貿易壁壘的倒下，以及更為開放的資本市場，多年來一直是美國以及其他富裕國家在國際貿易談判的目標。美國等國家的勝利，以及隨之而來向世界銀行、國際貨幣基金組織及其他機構借貸的「華盛頓共識」（Washington consensus），卻帶來美國或殖民地宗主國如英國及法國的勢力範圍遭到削弱的矛盾效果。

23. "Spanish Court says Venezuela Helped ETA, FARC," Reuters, March 1, 2010.
24. "Small Arms Report by the UN Secretary General, 2011," http://www.iansa.org/resource/2011/04/small-arms-report-by-the-un-secretary-general-2011.

向伊朗實施制裁，以迫使該國核武計畫遵守國際體制的行動，就是適得其反的例證。聯合國、美國、歐盟以至多個國家均對伊朗實施廣泛的經濟制裁，包括禁運伊朗石油、限制該國中央銀行交易、旅遊限制令等等。然而，美國卻允許部分依賴伊朗石油的盟友不用遵守上述制裁，並讓自己陷入兩難：要懲罰不實施制裁的友好國家如南韓、印度嗎？若不懲罰，又該怎麼對付不實施制裁卻擁有龐大報復能力的敵國如中國？

於此同時，也有越來越多的國家透過分配援助來籠絡自己偏好的國家，並藉此展現國力。第二次世界大戰結束時，全球只有五或六個國家援助組織，今天數目逾六十個。在一九五〇年代，百分之八十八的援助來自三個國家：美國（百分之五十八）、法國（百分之二十二）和英國（百分之八）。雙邊援助第一次出現顯著的擴張是在一九六〇年代，當時日本、加拿大以及幾個歐洲國家都設立了海外援助組織。荷蘭和北歐國家隨後加入並旋即成為要角，若按國家收入比例計，其援助比例遠高於美國、英國或法國。到了一九七〇年代，石油帶來的意外之財令阿拉伯國家得以成立發展援助基金，以扶助穆斯林國家以至非洲各地的計畫。一九九〇年代，援助局面繼續擴張，此次採取行動的是東歐國家；接著，大型的新興國家如印度、巴西相繼成為全球經濟援助者[25]。截至二〇〇九年，美國、法國和英國三者只占全球官方發展援助金額的百分之四十[26]。

而這只是雙邊援助的一部分，只占全球援助金額的百分之七十。現時的多邊援助機構逾兩百六十三個[27]，包括全球性的世界衛生組織、區域性的北歐發展基金（Nordic Development Fund），或是針對特定議題的世界漁業中心（World Fish Center）、國際缺碘病防治委員會（International Council for Control of Iodine Deficiency Disorders）。除此之外，針對各自議題而透過非政府組織進行的私人援助更是如雨後春筍。二〇〇七年，各國政府官方資助總金額（雙邊及多邊援助）約為一千零十億美元，而私人援助金額則約達六百億美元[28]。據估計，全球私人援助相關行業所雇用的員工已超過政府及多邊援助組織，前者不僅更具競爭力也更有效。

五花八門的國際援助來源，代表受援國家可合作的夥伴大幅增加，而少數單位壟斷援助、援助國可施加不成比例的政治影響力的日子已成往事。一九六〇年代，平均而言，每個受援國透過十二個捐助者取得其他政府的海外基金。在二〇〇一年至二〇〇五年間，這數字增加近兩倍至三十三個[29]。在對外投資上，這種經濟力的流散更為明顯。昔日聯合水果公司（United Fruit Company）身為「香蕉共和國」（譯注：泛指中南美洲的發展中國家，它們依賴農作物的出口，經濟受外資控制）的美國利益輸送帶的光景，已不復存在。跨國公司已不再是母國的重要資產：在過去，它們曾大肆擴展母國的利益版圖，有時還多少充當母國外交

25. 印度與巴西的數據請見“Aid Architecture: An Overview of the Main Trends in Official Development Assistance Flows,” World Bank, May 2008.
26. Homi Kharas, “Development Assistance in the 21st Century”; see also Waltz and Ramachandran, “Brave New World: A Literature Review of Emerging Donors and the Changing Nature of Foreign Assistance.”
27. Kharas, “Development Assistance in the 21st Century.”
28. 同上。
29. “Aid Architecture: An Overview of the Main Trends in Official Development Assistance Flows”; see also Homi Kharas, “Trends and Issues in Development Aid.”

政策的中間人。但隨著國際市場、外包產業及製造業的擴張，公司之間的併購，再加上大亨的個人投資，跨國公司已不再像從前一樣與母國的外交政策有關。全球最大的鋼鐵企業阿賽洛米塔爾就是個例子：它的總部在歐洲，股票在全球六個國家的交易所掛牌，而最大單一股東乃是印度富商，那麼，這樣的公司會特別關切哪個國家的利益？

事實上，若說有什麼國家近年可透過對外投資擴展該國利益，那麼，就只有新興國家而已，該國企業變成積極的國際經濟投資者，特別是農業、天然資源、營造業和通訊業。不管是石油業的巴西國家石油公司與中國海洋石油總公司、橡膠業的馬來西亞森那美集團（Sime Darby）、水泥業的墨西哥西麥斯公司（CEMEX）、食品業的墨西哥商賓堡集團（Bimbo）、通訊業的南非電信集團MTN，或印度手機服務商巴帝電信（Bharti Airtel），都只是眾多所謂南半球對南半球（South-South）的直接海外投資的冰山一角，這些公司受惠於越來越多的強大投資推廣機構、進出口銀行或提供政治風險擔保的資金來源。據估計，目前約有兩萬家跨國企業的總部設立在新興國家。雖然來自發展中國家的投資目前仍只占全球海外投資的少部分，但金額卻是激增：由一九九一年的一百二十億美元，攀升至二〇一一年的三千八百四十億美元。當然，其中投入其他發展中國家的比率持續上升。二〇一一年，在全球的併購交易中，新興市場投資者占了逾百分之四十。可以肯定的是，更多企業管理人員與雇員的派駐及品牌知名度提升，在在打破了以往認為對外投資只是富有國家的政治工具的想法[30]。

儘管如此，在需求最大且幾乎沒有任何夥伴或私營企業涉入競爭的地方，經濟外交仍可發揮政治影響力。就近來趨勢而言，非洲可謂標準答案，它擁有可觀的石油儲備，但政治卻不穩定，於是我們可看到中國與西方國家在這舞台上演老式的影響力爭奪戰。在過去十年，中國在非洲的影響力與日俱增，因為它在當地建設道路、醫院、其他基礎建設等，以高價競投當地的石油特權，還能更快地轉虧為盈——原因在於中國可以跳過西方基金組織的管理條件或繁瑣政策。一個近期的高調項目，乃是中國向非洲聯盟在衣索比亞首都阿迪斯阿貝巴的總部撥款了兩億美元。這份慷慨加上受援主權國家的衷心支持，以及對當地叛亂和動盪的視而不見，使得中國受到非洲政界的歡迎，為法國和美國的商界和機構帶來強大的競爭。話雖如此，正當中國在非洲的影響力急速崛起，中國也面對權力衰退的威脅，因其他國家也在非洲增加投資，尤其印度、南非和阿拉伯等國。

大家都能追求的軟實力

若說強權的軍事和經濟影響力在流散，它們的軟實力也同樣在淡化，雖然難以量度。從二〇〇二年起，皮尤全球態度調查計畫在越來越多國家調查，結果顯示在小布希執政時，美國的國際形象在多方面走下坡，尤其是入侵伊拉克後；後來歐巴馬當選總統，美國形象看來有所改善，有時回復或甚至超越水準，有時則在二〇〇二年水準之下。以德國為例，二〇〇二年時有百分之六十受訪者對美國有好感，但二〇〇七年比例跌至百分之三十，二〇〇九年

30. 南半球對南半球投資的數據請見本書第八章。

回升至百分之六十四。土耳其對美國有好感的從二〇〇二年的百分之三十，跌至二〇〇七年的百分之九，二〇〇九年則反彈至百分之十四。以此方式衡量的話，美國在各地的軟實力並不一致：二〇〇九年，美國在奈及利亞獲得的支持度為百分之七十八、英國為百分之六十九、中國為百分之四十七、阿根廷為百分之三十八，而約旦則為百分之二十五。到了二〇一二年，「歐巴馬紅利」也在不少國家走疲。

同樣的問題也困擾著中國，結果也是迥異。根據調查，中國在奈及利亞獲得的支持度大幅改善（從二〇〇六年的百分之五十九，上升至二〇〇九年的百分之八十五），但同期在土耳其則是下跌（二〇〇五年為百分之四十，但二〇〇九年下跌至百分之十六），至於其他大部分受訪國家的結果則是不冷不熱，支持度徘徊在百分之四十至五十之間。但明顯的結果是，在二〇一一年皮尤全球態度調查計畫的二十二個受訪國中，有十五個表示中國會取代或已取代美國成為全球超級強權。各地對歐盟的印象則有好有壞，在二〇一〇年至二〇一一年間，二十個受訪國中有十三個對歐盟整體形象的評價下滑；俄羅斯的評價傾向負面，伊朗情況更糟，但也有一些特例（例如在二〇〇九年，百分之五十七的黎巴嫩人對俄羅斯有好感，而百分之七十四的巴基斯坦人讚揚伊朗）[31]。

這些數據在在說明軟實力其實是個相當流動的概念，而在訊息傳播急速的環境下，軟實力也極受短期世界局勢變化影響。然而，這不會阻礙眾國家擁護這概念，並尋求方法增強自身的軟實力。學者庫蘭齊克（Joshua Kurlantzick）發現中國自一九九七年起開始採取軟實力策略，當時中國拒絕將其貨幣貶值，以「維護亞洲地位」（譯注：一九九七年亞洲受金融風暴蹂躪）。自此，中國開始成為眾多東南亞國家的主要援助國，又在非洲擴展資助及投資項目，加速向世界各國推廣其電視節目，在世界各地廣設孔子學院推行中文語言教學和文化課程。二○一二年二月，中國中央電視台開始試行在美國製作節目，於首府華盛頓設立工作室，雇用超過六十名國際員工[32]。中國亦開始成為全球藝術家和建築師進駐之地。另外，中國與日俱增的重要性，讓全球父母考慮要讓子女學習中文。對中國而言，軟實力是一種明顯的策略[33]。

相較之下，印度並不認為軟實力是個優先政策，比較是個分析家所關切的議題，他們期望印度已有足夠的軟實力優勢，因為它是個民主國家，又能成功吸引一代又一代的西方遊客、探索家，甚至今日的投資者。曾任聯合國要職、後轉任印度部長官員的政治家兼作家塔魯爾（Shashi Tharoor）指出：「相較競爭對手，印度更能說出具說服力和引人入勝的故事。」[34]印度海外文化計畫部長將瑜伽的流行視為軟實力的一部分[35]。儘管以上一切聽來可能含糊，但印度備受認同的軟實力來源之一是寶萊塢——全球最大的電影出口產業。在過去數十年，寶萊塢橫掃亞洲、非洲、中東及東歐國家的觀眾，現正攻陷西方的商業主流市場。

如果媒體穿透力與潮流是軟實力比較可靠的指標，例如好萊塢和寶萊塢，墨西哥和哥倫

31. 更多皮尤全球態度調查計畫請見 http://www.pewglobal.org/
32. Kathrin Hille, "Beijing Makes Voice Heard in US," *Financial Times*, February 14, 2012.
33. Joshua Kurlantzick, "China's Charm: Implications of Chinese Soft Power," CEIP Policy Brief No. 47, June 2006; Kurlantzick, "Chinese Soft Power in Southeast Asia," *The Globalist*, July 7, 2007; Loro Horta, "China in Africa: Soft Power, Hard Results," Yale Global Online, November 13, 2009; Joshua Eisenman and Joshua Kurlantzick, "China's Africa Strategy," *Current History*, May 2006.
34. Tharoor, "India's Bollywood Power"; see also Tharoor, "Indian Strategic Power: 'Soft.'"
35. "India Projecting Its Soft Power Globally: ICCR Chief," *Deccan Herald* (New Delhi), October 7, 2011.

比亞的電視劇、奈及利亞的低成本電影以及南非的實境秀，也擴展了這些國家的影響力。一如冷戰結束時，俄羅斯及東歐國家把大量過剩武器丟進國際市場；拉丁美洲國營電視台壟斷廣播事業的終結所創造的真空，也為當地的廉價電視劇帶來龐大的機會，令戲迷以至市場應運而生。東南亞方面，新世代的觀眾對南韓的認知並非源於南北韓衝突或一九七〇年代的獨裁統治，而是南韓的電玩、流行音樂巨星及電視劇《冬季戀歌》。南韓政府乘勢贊助演唱會，在該區域的文化中心提供韓語及廚藝課程。只要眼下出現擴展軟實力的機會，便可順水推舟，價廉，且物美[36]。韓國最近搶下的文化灘頭堡是美國，饒舌歌手 Psy 以〈江南 Style〉（江南是首爾的重要商業區）這首歌曲及其舞蹈橫掃了美國。被通稱為 **K Pop** 的音樂也風靡美國樂迷：《紐約時報》報導，節奏藍調歌手朴載相的專輯及歌曲自二〇一〇年起成功占據美國、加拿大和丹麥的 iTunes 節奏藍調與靈魂樂流行榜榜首。席捲全球的韓國消費品牌如三星、現代、起亞和 **LG**，亦在在強化南韓的國際知名度。羅伯國家形象指數（Anholt GfK Roper Nation Brands Index）在全球二十個國家訪問兩萬名受訪者，列出全球五十大最受歡迎國家，南韓的排名從二〇〇八年的三十三，升至二〇一一年的二十七[37]。

地緣政治的新規則

小國運用意願聯盟、經濟外交（投入大量金錢）以及軟實力來增進其利益的最佳例子必定是卡達。卡達領導推翻利比亞格達費政權，對反對派提供資金、訓練以及逾兩萬噸武器；它很久之前就號召敘利亞叛軍開始武裝行動[38]。卡達也曾企圖調停葉門、衣索匹亞、印尼、巴勒斯坦和黎巴嫩的衝突，後者尤其重要。透過高達八百五十億美元的投資基金，卡達入股了德國福斯汽車集團與巴黎聖傑曼足球隊等等。它不單是最具影響力的新聞媒體半島電視台的幕後掌舵人，同時也建立享負盛名的文化中心，包括伊斯蘭及中東的頂級藝術博物館，並且高調購入沃荷、羅斯科、塞尚、昆斯和李奇登斯坦等名家的作品[39]。

但你也無須依靠石油資源的財富才可一嘗當老大的滋味。一群小國無須毗鄰左右或享有共同歷史，只須簡單地走在一起組成聯盟，就可快速達到目的，比起建立繁複的國際組織還事半功倍。制訂外交政策時若是只想著地緣政治，把焦點集中在鄰國，其實多數國家都能辦得到；未能了解這一點的國家，將會失去競爭優勢。

以上談及的原則並非否定強大軍力或指揮資源的價值。但這一切都是權力衰退的自然結果，而它們構成了全新的國際政治的基礎。

36. Ibsen Martinez, "Romancing the Globe," *Foreign Policy,* November 10, 2005; on the Korea example, see Akshita Nanda, "Korean Wave Now a Tsunami," *Straits Times,* December 13, 2009.
37. The Anholt-GfK Roper Nation Brands Index (2012), http://www.gfkamerica.com/newsroom/press_releases/single_sites/008787/index.en.html.
38. Sam Dagher, Charles Levinson, and Margaret Coker, "Tiny Kingdom's Huge Role in Libya Draws Concern," *Wall Street Journal,* October 17, 2011.
39. Georgina Adam, "Energy-and Ambition to Match," *Financial Times,* March 10, 2012.

只要說不

成立聯合國時，第二次世界大戰的戰勝國想要確保這個機制能保障自己的利益。例如，美國、蘇聯、中國、法國和英國，讓自己在處理國際最重大危機的安理會裡擔任常任理事國，並確保自己可否決任何議案。在國際外交上這是種創新安排，而它也未辜負其設計者所願。五個（都擁有核武的）常任理事國都可以阻止任何威脅該國利益的行動，在當年東西對立的複雜競爭環境裡，這等於是給了它們另一項可資運用的有力工具。在一九四六年至二〇一二年間，否決權共用過兩百六十九次，其中有兩百二十五次發生在一九九〇年前[40]。一九五〇至六〇年代，蘇聯最常動用否決權，在接下來的時間則是由美國稱冠，主要是否決譴責以色列對黎巴嫩或巴勒斯坦的議案。過去十年，安理會已很少行使否決權。法國和英國已超過十五年沒有動用否決權。然而自二〇〇六年起，中國和俄羅斯卻先後行使否決權以護衛辛巴威、緬甸和敘利亞等流氓國家免受譴責和制裁。

雖然強權不常在聯合國動用否決權，但否決權越來越常登場。歐盟是個別國家最常動用否決權的國際舞台。一九六三年，當時的歐盟前身歐洲經濟共同體（European Economic Community）只有六個成員國，由德法聯盟主導，當時的法國總統戴高樂否決了英國的加入申請。一九六七年，即使其餘五個會員國都支持英國的申請，戴高樂仍再次否決。直至一九六九年戴高樂逝世後，法國態度才見軟化，於是英國、丹麥及愛爾蘭於一九七三年加入。法國是歐洲經濟共同體的兩個主導強權之一，而它對否決權的動用，是強權利用否決權阻止他人損害自己利益的典型例子，跟安理會如出一轍。

隨著歐盟成員國逐漸增加，以及在重要決策上必須獲得所有成員國一致通過的原則，一個又一個新加入的成員國都獲得了相當程度的權力，放權的程度甚至令一些分析員也狐疑何以現行成員國接納新成員心急至此。新一波的成員國總是以阻止歐盟的新發展方向為要脅，而它們每次都因此獲利，尤其是財政利益。一九七五年，因憂慮英國可能會就是否加入歐洲經濟共同體進行公投，法國及德國遂同意放寬成員國的財政條件，此舉等於是對英國做出極大的讓步。其後，一九八一年加入的希臘，以及一九八六年加入的西班牙和葡萄牙，亦同樣獲得財政好處，以免它們否決進一步整合的新條約，例如馬斯垂克條約以及統一貨幣的發展。

目前歐盟採用「有條件的多數決」，以複雜的程式按各國人口計算各國手中的票數，若某項措施要獲得歐洲理事會通過，它必須在三百四十五票的總票數獲得兩百五十五票。這機制仍然可以為小國提供保障，阻止一小撮大國成員強行通過任何動議。然而，面對重大事項，例如新的共同政策或聯盟的繼續擴展，則依然必須獲得全體成員國一致通過，而每年都可找到小國利用否決權來阻止提案的例子。例如，波蘭於二〇〇七年曾否決歐盟與俄羅斯進行一項重大的貿易合作，直至俄羅斯解除該國進口波蘭肉製品的禁令。立陶宛也曾否決同一議案，直至其他歐盟成員同意採取立陶宛在諸多與俄羅斯爭端上的立場，包括俄羅斯必須賠償被遞解至西伯利亞勞改營的立陶宛人民。荷蘭也在塞爾維亞加入歐盟的談判上持反對立場，

40. Global Security Forum, "Changing Patterns in the Use of the Veto in The Security Council," June 2012, http://www.globalpolicy.org/images/pdfs/Tables_and_Charts/Changing_Patterns_in_the_Use_of_the_Veto_as_of_March_16_2012.pdf.

因為塞爾維亞並未將戰爭罪犯交由海牙國際法庭審判。於是，小國反覆利用否決權來要求歐盟大國成員或任何意圖與整個歐盟達成協議的國家做出讓步，而它們這麼做，有時是為了相當重要的議題，有時則是出自看似相當狹隘的訴求。

只要拒絕讓步，小國可左右無限量的國際議題，而且毫不猶疑。二〇〇九年十二月哥本哈根氣候高峰會以失敗告終，原因很多，像是美國和中國拒絕達成協議、大型工業國或開發中國家不願妥協等等，但最終來說，會議之所以連一項微弱的協定也無法達成，其實是由於一個令人難以想像的聯盟：委內瑞拉、玻利維亞、蘇丹以及太平洋島國吐瓦魯。蘇丹代表將富有國家提出的建議比喻為非洲版的納粹大屠殺；委內瑞拉代表更拿刀割手指，表示是否要爆發流血衝突，成員國才會聽取委內瑞拉的意見[41]。他們的行為被視為鬧劇一場，他們的反對聲音為原本就已鬧得不可開交的會議增添煩亂。大會最終沒有採納協定，只表示大會已「留意」此事——這等於是在訕笑曾為峰會大費周章、穿針引線的多個大國，包括美國、歐盟、中國、巴西、印度等；此結果也向全球共同尋求解決氣候變遷議題的承諾大潑冷水。

二〇一一年十二月聯合國德爾班氣候會議中，歐盟終成功促使解決氣候變遷的協議簽定；然而三個月後，歐盟自己提出的協議卻被非常依賴燃煤的波蘭動用否決權推翻[42]。

為何今時今日小國能得心應手地動用否決權？其中主要且弔詭的原因是：因應各種議題而成立的國際合作組織越來越多。國際合作組織數目越多，國家就有越多機會堅持自己狹隘、意識形態甚至小題大作的立場，它們通常只出於短線的國內政治因素，而不是為了捍衛任何原則。然而，小國的否決權之所以生效，也是因為強國迫使它們就範的賞罰種類已不可同日而語。強國軍事和經濟勢力的沒落，使得小國在面對傳統保護國和貿易夥伴的強行制裁時不再全無招架之力。同時，由於新聞及通訊管道數目大量增加，這讓小國掌握新技倆，將它們的主張訴諸全球公眾，爭取支持與同情，不再受限於閉門談判。

由大使至官方非政府組織：新型使者

「美國大使是過時物種？」這問題早於一九八四年由學者普利斯科（Elmer Plischke）提出。普利斯科是外交史著名學者，不過這學科正在沒落。他指出社會的不少變化，已蠶食了大使做為國家首要代表的身分，包括更便捷的旅遊以及通訊科技，更多途徑讓各國政府直接向世界各地民眾發放訊息，民族國家數目激增產生的淡化效應，因為很多極小型的國家也各自有其外交官員[43]。當然，變化的速度在近三十年間又加快了。

外交式微並非新觀點。一九六二年，捷克流亡學者、美國前國務卿歐布萊特（Madeleine Albright）的父親科貝爾（Josef Korbel）曾就「外交的式微」撰文，他表示外交使節是幾個世紀前的產物，它所包含的傳統價值及程序已開始動搖，例如謹慎、禮節、忍耐、通曉不同議題，和避免太早讓事情曝光。科貝爾認為：「現代外交世界已頻頻闖越這些外交基本規則

41. "Copenhagen Summit Ends in Blood, Sweat and Recrimination," *The Telegraph*, December 20, 2009.
42. Joshua Chaffin and Pilita Clark, "Poland Vetoes EU's Emissions Plan," *Financial Times*, March 10-11, 2012.
43. Elmer Plischke, "American Ambassadors—An Obsolete Species? Some Alternatives to Traditional Diplomatic Representation," *World Affairs* 147, no. 1 (Summer 1984): 2-23.

的禁區，而令人遺憾的是，這些罪行並不能完全只歸咎於共產陣營的外交官。」除了這些傳統價值的衰落，科貝爾也指出，在過去，國家元首甚至外交部長都很少出訪海外，但現在有了峰會和國事訪問，使得政客可以架空外交官員。他也指出，民主體制為其他國家創造了空間，向世界各地表達自己的主張，即使這只是單向的溝通；故此，蘇聯領袖可以透過美國媒體宣示理念，但美國卻不能以同樣的直接管道來與蘇聯民眾溝通[44]。

這些日子來，這些直接溝通管道已演變成各種政治、族群和宗教倡議團體的大薈萃；經濟富裕的移民團體向其母國提出訴求，或遷入當地的移民代表向東道國提出訴求；報章上插入善意的新聞報導和公關宣傳；文化或旅遊機構的贊助活動；受雇律師、說客進行的工作；還有網路空間上源源不絕的部落格、論壇、廣告和宣傳。對某些國家而言，從事該國海外宣揚的角色並非由外交官員擔任，因後者受限於外交章程，也有安全上的顧慮，因此會由官方非政府組織（Gongo）負責。什麼是官方非政府組織？就是由國家籌辦的非政府組織：一個看似屬於公民社會的組織，實際由政府或其委派人員發起、資助或領導[45]。

其中一個官方非政府組織座落於東京千代田區一幢舒適宜人的辦公大樓內，鄰近皇居。這組織叫做在日朝鮮人總聯合會（Chongryon，一個位於日本的北韓組織），會員人數約十五萬名，但服務的人口則是數倍之多。它承辦六十所學校（包括一家大學），更經營商業，包括銀行和帶有賭博色彩的柏青哥。但它也同時承辦護照業務，因為它等於是實質的北韓駐日大使館，而北韓與日本並沒有外交關係。其承辦的學校忠誠地依從金正恩政權的意識形態。雖然多年來北韓日漸孤立且陷入赤貧，但這個總會依然運作如常。它失去了北韓政府的直接資助，日本政府也撤回對該組織的某些稅賦優惠。當它受負債所困，一位日本前情報官員曾試圖誘騙這組織離開原址。儘管這組織鼓勵當地北韓民眾保留個人民族感，遠離日本機構，但它還是很樂意見到日本法院裁定它可保有該大樓的產權[46]。

並不是所有官方非政府組織都是有害的。美國國家民主基金會（National Endowment for Democracy）是於一九八三年創立的私營非營利組織，它支持世界各地的民主體制，並獲得美國政府資助，因此屬於官方非政府組織。但這組織的工作觸怒與美國對立的國家：包括埃及（曾囚禁及試圖審訊該組織數名職員）、俄羅斯政府，中國一報章也曾指謫這個美國政府支持的組織的促進民主工作是「為自我服務、威逼性和不道德」[47]。其他的官方非政府組織在文化領域工作，例如英國文化協會（British Council）、法國文化協會（Alliance Française）、歌德學院（Goethe-Institut）和塞萬提斯學院（Instituto Cervantes），各自在海外代表該國推廣藝術及教授語言。不少海外的宗教團體背後其實也有沙烏地阿拉伯、伊朗等國的支持，不單是為了宣揚伊斯蘭教，也有特殊的地緣政治目的。官方非政府組織的合作活動可以非常有創意，例如委內瑞拉查維茲政府每年會進行一項活動：由委內瑞拉國營石油公司資助由前國會議員兼甘迺迪家族政壇後人喬・甘迺迪（Joe Kennedy）經營的一家波士頓能源公司，讓美國東北

44. Josef Korbel, "The Decline of Diplomacy: Have Traditional Methods Proved Unworkable in the Modern Era? *Worldview,* April 1962.
45. Moises Naim, "Democracy's Dangerous Impostors," *Washington Post,* April 21, 2007; Naim, "What Is a GONGO?" *Foreign Policy,* April 18, 2007.
46. 另一例為聶斯特河沿岸摩爾達維亞共和國（Transdniestria），見 "Disinformation," *Economist,* August 3, 2006.
47. 引自Naim, "Democracy's Dangerous Impostors."

部的上千戶家庭可獲得廉價的家用燃油。

以上例子說明官方非政府組織各式各樣，而且短時間內也不會消失。為什麼？因為這些組織受惠於政治、經濟和資訊壁壘降低，使得它們的效率更勝於處處受限的副大使、政府官員、科學專員。利用這類組織處理即時議題可以更省錢，勝過出動外交機關的人員及資源——或是聘用昂貴的說客或公關公司。官方非政府組織也存在於網路世界，它可以是部落格、短片上傳者和其他網路發聲管道，既能推廣該國觀點，也可以有效應對網路上的善意激勵和支持聲音。

少數者組成聯盟

隨著各個國家就各種議題與各式夥伴共組不同的聯盟，也反映今天的地緣政治權力陣營正在轉移，儘管各聯盟的正式性有所不同。在一九八六年成立的凱因斯集團（Cairns Group）目的為改革農業貿易，由十九個食品出口國組成，包括加拿大、巴拉圭、南非、阿根廷及菲律賓，它們施壓要求削減關稅和補貼。至於金磚五國，即由巴西、俄羅斯、印度、中國和南非這五個新興大國組成的集團，於二〇〇九年在俄羅斯舉行首屆領袖高峰會議。事實上，這個稱號早在八年前由高盛的一位銀行家提出，在財經圈廣為傳播，其後才引起政界關注。俄羅斯也是八大工業國組織成員之一；其後，墨西哥、南非與巴西、印度和中國也相繼加入這組織，稱為八大工業國組織暨新興工業五國（G8+5）。二十國集團（G20）有兩個不同版本：其中一個由十九個大國及歐盟的財政首長及中央銀行行長組成，另一個則由逾二十個開發中國家組成。兩者之間的成員國有所重疊，新的貿易陣營和區域性合作組織正在全球各地發酵。二〇〇五年委內瑞拉和古巴帶頭成立美洲波利瓦聯盟（Bolivarian Alliance for the Americas），其成員國還包括厄瓜多、尼加拉瓜、加勒比海島國聖文森及格瑞那丁、多米尼克、安地卡。這聯盟看似貿易公約組織，實際卻有更大的政治目的；成員國可享有國民眼力保健（由古巴提供服務，委內瑞拉石油資助）[48]。

這些聯盟的主要共通點，是它們無意成為全球性組織。獲准加入的成員國需擁有共同發展前景或關心的議題，故這類聯盟比較類似美國在伊拉克及阿富汗戰爭中的「意願聯盟」，而不是聯合國或國際氣候變遷談判會議。二〇一二年三月，金磚五國成員便商討成立共同開發銀行，已便在成員國間跨境投資，並拓展更多貿易合作的機會，尤其是俄羅斯和中國[49]。

這些聯盟實踐目標的能力也較全球性組織更高。今天真正的國際協議已寥寥可數——尤其是真正有效的條約。最近一次達成的全球貿易協議已是一九九四年的事，即世界貿易組織（WTO）的成立；《京都議定書》（Kyoto Protocol）至今仍未獲美國批准，而大量已批准的國家也未能達成其目標；在二〇〇〇年，由多達一百九十二個國家共同簽訂的《聯合國千禧年宣言》（United Nations Millennium Declaration），計畫於二〇一五年實現多個全球社會目標。就算各國外交在哥本哈根氣候高峰會已傾盡全力，卻只換來一個象徵性的成果，這成果比較

48. On ALBA, see Joel Hirst, "The Bolivarian Alliance of the Americas," *Council on Foreign Relations*, December 2010.
49. Joe Leahy and James Lamont, "BRICS to Debate Creation of Common Bank," *Financial Times*, March 2012.

像是多邊合作，而非擬定一個共同遵守的目標。

另一種可行方案，我稱之為「迷你式多邊主義」（minilateralism）。最理想的情況，是以最少數的國家來改變全球關注的特定議題——例如全球十大污染國、二十大瀕危魚類消費國、十二個非洲救援計畫參與國（包括援助國與受助國）等等。迷你式多邊主義也可以為小國服務，不單成功機會較高，主導國也無空間染指並指三道四。但同樣的，迷你式多邊主義也面對著權力衰退的衝擊，因為大部分這類組織都是一次性的，缺乏全球成員的道德壓力；一旦有成員國政府倒台、當地人民不滿或政策取向改變，它們也會面對解散或脫離的危機[50]。

誰是此處負責人？

國際階層的剷平，意味著少數的主導國家（更不用說單一霸權）已不再能呼風喚雨，不管是國際合作的方向，還是全球如何處理現在與未來的危機；同時也說明以往掌管國際事務的外交建制——外交部、大使館及使館職員、國際援助組織及其他雙邊組織——已被架空。外交官員曾肩負捍衛和守護外交互動規範的責任，但現在這個中介角色卻大不如前，取而代之的，是小國的各種行動、非國家行為者的崛起和向世界公眾發聲的各種管道，傳統外交手腕已失去優勢。

過去七十年，合作與威懾築成的複雜體系堅不可摧，它見證了殖民地的自治，抵抗了侵略和征服，制止了分裂和脫離。唯一的例外，是由意識形態和武力所維繫的笨重聯盟，例如蘇聯、南斯拉夫。主權國家仍然存留，仍然掌握主權的標誌：軍隊、邊境管制、貨幣、經濟政策和稅務，而這些都並非微不足道。各國之間的鬥爭關係——包括「大博弈」中出現的談判、聯盟、協議、宣傳及對峙——長存不變。

小國未必總是能得勢。美國或中國的權力遠比歐洲小國、拉丁美洲或亞洲國家來得大，不管從理論角度或實際情況看，都幾乎一直是如此。關鍵是現在的權力缺乏有效性，而非權力本身的潛力。美國總統在任何時候撥通電話至世界任何角落，必定有人接聽；他可以闖進其他元首的會議並轉移會談主題。中國領導人的影響力也在增加。這種權力關係在國際會議和高峰會議均可見到，並會影響會議結果。持續關注強權的動向，並不只是為了要懷念權力政治的過往輝煌，而是因為強權確實可以左右局面。

不過，權力的衰退，也代表眾人對哪個強權正在崛起或沒落的執迷，彷彿地緣政治終究還是全球菁英的零和遊戲，其實完全放錯重點。當然，強權彼此之間的交鋒仍然值得我們關注。美國、俄羅斯和中國之間的軍事結盟就是個例子；中國如何回應美國對其操控人民幣的指控也是一樣；還有美國與歐盟在貿易政策、農業補貼和起訴戰犯議題上的歧見；以至印度和中國在碳排放量上的立場。然而，上述這些都不代表有個霸權倒下，而由另一個霸權取而代之。不管是在外貌還是行為上，未來的超級強權都會與過去的超級強權有別。超級強權可

50. 關於迷你式多邊主義，見 Moises Naim, "Minilateralism: The Magic Number to Get Real International Action," *Foreign Policy*, July-August 2009. 華特（Stephen Walt）對此的相應回應，見 "On Minilateralism," Foreignpolicy.com, Tuesday, June 23, 2009, http://walt.foreignpolicy.com/posts/2009/06/23/on_minilateralism.

以操控的空間已經縮小，而小國阻撓超級強權、扭轉其定調方向或乾脆置之不理的權力將會繼續增加。

那麼，另一個觀點才是正確無誤？這個世界是否正演變為二十一世紀新版的霍布斯人類交相戰狀態？目前局勢還因各種民族國家、非國家行為者、資金流動、慈善團體、非政府組織和官方非政府組織及自由行動者之間的界線已經模糊而變得更複雜？答案是當然的——除非我們能夠認清權力衰退的事實並隨之調整，接受我們目前在政府體制內外進行跨國合作的方式必須有所改變。

我們沒有理由做不到。在科技劇變和文化及人口結構的衝擊下，人類已多番預測世界體系最終會崩潰。馬爾薩斯（Thomas Malthus）曾預言這世界不能承受人口的持續膨脹，但這並沒有發生。目睹十九世紀工業革命和全球市場及貿易的擴展，馬克思主義者曾預言資本主義將因內部矛盾的壓力而崩潰，但這也同樣沒有發生。第二次世界大戰和納粹大屠殺深切地動搖了我們對人性道德的信念，可是因而誕生的世界規範和組織至今依然歷久不衰。核子毀滅是一九五〇和六〇年代人類最大的恐懼，但它也一樣沒有發生。

今天國際的威脅與危機——全球暖化及能源消耗至核武擴散、走私交易、基要主義等等——在國家階層不斷變動之間乘虛而入，而過去國家行使權力的方法亦已有所改變。這兩股趨勢的結合讓我們不安。每次出現新的屠殺、炸彈攻擊或環境災害都會再次使我們驚慌失措，而會議或高峰會努力做出的模糊決議似乎無法帶來任何慰藉或希望。看起來，似乎沒有人在掌管世界，而這種思緒和引發這種思緒的趨勢將會持續。但若期待由目前或新興的霸權，甚或菁英國家委員會來重申控制，此舉將會是白費功夫。國際合作的新挑戰——最終而言，就是該如何分享這星球——的解決之道，在於一個更容易取得權力，但卻更難以使用或甚至維繫的環境。

第8章 不尋常的商業環境

被重重圍困的企業主導性

幾十年來，雄霸石油業的「七姊妹」（Seven Sisters，垂直整合的巨型企業，包括艾克森〔Exxon〕、殼牌〔Shell〕）、「五大」會計師事務所、「三大」汽車製造商、三家公司操控的電視網，以及後來兩家電腦公司掌控的資訊科技業；不少行業出現這種模式：由幾家企業主導個別市場，這些公司非常龐大、富有、跨國性、穩固，要將這些巨人逐出行業，實在是異想天開。

俱往矣！放眼全球經濟的每個行業，這靜態的結構已一去不復返，而且行業霸主爭奪戰比任何時間都來得激烈。殼牌、IBM、Sony可能仍處在行業頂尖或高端，但它們的市場權力已經走弱，對市場的支配力亦下降，因為新的競爭者大肆吞噬它們的傳統市場。再者，過去家傳戶曉的品牌也逐漸消失——再也沒有「柯達（Kodak）動人一刻」，而這只是二〇一二年化為歷史塵埃的傳奇品牌之一。

今時今日的行業霸主名單常會出現全新的名字，而且來自之前未曾出現世界級品牌的地方：如愛沙尼亞的Skype、印度的米塔爾鋼鐵、巴西的巴西航空工業公司（Embraer），以及西班牙加里西亞的Zara。不論新舊與否，這些領導者可以留在頂尖位置的時間也不如往昔所保證地那麼長久。

我們說的並不是一間巨擘被另一間取代；更普遍的情況是過去領袖所占領的地盤被另一批不同的參與者瓜分，後者仗倚的是全新的規則、權力資源、競爭策略。舊有公司及其領導階層過去享受的權力本質已經改變。

如何發生的？石油業是個極端例子，所以別具啟發性。「七姊妹」在一九四〇年代至七〇年代叱吒風雲，但它們並不是簡單地被其他類似的公司取代，相反的，今天的石油業變得分散，不如以前一般垂直整合。新期貨市場的出現，以及更多的現貨交易，劇烈地改變了石油的買賣方式。石油業現在充斥著新興的「獨立公司」：小型公司加入競爭，有時更可戰勝埃克森美孚、雪佛龍（Chevron）、英國石油公司（BP）等巨人。新的競爭者也包括國有企業，它們比以往更具競爭力，更堅定不移地決心控制國家的能源資源。大型避險基金對企業擁有權、當責性、財務施加前所未見的影響力，現時已成為石油業的一部分。避險基金在大公司可充當積極投資者的角色，或在小公司擔當資金供應者。但反觀過去，只有「七姊妹」才有機會沾手石油市場所需的巨額財務資源。今天，新參與者（避險基金、私募股權公司），新財務工具（衍生性金融商品）與其他體制安排（新的證券交易所），使得小型公司也有機會獲得資金，在過去預留給石油巨頭的計畫中競爭。最後，業內所有參與者都必須面對層層把關：來自政府、股東、環保團體、體制投資者、工會和媒體等等的審查和干預。

正如義大利石油巨擘埃尼集團（ENI）執行長斯卡羅尼（Paolo Scaroni）對我所言：「當我回顧一九六〇年代、七〇年代、八〇年代當時主要的石油公司的掌舵人如何做出生意決定時，我都驚嘆他們當時怎能擁有那麼多的自由和自主權。以我今天的位置來說，今時今日任何一家石油公司的執行長所擁有的權力，都遠遠比不上我們的前輩。」[1]

銀行業的情況也差不多。一些歷史悠久的大銀行消失或是被收購，原因是二〇〇八年爆發的全球金融風暴，這亦導致銀行業進一步集中化。二〇一二年，摩根大通集團（JPMorgan Chase & Co.）、美國銀行（Bank of America Corp.）、花旗集團（Citigroup Inc.）、富國銀行（Wells Fargo & Co.）和高盛集團這五家銀行持有的總資產，相當於美國經濟的一半。英國的情況也是一樣：過去二十年，雄霸銀行業的是「五大」，也就是巴克萊銀行（Barclays Plc）、匯豐控股（HSBC Holding Plc）、駿懋銀行（Lloyds Banking Group Plc）、蘇格蘭皇家銀行（Royal Bank of Scotland）和桑坦德銀行英國公司（Santander U.K. Plc，原為阿比國民銀行〔Abbey National Plc〕，二〇〇四年被西班牙國家銀行〔Banco Santander〕收購）[2]。但過去幾年，金融危機與醜聞喚起了公眾關注，例如巴克萊銀行的操縱利率，匯豐與渣打（Standard Chartered）的非法資金轉移等等，高唱入雲的監管呼聲喚來新一波的監管規則，限制了銀行過去所享有的自主權。再者，新競爭者出現也使得傳統銀行巨擘備受壓力，例如英國企業家布蘭森（Richard Branson）旗下的維珍理財（Virgin Money）買下奄奄一息的北岩銀行（Northern Rock Plc），希望成為消費金融的霸主。正如一位分析家二〇一二年接受《彭博市場》雜誌（*Bloomberg Markets*）採訪時所說：「目前在英國市場出現的結構變化，比起近

1. 二〇一〇年六月於巴塞隆納與斯卡羅尼的訪談。
2. 數據引自彭博新聞社的金融資料庫（擷取自二〇一二年八月）

期歷史上任何時期都要多。」[3]

不過，這些巨型主導銀行面對的大挑戰，還是避險基金以及金融界的新參與者，因為它們與大型銀行一樣都擁有深厚的資源，但它們更快速、更靈活。二〇一一年年初，全球經濟仍然前景不明，但《金融時報》的報導指出避險基金相當健全：

根據最新數據，十大最佳避險基金在去年下半年共為客戶賺得兩百八十億美元，較諸高盛、摩根大通、花旗集團、摩根士丹利（Morgan Stanley）、巴克萊銀行和匯豐銀行六家機構的總純利多出二十億美元。就算是最大型的避險基金，員工數目也只有幾百人，但這六家銀行卻有一百萬名員工。資料顯示，自成立以來，前十個最佳的避險基金共為其投資者賺得一千八百二十億美元，其中索羅斯的量子基金（Quantum Fund）自一九七三年成立以來並扣除所有費用後，共賺得三百五十億美元。保爾森（John Paulson）的保爾森公司（Paulson & Co）在二〇一〇年下半年的淨利潤為五十八億美元，逼近索羅斯避險基金的霸主地位[4]。

一如石油業的巨企，最頂尖的銀行家也同樣感嘆他們的行動自由已減少。摩根大通執行長戴蒙（Jamie Dimon）掌管的銀行規模較前任執行長哈里森（William Harrison）更大，但他對政府監管以及倡議者壓力的不斷抱怨，顯示他可以做的事反倒受到更多限制。他主張公眾和監管機構應在旁觀察，相信銀行的自我監管以及競爭；不過，這項主張顯然站不住腳，因為在二〇一二年，他公布摩根大通部分員工隱瞞了約六十億美元的虧損，而他備受信賴的高層管理團隊卻未發現此事[5]。

報業是另一個活靈活現的例子。傳統的說法是報業陷入慘狀，因為網站如克雷格列表（Craigslist）、Google 搶走了老大哥的支柱收入來源（分類廣告）。但報業發生的事情，其實遠較分類廣告市場占有率由一家公司轉移到另一家公司來得更具戲劇性、災難性。在今天，克雷格列表網站的股東及管理層手執的權力，與《華盛頓郵報》股東格雷恩家族（Graham）或《紐約時報》股東俄奧克斯─蘇茲伯格（Ochs-Sulzberger）家族曾經擁有的權力截然不同。現在報業背後的控股股東是諸如梅鐸和貝盧斯柯尼或世界各地的傳媒家族，雖然他們仍有權力，但他們使用並打拚保持權力的方法已經與前人不同。

這是否代表埃克森美孚將會被一家獨立的石油公司取代？摩根大通會被一個避險基金取代？《紐約時報》會被《赫芬頓郵報》（*Huffington Post*）取代？當然不是。這些大型公司擁有龐大的資源和難以複製的競爭優勢，從而得以保證它們的主導地位。但另一方面，同樣說法也一樣適用於柯達與美國國際集團（AIG）：前者在一九九〇年代仍叱吒風雲，今天卻已破產；後者在二〇〇七年仍為世界最大保險公司，但一年後卻要政府提供史無前例的八百五十億美元紓困計畫，才能逃過倒閉命運[6]。在二〇一二年初，誰又能預料全球最具影響力的銀行家戴蒙（Bob

3. Jeremy Kahn, "Virgin Banker," *Bloomberg Markets*, May 2012.
4. James Mackintosh, "Top 10 Hedge Funds Eclipse Banks with Profits of 28bn for Clients," *Financial Times*, March 2, 2011.
5. Mark Gongloff, "Jamie Dimon Complains More, As JPMorgan Chase Losses Eclipse $30 Billion," The Huffington Post, May 21, 2012.
6. Bob Moon, "Kodak Files for Bankruptcy," *Marketplace* (NPR), January 19, 2012, http://www.marketplace.org/topics/business/kodak-files-bankruptcy; Lilla Zuil, "AIG's Title as World's Largest Insurer Gone Forever," *Insurance Journal*, April 29, 2009.

Diamond）因巴克萊銀行被揭發參與操控利率，在短短幾天後便失去工作？大公司倒閉大吉，曾經風光的商界領袖淪為失業漢，甚至鋃鐺入獄，已經不足為奇。新鮮的事**是**什麼？我們在以下的章節將揭示：公司從行業頂尖墜落的可能性已增加，公司或商界領袖遭逢「名譽意外」引致身敗名裂的可能性也是一樣。

再者，商界權力衰退所帶來更廣泛、更重要的影響，並不是大公司更容易破產消失，而是它們得面對更綿密的限制網絡，讓它們無法遂行己意。

商業領域經歷的結構性革命之多，一如商界領域範疇之廣：從旅遊業到煉鋼業，由出版業到客機製造業。事實上，真正的挑戰是找出一個未曾出現這些轉變的行業，或不曾經歷權力限制與權力衰退的行業。

一處充斥老闆、權威和階層的地方

誰是這裡的主事者？在商界，這問題需要一個明確的答案。在軍隊，階層是理所當然。企業運作亦然，它們並不是民主機構。在公司的運作環境裡，每分鐘都要做出有關資源、價格、採購和人事的決定，而且它們會在公司的財務損益表中表露無遺，因此確實有必要設定承擔最終當責與榮辱的位置。執行長這個頭銜意味著規則、紀律和領導力，伴隨的是公司權威的傳統形象以及差別待遇：有窗戶景致的辦公室、公司專屬飛機以及高尚俱樂部的會員資格，當然還有高薪。由第二次世界大戰結束到一九七〇年代中期，高階主管實際薪酬的中位數一直是持平的[7]。但在一九八〇年至一九九六年，標準普爾（S&P）五百大公司執行長的實際薪酬平均每年上升逾百分之五；總體而言，一九九八年後，執行長的薪酬水準大約是一九九〇年代開始時的兩倍。世界其他地區的高階主管薪酬也是如此，唯一不同的只有幅度。

這看來很美好，只要你能成為高階主管。然而，在這暴漲的特權背後潛伏的是另一個現實：企業的權力正在減少，在手的權力也更難穩守。

這並非道聽途說：統計數據清楚地證明，越來越少人能穩坐執行長職位。美國仍是世上大型公司最多的國家，而比起之前的二十年，當地執行長的更換率在一九九〇年代變高了。自那時起，這趨勢更是越演越烈。在一九九二年的《財星》（*Fortune*）五百大公司執行長中，只有百分之三十六能在五年之後繼續擔任該職；到了一九九八年，這個比例更降到百分之二十五。人資顧問查林杰（John Challenger）表示，執行長的平均任期已從一九九〇年代的十年，跌至近期的五年半——諸多研究都證實了這股趨勢。另一項研究發現，在標準普爾五百大公司的執行長中，近百分之八十在退休前就被趕下台[8]。一九九〇年代到二〇〇〇年代初，因內部原因（董事會的壓力）或外部原因（公司被併購或倒閉）而更換執行長的比率都見上升。二〇〇九年，另一項研究發現，百分之十五的美國公司每年都在更換執行長[9]。視乎調查

---

7. Carola Frydman and Raven E. Sacks, "Executive Compensation: A New View from a Long-Term Perspective, 1936–2005," FEDS Working Paper No. 2007–35, July 6, 2007.
8. 出自Gary Strauss和Laura Petrecca對查林杰回應的報導："CEOs Stumble over Ethics Violations, Mismanagement," *USA TODAY*, May 15, 2012。有關行政總裁於退休前被攆走的比例，引自David Weidner一文所述的董事會會議調查："Why Your CEO Could Be in Trouble," *Wall Street Journal*, September 15, 2011

涉及的公司數目，數據有所不同，但核心趨勢很明顯：「當你得負責」時，你就越難保住職位。

這趨勢是全球性的，並非單在美國出現。博斯管理諮詢公司（Booz & Company）追蹤兩千五百家全球最大的上市公司執行長的變更情況。單在二〇一一年，百分之十四・四的世界頂級執行長離職，而前兩百五十大公司執行長的離職率更高，這情況自二〇〇五年便已開始，而且也是過去十二年的常態。平均而言，在前兩百五十家最大市值公司裡，逾百分之十四的執行長換了人，而位列兩百五十一至兩千五百大公司的比例則是百分之十二。離職原因包括退休、生病等；研究也發現，執行長被迫離職的情況在歐美都有增加。至於世界其他商業增長急速的地方，也同樣在跟隨西方的趨勢。在日本的傳統企業文化裡，更換高階主管幾乎是禁忌，但在二〇〇八年，日本高階主管被逼離任的情況變成四倍，而且還不斷攀升。博斯管理諮詢公司也發現，相比以往，現在世界各地的執行長更少會同時擔任董事會主席——這也代表企業高階主管權力的限縮[10]。

公司高階主管如是，他們的公司亦復如是。企業可停留在頂尖的時間明顯縮短。這並不是過去幾年曇花一現的現象，雖然經濟危機當然是這情況出現的誘因；不過，我們所觀察到的乃是深層的轉型現象。

同樣的，統計證據證明了這樣的趨勢：一九八〇年，各行業前五大公司在五年後跌出排名的風險只有百分之十；到了一九九八年，這風險上升至百分之二十五[11]。二〇一〇年，在名列《財星》五百大的前一百家公司中，只有六十六家仍出現在二〇〇〇年排名榜上；其中有三十六家在二〇〇〇年時根本還未成立。研究人員在此基礎上做了詳細的統計分析，哈佛大學的科明（Diego Comin）與紐約大學的菲利蓬（Thomas Philippon）發現在過去三十年裡，「任何一家公司高階主管的預期服務年間都劇烈急降」。這同樣也是全球性趨勢，而且它與不斷增長的地理競爭不謀而合。在二〇一二年的《富比士》世界兩千五百大公司中，總部設在美國的為五百二十四家——較諸五年前減少逾兩百家，較諸一年前則減少十四家。越來越多世界級大公司的總部設在中國、印度、韓國、墨西哥、巴西、泰國、菲律賓和波斯灣國家。美國和日本擁有最多的全球大型公司，中國則緊追在後，名列第三，在二〇一一年時又增加了十五家公司。新進公司包括如哥倫比亞國家石油公司（Ecopetrol）、中國太平洋保險（China Pacific Insurance）等，被剔出排名的則包括雷曼兄弟和柯達（宣告破產）、美聯銀行（Wachovia，已被富國銀行收購）、美林銀行（Merrill Lynch，現由美國銀行擁有）、安海斯—布希啤酒（被比利時綜合企業收購，而這收購者的根源則是個毫不起眼的巴西省級釀酒公司）[12]。

9. Nat Stoddard, "Expect Heavy CEO Turnover Very Soon," *Forbes*, December 16, 2009.
10. Per-Ola Karlsson and Gary L. Neilson, "CEO Succession 2011: The New CEO's First Year," Booz and Company special report in *Strategy+Business*, No. 67 (Summer 2012); see also Booz, Allen, and Hamilton, "CEO Succession 2005: The Crest of the Wave," *Strategy+Business*, No. 43 (Summer 2005).
11. Robert Samuelson, "The Fears Under Our Prosperity," *Washington Post*, February 16, 2006, citing the work of Diego Comin and Thomas Philippon, "The Rise in Firm-Level Volatility: Causes and Consequences," *NBER Macroeconomics Annual* 20 (2005): 167–201 (published by University of Chicago Press), http://www.jstor.org/stable/3585419
12. "The World's Biggest Companies," *Forbes*, April 18, 2012, http://www.forbes.com/sites/scottdecarlo/2012/04/18/the-worlds-biggest-companies/ , and http://www.forbes.com/global2000/

全球化對行業集中化有何影響？

知名企業和一度備被寵愛的品牌消失，並不代表很多行業不如以往般高度集中，在某些情況下，它們甚至比以前更集中。二〇〇七年，美國曾出現寵物食品回收事件，揭露原來一家承包商以不同品牌為名，生產了超過一百五十款的產品。另外，美國的啤酒市場被兩家公司瓜分了百分之八十的市占率，而另外兩家公司則瓜分了百分之七十的美國牙膏市場市占率，諸如此類。林恩（Barry Lynn）指出，義大利羅薩奧蒂卡集團（Luxottica）在美國不單控制幾個眼鏡大型零售連鎖店，這些連鎖店銷售的多個品牌眼鏡也由其控制[13]。集團的主要股東戴爾．維奇奧（Leonardo del Vecchio）是世上最富有的人之一，在《富比士》世界富豪榜上排名第七十四。

放眼全球，行業集中的情況在不同部門之間差異很大。鑽石行業一直聽令主導公司戴比爾斯（De Beers）的指揮，該公司不僅畫定價格，還管理毛坯鑽石切割和加工的流向。戴比爾斯控制毛坯鑽石市場百分之六十市占率，令公司在鑽石定價上擁有壓倒性的優勢。在電腦晶片，英特爾（Intel）控制了中央處理器百分之八十的市場。其他引起歐美反壟斷組織關注的行業，包括農作物種子產業（由孟山都〔Monsanto〕和杜邦〔DuPont〕主導）、支付網絡（由Visa和萬事達主控），當然也包括網際網路搜索（Google 在美國的市占率為百分之六十三，並以百分之九十的速度成長）。

但其他行業儘管經過多年的激烈併購，其集中程度並沒有那麼高。事實上，正如商學院教授暨作家葛馬萬（Pankaj Ghemawat）在《下一波世界趨勢》（*World 3.0*）一書所提出：「在大多數情況下，全球化似乎只會帶來更多競爭，而不是更為集中化。」[14] 一個突出的例子是汽車行業，數據顯示，一九九八年，五大汽車製造商共占全球生產的百分之五十四；但到了二〇〇八年，該比重跌至百分之四十八——雖然看似很少，卻是翻天覆地的跌幅。若將研究範圍放大到世界十大汽車生產商，也同樣會看到集中化程度的下降。這趨勢為時甚久：一九六〇年代，世界十大汽車製造商共占全球產量百分之八十五，今天這比率下降至約百分之七十。某程度來說，這種市場的分散反映新參與者的崛起以及它們對全球的進軍，它們可能來自韓國、印度、中國等地[15]。例如二〇一一年，韓國現代不單是世界第五大汽車製造商，而且也是最賺錢的汽車公司[16]。葛馬萬研究一九八〇年代到二〇〇〇年代的十一個行業，發現前五大公司的市場集中率平均由百分之三十八下跌至百分之三十五；如果我們將研究的起點推早至一九五〇年代，跌幅就更為明顯[17]。

---

13. Lynn, *Cornered: The New Monopoly Capitalism and the Economics of Destruction*; Lynn and Longman, "Who Broke America's Jobs Machine?"
14. Ghemawat, *World 3.0: Global Prosperity and How to Achieve It*, p. 91.
15. Peter Wells, "Whatever Happened to Industrial Concentration?," AutomotiveWorld.com, April 19, 2010; John Kay, "Survival of the Fittest, Not the Fattest," *Financial Times*, March 27, 2003; John Kay, "Where Size Is Not Everything," *Financial Times*, March 3, 1999.
16. John Lippert, Alan Ohnsman, and Rose Kim, "How Hyundai Scares the Competition," *Bloomberg Markets*, April 2012, p. 28.
17. Ghemawat, *World 3.0: Global Prosperity and How to Achieve It*, p. 95.

品牌的權力與危機

許多深受愛戴的品牌會突然消失。一些曾經享負盛名的品牌，不管是零售、銀行、航空公司，甚至是科技業——還記得康栢（Compaq）電腦嗎？——都淡出眾人的記憶。另一方面，一些世界知名品牌在幾年前幾乎並不存在，例如二〇〇六年才成立的推特。身為消費者，我們基本上已經習慣了這種趨勢。事實上，一些改朝換代其實是由消費者的無意之舉促成的，但這也與品牌災難比率及其影響有關，這些品牌災難會動搖公司與產品的根本聲譽，讓公司股價急瀉，消費者避之唯恐不及。二〇一〇年做的一項研究發現，在二十年前，一家公司平均有百分二十的可能性會在五年內遇上毀壞其聲譽的「企業災難」，但在今天，這可能性卻是百分之八十二[18]。因為洩油事件、剎車失靈、措辭欠當的聲明等在今天較二十年前多了四倍嗎？不是。真正的原因是壞事傳千里，而且更快、更深遠，同時也帶來更嚴重的後果。

在這種情況下一點都不會令人驚訝的是，經濟權力最核心的指標——個人財富——也會出現急速的變化。（自二〇一二年始，《彭博新聞》每天都會提供世界前二十大億萬富豪的排名榜，每日更新時間為紐約時間下午五點三十分。）世界億萬富豪的人數在近幾年急升，並在二〇一二年達到新高，高達一千兩百二十六人[19]，其中俄羅斯人、亞洲人、中東人和拉丁美洲人的比例不斷增加。有趣的是，登上二〇〇七年至二〇〇八年全球獲益最多的億萬富豪榜首的印度工業家安巴尼（Anil Ambani），翌年則成為財富損失最多的人（雖然他在二〇一二年的排名仍高居第一百一十八位）[20]。財富情報公司 Wealth-X 二〇一二年的研究顯示，在二〇一一年中至二〇一二年中，中國的億萬富豪失去了近三分之一的總財富[21]。

沒有人會為這些困境流淚，但世界財富榜的不斷變化，確實勾勒出商業世界頂層的不穩定，無論對老闆、公司或品牌，這種不穩定比我們記得的任何時刻都更明顯，而這個業界也比以往任何時候更加全球化和多樣化。

不過，沒有人會同情這些超級富豪並為之流下眼淚，但是世界富豪榜的動盪顯示商界高層的不安全感——不論老闆、企業還是品牌——而且此際的商業戰場較我們記憶中的任何時刻都來得越來越全球化、更分散。

這種高層的動盪與普遍接受的想法，帶來一個奇異的反差：因為我們覺得今天身處一個企業權力實屬史無前例的年代。一九九〇年代的經濟榮景，無疑為高階企業職位添加了嶄新的魅力與榮耀，而高科技經濟的崛起又創造了新一代的商業英雄：如蘋果、甲骨文、思科、Google等公司的高層，以及世界證券和銀行業的超級巨星。在歐洲，受到管制的改革、私有化以及單一市場的創立，催生了新的企業高層典範。在俄羅斯，一個又一個的傳奇億萬富豪相繼竄起。從前曾被嘲弄為國家控制和窮困專區的前第三世界，也建立起一個又一個商業帝國和品牌以及富豪。對於資本所獲得的全新主導性，左派批評者敲起了警鐘，但支持者則是

19.18. "Brand Rehab," *Economist,* April 8, 2010; Oxford Metrica, *Reputation Review,* 2010, www.oxfordmetrica.com/
Luisa Kroll, "Forbes World's Billionaires 2012," *Forbes,*March 7, 2012, http://www.forbes.com/sites/luisakroll/2012/03/07/forbes-worlds-billionaires-2012/

21.20. 同上。
Rajeshni Naidu-Ghelani, "Chinese Billionaires Lost a Third of Wealth in Past Year, Study Shows," CNBC.com, September 17, 2012, http://www.cnbc.com/id/49057268/Chinese_Billionaires_Lost_a_Third_of_Wealth_in_Past_Year_Study_Shows.

大加讚頌。不過，沒有人會否認這種現象的存在。

全球經濟衰退和金融危機對我們了解企業權力幫助不大。一方面，政府很明顯有需要控制肆無忌憚的公司行為；但另一種觀念也乘勢而生，某些企業如銀行、保險公司和汽車製造商是「大到不能倒」的，若它們倒閉，將會對地區、國家甚至全球帶來嚴重的影響。一些公司，像通用汽車和克萊斯勒（Chrysler）在政府干預下獲得拯救；而其他公司，像雷曼兄弟就只有破產了。一些眾人認為搖搖欲墜的銀行被規模更大的收購者買下，變成越來越大的龐然巨物，引來評論家批評：權力集中在一個環環緊扣、無法捉摸的金融菁英世界。毫無疑問，今天企業巨頭的規模，在幾十年前是根本無從想像的。一些產業已經歷各式各樣的收購合併。而且很明顯的，反壟斷和其他關鍵規定，不論在北美、歐洲，或其他任何地區，完全跟不上商界每天上演的一些工具及技巧——尤其在金融業。

那麼，究竟什麼才是我們的實況？企業脫韁野馬般的權力，將公司成本和債務強加在政府和納稅人身上，卻能保留公司高階主管的高薪厚職？還是，不安全感籠罩商業領袖，他們每時每刻都飽受被後起新秀或科技擠壓的危機感，擔心會被醜聞拖累，受到市場分析師密切監督，最終被支持改革的股東和不耐煩的董事會趕下台？換句話說，究竟巨型企業及其高階主管的權力正在發生什麼變化？

市場的力量：商業不安全感的解藥

要了解在二十一世紀轉化企業權力本質的根本力量，我們需要探討第二章提出的一個概念：市場權力。

純粹經濟理論的假設如下：導致大動亂的割喉性競爭乃是資本主義的常態，因為競爭將會汰弱留強。在所謂「完全競爭」的理想狀態下，壟斷、卡特爾或少數占上風的企業完全沒有生存空間，更不可能持續多年。

現實顯然有別於此：有些公司屹立不倒，有些則破產告終；有些傳奇投資者和高階主管能掌舵幾十年，另一些則如過眼雲煙；有些品牌曇花一現，另一些則可撐過任何科技變革、市場擴張或收縮和高階人員人事變遷的考驗。有些大公司花盡力氣令其他公司無法在同一市場競爭，另一些小型公司卻在同一個市場中彼此合作，在時間允許的範圍內盡可能抽取最大的利潤。同時，行業性質的不同，使得有些行業的入門門檻極低，讓新競爭者隨便就能進入（如餐館、服裝業），但有些行業的門檻高聳，令想挑戰固有巨人的新公司望之卻步（如鋼鐵廠、電信業）。

換句話說，資本主義商業包含各種各樣的模式和期望，並透過投資者和消費社會的象徵語言表達出來。這情況帶來長久的競爭對手（波音與空中巴士、可口可樂與百事可樂、赫茲〔Hertz〕與安維斯〔Avis〕）；也讓品牌名稱變成大眾的共用名詞（富士全錄影印機、胡佛吸塵器、舒潔衛生紙）；這些公司有些致力投資在其優越性（勞力士、IBM），有些則投資在實用性（天美時、戴爾）。但若一旦被摧毀，就沒有回頭之路。不論是泛美（Pan Am）、伍爾沃斯（Woolworths）、柯達還是王安公司（Wang），這些商業帝國的倒塌，不管是解散還是遭到併購，最後都在世上消失。

是什麼挑起這些符號、產品、人士和名稱的恆常改變？很大程度是買賣雙方每天日常的市場活動——以及風險、意外、錯誤和偶然。這裡同樣也關乎權力：這是能夠將產品和服務的定價高於邊際成本的權力，從而可獲取及維持額外利潤，又不會失去市場分額，簡言之，就是市場權力。一家公司擁有的市場權力越大，就越具自主性掌握定價能力，無須擔心競爭對手。任何一個行業或市場存在的市場權力越大，其行業結構越穩定，行業內排名也越見平穩長久。

在現實生活中，產品是不能交換的，即使可以，產品本身也由於品牌、廣告而各有不同。在現實中，每家公司能夠獲得的信息並不相同；每家公司並非在同樣的法律、規則下營運或解決爭端，每間公司獲得政府或明或暗的支持也有所不同，也無法接觸同樣的寶貴資源。例如，保障智慧財產權的限制在瑞士和中國就頗為不同。舉例來說，一家美國公司可擁有大型的「政府事務」部門，專責游說華府的政治家；一家由俄羅斯寡頭壟斷集團創立的公司之創辦人，可與克里姆林宮官員維持交情；一家印度公司可試圖延續數十年前獲發的許可並迎合政府要求；然而，當它們面對的是截然不同的監管環境，那些方法就不管用了，更何況是一家想進入新市場的新公司。在內部資源的運用上，各公司進行員工培訓和開發新產品的方式也不盡相同。這些在業務範圍、資源、影響成本的經營環境，擴展的決定，以及要由內部承包還是外包給供應商或承包商，在在都影響了各個公司。簡言之，上述種種形塑了行業的結構。

經濟學因而引伸一整個新領域「產業組織」，它在約一個世紀前出現，研究分析產業結構，解釋令其轉變或不變的因素。如我們在第三章中所討論，這個領域的研究源自英國經濟學家寇斯（Ronald Coase）的啟發，一九三七年，他首次提出「交易成本」的概念，以助解釋何以公司和產業呈現各自獨特的形態[22]。

獨立行動也好，聯合行動也好，在某一行業或市場占有主導地位的公司，總會花上大量力氣以保持這現狀。對一家公司來說，其目標是展現一個獨特、具吸引力的銷售計畫——一個其他公司難以跟風或複製的計畫，它可藉此透過驅逐或共謀的方式來保護公司的地位。驅逐其他公司的方法可能是割價傾銷，從產品品質或創意上領先對手，或以廣告疲勞轟炸市場。共謀的方式則包括設置障礙，令新競爭者難以進入市場，尤其或明或暗地協調市場定價及銷售策略或科技水準，或利用公關計畫或產業協會來爭取能夠為自己擋風遮雨的法規。任何有助現有營運者推行驅逐或同流的手段，都會限制新競爭者的活動範圍，創造出難以超越的障礙壁壘。

這也解釋了何以試圖認清市場權力的經濟學家常常跳過各種數據，反而集中研究壁壘如何阻止新參加者加入市場，更關心質而不是量的問題。其實，研究市場權力也有量化方法，

22. Coase, "The Nature of the Firm."

但很難使用。

經濟學家用來決定某一市場之市場權力的量度其實更有用，而不是某一個別公司的權力水準量度。一個簡單的方法是高市占率公司的集中度指標，這指數將某行業或某經濟體的高市占公司（例如以銷售或資產算出的首四位、五位或十位）的市場占有率全部加總[23]。

然而，市場權力並不只是與集中度有關。在一些高度管制的經濟體或行業，相對規模較小的公司可能會受惠於身處政府保護或政治取態。例如，一家計程車公司擁有獨占的權利，可將乘客送達某個特定機場。同樣的，之所以會出現產業集中性，並不一定代表這些公司對市場擁有寡頭壟斷，以或明或暗的共謀手段保持價格的高昂，它們之間的競爭可能是激烈且殘酷的。除此之外，還有其他與行業集中性毫無直接關係的市場權力因素，例如優厚待遇和法例的遊說能力。一個產業分散的商會（如會計師或牙醫），其遊說的成效可能會與一個產業集中的代表商會（如水泥或基本電訊業）同樣成功。

因此，要了解市場權力的運作，只做單一的量化分析是不夠的。事實上，得要了解主導公司市場權力的範圍，它所擁有的行業結構穩定性，以及受到庇護獲得的優勢，而最有效的研究方法，就是檢視壁壘的存在和有效性。一旦我們如此觀察馬上就會發現一個明顯的趨勢：**整體而言，在二十世紀為市場主導者建立的傳統入場門檻壁壘早已千瘡百孔，甚至倒塌。**

公司組織長期奉行的生存法則被推翻了，於是市場權力也不復以往。公司不安全感和不穩定的解藥正在失效，而很多長期以來被認為建立在企業模規、經營範疇、階層的優勢已經減弱，甚至變成限制。

壁壘倒下，競爭冒起

人們都知道經典的商業入場門檻壁壘有哪些：例如**規模**使得小型公司難以對抗大型公司。**規模經濟**則令大量生產的產品成本更低，使得現代大型工廠與生產線等革新成為必要。當少數幾個大型製造商能夠占據大部分市場分額時，它們可把總固定成本（如行政）分散到大量的生產單位，從而降低各個生產單位的平均成本。

有一系列相關的壁壘源自**範疇經濟**。若一家公司具有相關但不一樣的業務經驗，它就較其競爭對手更具優勢。例如，一家公司如果擁有大量的軍用飛機供應合約，它在民用飛機市場的競爭裡也會更具優勢。規模經濟與數量有關，若一家公司可以在不同市場運用其獨有的知識和核心競爭力時，它就擁有了範疇經濟。**可以接觸稀有資源**，比如礦藏、沃土或豐盛的漁場，這對於不能獲取同樣資源的潛在競爭對手來說便成了壁壘。**資本**當然也是另一種壁壘：要創辦新的航空公司、電話公司或鋼鐵公司都需要巨額資本，這是新公司很難負擔的。**科技**也是另一種常見的競爭壁壘：配方、生產製程或任何形式的獨家智慧財產，只要潛在競爭者無法使用，都會抑制競爭。這同樣適用於**品牌**：要與可口可樂和百事可樂競爭非常困難，不單因為這兩公司的企業規模，也因為它們旗下產品享有巨大的品牌吸引力。

23. 這是個簡單的指數，但是這指數沒有顯示出這一組別內的市場占有率是否有重大分別，也就是說，並沒有一家或兩家公司獨占主導地位。赫芬達爾－赫希曼指數（以經濟學家 Orris C. Herfindahl 和 Albert O. Hirschman 為名）可填補此缺漏，因為它增加了最大市場參與者的比重。美國司法部便是利用這指數來判斷某一行業反壟斷訴訟的授權理據。更詳細的討論見 Hirschman, "The Paternity of an Index."

除此之外還有**規則**：法律、法規、股東守則、稅收政策，和其他在特定地區或行業營運的各種要求。所有這些（還包括許多變體——我們無法列出一張標準的清單，包含每一項可能的商業入場門檻壁壘）多半都會鞏固行業內主導公司的地位，並且遏制新參與者加入。

這使得我們面對商業世界權力本質為何轉變的核心問題：什麼因素會導致入場門檻壁壘突然崩塌，致使這些長期屹立的公司變得易於失去權力？網際網路是一個明顯的答案。網際網路如何打破根深柢固的壟斷案例比目皆是，正如網際網路這個媒介本身所具有的無限可能性。事實上，只有很少的行業不受資訊通訊科技革命影響。

然而，正如本書討論的其他領域（政治、戰爭等）一樣，除了資訊革命以外，還有其他的力量也在發生作用，改變商業世界權力的獲得、使用和失去的方式。

例如，在過去三十年，政府行為就劇烈改變了以往頑梗的商業結構。柴契爾和雷根分別掀起政策改革浪潮，燃起競爭並改變營商之道，涉及的行業甚多，不管是電話業、民航業，煤礦業，還是銀行業。由一九八〇年代後期開始，開發中國家如泰國、波蘭和智利也各自推動當地的經濟改革革命：私有化、放鬆管制、貿易開放、降低外國投資門檻、放寬外匯交易、金融自由化以及其他一系列促進競爭的改革。歐盟的發展及各成員國間的互相開放邊境，新的監管體制，以及使用歐元為單一貨幣，都為競爭格局帶來巨大的影響，而其影響也擴展至全球和區域貿易協定。

這些政策措施對全球商業環境帶來的影響，可以媲美網際網路的影響。事實上，一些分析員認為先進經濟體在戰後貿易的四分之一增長，正是來自政策改變，主要是透過關稅削減[24]。在中國、印度和其他過去因保護主義與專制經濟政策而相對封閉的大型市場在融入世界經濟後，為世界市場帶來了數十億的新消費者和生產者。這些劃時代的政策轉向，又因其他科技改革推波助瀾而事半功倍；這些改變帶領世界進入新階段：過去的入場門檻壁壘已無法再庇護現有的公司，讓它們免受新進入者的挑戰和衝擊。

幾乎在每個行業都開始出現具破壞力的顛覆性科技。小規模的太陽能、風能和生物能發電廠，使得大量人口有電可用，提高人們的生活水準，鼓勵小規模產業的發展，挑戰傳統公用事業的主導性。小型化和便利化非凡地改變了製造業——同時也一步一步降低了看來曾經不可撼動的入場門檻壁壘。在某些行業，已無須再建造大型設施才可以獲得相當的市場分額。雖然小型啤酒廠不會取代海尼根等大型啤酒公司，小規模的鋼鐵坊也不會代替像安賽樂米塔爾這樣的鋼鐵巨頭，但是，這種小規模公司現在可在其經營區域獲得足夠的市場分額，為過去缺乏選擇的市場帶來競爭。正如之前提到，由於金融業的根本性變化，出色的商業創意比過去更容易獲得資金支持。在大多數國家，獲取資金支持的難度不如過往，不再是公司創立或擴張時所必須面對的難以逾越障礙。

由此帶來的影響差不多無窮無盡：包括對於員工的要求、保險的成本，以至由一地迅速遷移生產至另一地。貨櫃運輸精簡了運送流程，讓各種貨物能夠以高效、可靠的方式運輸。二〇一〇年貨櫃運輸量是一九八〇年的十倍以上[25]。

24. Scott L. Baier and Jeffrey H. Bergstrand, "The Growth of World Trade: Tariffs, Transport Costs, and Income Similarity," *Journal of International Economics* 53, no. 1 (February 2001): 1–27.

不管是哪種科技，不論我們在博物館看到的（蒸氣引擎），還是已視之為理所當然的（收音機），其實在當時都象徵著破壞與顛覆。然而，今天的科技革命規模更是過去無法比擬的，以令人眩暈的速度影響世界上幾乎每一項人類活動。

以更廣的角度看，單與上一代比較，我們可發現自己今天生活方式的每一項重大改變都衝擊了入場門檻壁壘。事實上，在商業世界，增長革命、遷移革命、心態革命，以及它們對於市場上原有參與者帶來的弱化效應清楚可見。例子很多，電匯和電子銀行帶來世界資本市場的整合，改變了世界資本分配和流動的方式。全新的投資文化——創業投資、創業天使投資者以及小額貸款——已經成形，不論遠近將資本與相關者連繫。移民把商業知識、實際經驗帶到其他地方，這是監管制度轉變或投資誘因無法比擬的。除此之外，移民帶來離鄉背井的人們，創建了全球性的金融網路，並隨著移民社群的需要創建了利基市場。

這些力量的結合，擾動了今天的資本主義，並使得這場攪動完全不同於以往。每一樣事物都移動得更廣、更快，而人們的期望也發生了巨大的變化：一個全球市場；大量的跨境與跨業資金、產品、品牌、科技、人才幾乎不受約束地自由流動；知識與品牌價值的崛起，幾乎可與自然資源和實體建設相抗衡；在過去缺乏甚至沒有貸款機會的地方出現借款——這些我們現在已相當熟悉的力量，在在都塑造了今天國家的經濟。通過這些行徑，它們改變的不僅是商業活動的競爭場地，也為新的競爭者打開了競爭之門，誘導過去受規則、資源、知識、資本壁壘所拒但具信譽與實力的競爭對手進入市場。當這些入場門檻壁壘落得千瘡百孔，就長期而言，傳統的商業參與者就會被分散，甚至被取代，儘管短期來說，某些產業與某些國家的發展似乎仍是集中化。

當然，在大趨勢裡，一定會出現例外，但是只要略微觀察以往那些讓新進入者望而生畏的障礙，便可以知道它們到底出現多麼徹底的變化。

有形資產

二〇〇七年，梅鐸控制的新聞集團實現了長久以來的目標，以五十六億美元收購尊崇的資產《華爾街日報》。在這之前幾個星期，Google 以三十一億美元收購網際網路廣告服務公司 DoubleClick（成立於一九九六年），微軟則以六十三億美元收購知名度較低的廣告服務公司 aQuantive（成立於一九九七年）。以高價出售的《華爾街日報》德高望重，擁有經驗豐富的記者、各地支部、出版業務、大廈資產、整個運輸車隊（所有資產均為道瓊公司所有），然而，兩家成立年資短淺、可以說沒有擁有任何實物資產的在線廣告公司，兩者售價的加總竟高出《華爾街日報》兩倍。

這表示網際網路公司過熱炒作、泡沫嚴重嗎？其實微軟在二〇一二年便宣布要為收購 aQuantive 準備六十二億美元[26]——但這只是持續進行的故事的其中一章，更近期的是二〇一二年，臉書（本身也剛剛創立不久，其價值令人咋舌）以十億美元的價格收購了 Instagram，

25. Economic and Social Commission for Asia and the Pacific *Monograph Series on Managing Globalization: Regional Shipping and Port Development Strategies* (Container Traffic Forecast), 2011.
26. David Goldman, "Microsoft's $6 Billion Whoopsie," CNNMoney, July 12, 2012, http://money.cnn.com/2012/07/02/technology/microsoft-aquantive/index.htm.

一家只有十幾名員工、沒有任何收入的公司。以這收購金額計，臉書可以收購的對象包括《紐約時報》、皮特咖啡（Peet's Coffee）、歐迪辦公（Office Depot）或者庫珀輪胎橡膠公司（Cooper Tire & Rubber），而上述只是其中一小部分估價相當的公司。

實物資產的價值在所有行業都暴跌，這些公司控制的物質資源——工廠、辦公室和所有實物資產——在公司向市場出售其股分或者等待收購時，都無助公司提高售價。今時今日，學者估計，一家公司市值的百分之四十至百分之九十來自公司的「無形資產」：包括專利、版權、公司營運方式、品牌價值以及在用戶群中享有的商譽。不是所有無形資產都能輕易量度——儘管經濟學家一直為此努力[27]。

當然，有些行業仍然依賴昂貴的操作流程，例如鑽探石油或製造飛機；有些公司仍然因可接觸珍貴的資源而保持巨大的競爭優勢，例如俄羅斯礦業巨頭諾里爾斯克（Norilsk）在西伯利亞控制世界上已知儲量的三成的鎳和四成五的鉑。即使是在這些行業，無形資產的重要性同樣明顯上升。墨西哥水泥公司西麥斯成功進駐行業首位，業務遍及全球。公司執行長贊布拉諾（Lorenzo Zambrano）告訴我，「知識管理」是公司有能力登上國際舞台與規模更大型、更資深的競爭者互爭長短的關鍵因素。就贊布拉諾所言，知識管理包含了「資訊系統、商業模式，以及其他更關乎知識而非水泥的『無形資產』」乃是公司成功的原因[28]。西麥斯來自一個之前不曾出現國際大公司的墨西哥，但這個案證明了，一個具創意的新公司可以顛覆古老且高度集中化行業的傳統權力結構。

規模與範疇

規模經濟的邏輯向來是現代公司營運的一個公理：產能越大，每件產品的生產成本就越低，小型競爭者就更難在成本及價格結構上與大型原有生產商匹敵。

規模經濟的邏輯已擴張至範疇經濟：已具規模的特定公司可將其技術、核心競爭優勢擴展至其他範疇，並在新範疇裡取得優勢，對付現有或潛在的競爭對手。例如，百事公司擁有開特力（Gatorade），透過它本身的行銷及經銷策略，使得開特力成為它旗下收益最高的運動飲料。

就管理而言，規模經濟和範疇經濟的邏輯會擴展到公司內部行政和支援工作，若將有關工作交給其他人士，就會威脅到效率、準確性以及商業機密。

今時今日，仍有一些大規模的行業為了壓縮成本及其他因素而緊守嚴格的中央控制（例如核電廠及其高科技、安全性、保安事宜，以及為使一切在一開始就能成功運作所做的投資）。不過這些都是例外，今天許多成功的公司都來自規模經濟已較不重要的行業，有些公司甚至棄守上述的公理。

結果是，規模經濟、範疇經濟和公司組織形式的原則都被紛紛推翻，而這些離經叛道的業者反倒因此受益。一個例子是針對大眾市場產品的小批生產。西班牙服裝公司**Zara**的起步

27. Thom and Greif, "Intangible Assets in the Valuation Process: A Small Business Acquisition Study"; Galbreath, "Twenty-First Century Management Rules: The Management of Relationships as Intangible Assets."

28. 二〇一一年於墨西哥蒙特雷與贊布拉諾的訪談。

是個製造浴袍的家庭工業，直到一九八八年才走出西班牙，到了二〇〇七年，其銷售額已超越了美國服裝業巨頭Gap；而且在二〇一二年，正值全球經濟一片低迷時，Zara的銷售額近一百八十億美元，較Gap高出近百分之二十五，而Gap在不久前也被其歐洲競爭對手H&M拋在後頭[29]。Zara是個營運版圖巨大的時尚公司，它是其創辦人成立的控股公司Inditex公司的旗艦品牌，以小批生產馳名，有別於其競爭對手的大規模生產。公司也會為海外市場盡量量身訂造各自的零售策略（於全球約八十個國家擁有五千五百家店鋪）[30]。由設計、生產到將產品送到店鋪，Zara只需要兩週時間，而業界平均需時六個月。此外，Zara每年推出大約一萬個設計[31]。至少從Zara所身處的行業來看，速度帶來的優勢——對顧客品味變化的敏感度以及即時回應——遠遠比起大量生產及運輸規模來得重要[32]。Zara只是越來越多成功來自速度而非規模的公司——在過去，生產規模往往是這些行業至關重要的成功因素。

另一個推翻規模經濟和範疇經濟公理的例子，則是公司能夠遠端操作以執行任務，而這些任務過往是不會分包出去的，更不要說遠端操作。想一想「外包」這個詞涉及的活動：起初，外包只簡單地代表透過合約與公司外的廠商合作，例如向其他廠商購入原料，或是由其他廠商做產品裝配或負責生產線上的某個環節。後來，外包含蓋了服務業——起初只是低技術水準的服務，例如基本會計或電話客服。然而，現在外包範圍已經擴展到電訊遠程醫療——印度的醫生、專家或會計師，提供診斷、處理化驗或為美國公司報稅。

對於許多小型公司而言，其地理位置已變得越來越不重要，因為它們有能力以更低的成本提供專業、知識密集的服務，而且品質可媲美舊有企業巨人在公司內部精心打造的部門。

沒有一個國家會拒絕這種外包服務的設點。IBM在一九九八年於印度設立了研究中心，二〇一〇年在巴西聖保羅再另設一家，後者是世上擁有最多Java工程師的地方，它擁有的主機工程師數量位居世界第二。二〇一一年，拉丁美洲和東歐共出現了五十四個全新的外包機構，印度則出現了四十九家[33]。

外包的目的都大同小異，但這並不會令人忽視外包的理由。以廣泛使用的即時、高效通訊來說，電子郵件、即時訊息和網路語音電話並非只令我們的生活更便利，它們還削弱了擁有辦公大樓的優勢，因為辦公大樓使得員工能夠面對面交流，或由內部部門規劃不同單位的會議，或者透過公司數位交換機、內部網路和區域網路等方式進行會議。上述每一項在過去都需要做出巨額投資，對新建公司來說投資不菲，並且不鼓勵公司將重要職能外包。然而，不管是從哪一點看，傳統公司的商業優勢現在都已不復存在。

經濟學詞彙中有一個術語已經逐漸消失：**自然壟斷**。它原來是指某些公司的規模經濟已經如此深化，因此其他供應商無須存在。電力、固網電話和自來水供應都是典型的例子；唯一的問題是，這些業務應由國有企業營運，還是應該由私營企業營運並接受監管。但正如經濟學者所言，現在這些行業的地位備受爭議：科技進步使得它們可以採取不同的組織形式，讓多個供

29. 見Gap Inc.與Inditex從二〇〇七至二〇一一年年報。
30. 數據取自Zara法人的網站：http://www.inditex.com/en/who_we_are/timeline
31. "Zara: Taking the Lead in Fast-Fashion," *Businessweek*, April 4, 2006.
32. "Retail: Zara Bridges Gap to Become World's Biggest Fashion Retailer," *Guardian*, August 11, 2008.
33. John Helyar and Mehul Srivastava, "Outsourcing: A Passage Out of India," *Bloomberg Businessweek*, March 19–25, 2012, pp. 36–37.

應商可以相互爭奪客戶。結果就是消費者選擇範圍劇烈擴大。在非洲，該地區行動電話服務的領導者巴蒂電訊公司（Bharti Airtel）與一家「付多少，用多少」的微型太陽能裝備公司共享太陽能（SharedSolar）合作，向前者於非洲的五千萬名用戶提供通訊和電力服務[34]。一位在澳洲墨爾本的消費者可以在十五家電力供應商之間選擇，這對於上一代人來說簡直不可想像，但在今天卻是標準的運作模式。

隨著規模經濟和範疇經濟失去了競爭優勢，其他優勢則乘勢而起。速度過去是規模經濟帶來的優勢，但現在速度要比規模來得重要。小規模競爭者和新的競爭者現在都能夠使用同樣的工具，使得它們能夠快速地識別客戶、進行產品和服務開發，並滿足客戶需求並遞送所需貨品，這使得以前屬於優勢的規模，在今天變成累贅。

品牌

要在市場獲得安穩的市場地位，經典的方法之一是做好品牌的部署與維護。品牌——包括名字、商標、所有為了擴大知名度而做的一切宣傳活動——協助保護產品不致淪落為毫無差別的商品，不管是誰生產或誰推出都無所謂，反倒賦予產品一種情感和體驗。眾所周知，早期的品牌革命是一九四七年由聯合水果公司推動的，它為自己的香蕉命名為「金吉達」（Chiquita）[35]。在此之前，香蕉就是香蕉，不論產地、種植者，唯一能區別香蕉的就只有大小、成熟度和口味——這些看似獨立於生產者的因素。但是，由於有了「金吉達」這個親切的名字及商標，便使得聯合水果公司可以利用這個品牌來打造故事以進行廣告。該品牌是如此成功，一九九〇年公司改名換姓以此做為新名字。

這個例子說明，品牌最重要的目標就是阻止競爭；品牌越有效，它為公司帶來的市場權力就越大。而在今天，區分產品的方式越來越豐富多樣：從傳統方式例如商標、包裝、電視廣告、贊助，以至新工具如購買公司冠名權、確保置入性廣告、跨媒體平台宣傳，還有發起鋪天蓋地的市場行銷戰。為產品說故事的方式也大量增加，人們不再需要投入大量預算，依賴紐約或倫敦的大牌廣告商。有個幾年前還不存在的業務——在社群媒體如臉書、推特和YouTube等做廣告——也顯示出新進及出乎預料的挑戰者正在侵蝕歷史悠久的市場主導者，這種新業務已準備就緒，瓜分巨額及急速增長的行銷開支，而在過去，這些廣告開支只會花在傳統媒體如電視、報紙和雜誌上。有效的利基市場行銷——即針對特定群體的行銷，如足球球迷、講俄語的人、電動遊戲愛好者、小麥種植者或是素食主義者——服務隨手可得，而且收費不會高得嚇退新進參與者。一個網站若架設得夠聰明，就有辦法對世界另一角落網民產生吸引力，讓他們注意到以前從未聽聞的某家公司的名字和產品。

經濟學中出現一個非常熱門的領域：量度公司市值中受惠於品牌的比重。二〇一一年，該領域的權威顧問公司Interbrand曾就此調查，結果顯示麥當勞的品牌——包括品牌名稱、產品稱呼、餐廳設計，還有標誌性的字母商標——占公司價值百分之七十。其他公司的品牌市

34. Ben Sills, Natalie Obiko Pearson, and Stefan Nicola, "Power to the People," *Bloomberg Markets*, May 2012, p. 51.
35. Koeppel, *Banana: The Fate of the Fruit That Changed the World*; 也可見該公司網站（http://chiquita.com/Our-Company/The-Chiquita-Story.aspx）以及金吉達品牌在Funding Universe網站的條目（http://www.fundinguniverse.com/company-histories/Chiquita-Brands-International-Inc-Company-History.html）

值占比如下：可口可樂百分之五十一，迪士尼、IBM 和英特爾則為百分之六十八、百分之三十九、百分之二十二[36]。

以品牌的貨幣價值排名，二〇一一年排名榜包含了舊經濟的支柱企業以及受科技帶動的新企業，其中可口可樂排名第一，其次是 IBM、微軟、Google、奇異、麥當勞、英特爾、諾基亞、迪士尼和惠普[37]。

因此，公司投資巨額建立品牌是明智之舉，而且聰明的公司會不斷演變。例如，IBM 成功由個人電腦、硬碟及其他電腦設備的製造者，變成高瞻遠矚、以顧問及分析軟體解決全球棘手問題的公司——這正是 IBM 在二〇〇二年的廣告「智能星球」（Smarter Planets）試圖展現的。但是，即使是品牌優勢，在今天也逐漸靠不住了。近年品牌大幅增進公司價值的個案，是新星如 Skype（現已被微軟收購）。正如公司價值中品牌的比重超越了實質資產，在新參與者成功確立地位的今天，品牌優勢本身也越來越難維持。

融資管道

對一家公司來說，沒有什麼比缺乏融資管道帶來更大的傷害；很少企業家手上會有足夠資金以實現腦內的創意或嘗試新產品。通常只有大型公司才可大舉投資研發，或者有餘錢花在「虧本」的計畫。融資途徑越受限制，新的競爭對手就越難進入這封閉的市場。放眼全球，過去融資管道一向受到限制，需要經過銀行種種繁瑣的申請手續才能獲得信貸，還得支付高利率。美國曾是史上最大的例外，而這造就了美國成為世界創新樞紐的領導地位。

今天，美國仍然是世上最易獲得信貸的地區之一——但其排名只是第十位。根據世界銀行的資料，最易獲得信貸的五個國家分別是馬來西亞、南非、英國、澳洲和保加利亞。這令人驚訝的結果證實，不單資金來源的地區已有了巨大變化，信貸市場的本質也出現轉變：大量新的信貸來源已開放，而且傳統限制繁多的信貸也放寬了不少。

過去二十年的一個主要趨勢是「創業投資」和「天使投資者」的盛行，這兩類投資者過去主要來自美國，但也開始紛紛出現在主要的新市場如歐洲、俄羅斯、亞洲和拉丁美洲。在前面提到的遷移革命的背景下，使得創業投資和私募股權投資走向國際化的其中一股推動力，是銀行家、投資者和工程師的流動，他們在美國習得經驗，然後將這套投資方法帶回家鄉運用。在台灣，一九八六年至一九八七年開始出現美國式的創投基金，其創辦人正是在美國完成工程學學業並具有當地的工作經驗。最近，創投公司在印度發展如雨後春筍，中國也是一樣，雖然它們在後者要面對更多的限制。由於這些海外回歸人士以及金融家在兩地都有根據地——例如邦加羅爾和矽谷——這種模式才得以成長。柏克萊學者薩克森尼安（AnnaLee Saxenian）是這議題的專家，她認為「新興科技領域」，例如上海和邦加羅爾，已不再是矽谷的簡單複製，反而是矽谷的進一步延伸。她說，對人才、創業理念和資金的流動更恰當的類比不再是「人才外流」，而是第四章中提到的「人才循環」[38]。

---

36. Interbrand, "Brand Valuation: The Financial Value of Brands," *Brand Papers*, http://www.brandchannel.com/papers_review.asp?sp_id=357; see also John Gapper, "Companies Feel Benefit of Intangibles," *Financial Times*, April 23, 2007.

37. Interbrand, "Best Global Brands 2011," *Brand Papers*, http://www.interbrand.com/en/best-global-brands/best-global-brands-2008/best-global-brands-2011.aspx.

創新

「我不知道你如何為一家大型藥廠提供良好的創新環境，我認為你無法培育創新和承擔風險的環境，進而成為行業冠軍。」麻州劍橋市一家小型藥廠的執行長馬拉加諾（John Maraganore）在二〇〇七年說出這番話[39]。在他來看，他只是說出眾所皆知的事，但較諸這行業幾十年來的企業標準做法，他的說法其實很激進。

雖然激進，卻是事實。市值數十億美元的藥廠如輝瑞（Pfizer）和默克（Merck）可能會向市場推銷最創新、最具變革性的新藥，但其研發卻非出自自己之手。反而，一些小型專業公司——有些出自大學的生物研究部門，有些位處創新地區如被稱為「基因谷」（Genome Valley）的印度海德拉巴——創製這些新藥，然後賣給行業巨頭，有時甚至把自己整家公司賣出去[40]。事實上，藥物製造又可能外包給其他公司。舉例來說，藥品生產商 FerroKin Biosciences 共有七名員工，他們都在家工作，與這家公司有關的供應商和承辦商約六十家，由它們提供藥品開發過程的所有支援環節。二〇〇七年成立至今，該公司共吸引了兩千七百萬美元的創投資金，其藥品研發則已達第二期臨床試驗[41]，二〇一二年該公司被總部設在英國的製藥商希雷公司（Shire Plc）收購。

相對這些小型公司，大型製藥廠如希雷和默克的獨特優勢是廣告和經銷。就目前為止，要一家位處海德拉巴或深圳的小型製藥廠派出銷售代表，將樣品（還有筆、公事包和午餐）到佛羅里達州、伯斯、多塞特的醫院推銷，還是種不切實際的做法。

重要產品的創新軌跡也發生了革命性變化。多年來，大型公司在從藥品到汽車、化工、電腦的各個領域，都設有嚴密保護、財雄勢大的研發團隊，並視此為公司傲視同儕的身分象徵。但自從一九八〇年代開始，一些沒有內部研發能力的公司如思科（Cisco）和健贊（Genzyme）也開始聲名大振。商業學者伽斯柏（Henry Chesbrough）所稱的「開放式創新時代」正式登場[42]。伽斯柏指出，在某些行業，開放式創新流存已久，例如好萊塢。現在，化學、電話和飛機製造商都更邁向好萊塢模式，推翻了這些領域傳統巨頭的智慧。新的權力參與者如宏碁、宏達電已從過去名不見經傳的國外創新代工者，搖身變為推廣自己品牌、全副武裝上陣的競爭者[43]。

這是合理的。台灣智慧型手機製造商宏達電執行長在接受《商業周刊》採訪時說道：「比起我們的客戶，我們更加了解這類產品。」[44]許多現在仍是寂寂無名的小公司已準備效仿。在製藥業，藥品生產長久以來都是外包，藥品開發則是高度機密。然而，自二〇〇一年起，藥

38. Saxenian, "Venture Capital in the 'Periphery': The New Argonauts, Global Search and Local Institution Building"; Saxenian, "The Age of the Agile"; Saxenian, "The International Mobility of Entrepreneurs and Regional Upgrading in India and China.
39. John Maraganore, quoted in Glen Harris, "Bio-Europe 2007: As Big Pharma Model Falters, Biotech Rides to the Rescue," *Bioworld Today,* November 13, 2007.
40. Kerry A. Dolan, "The Drug Research War," *Forbes,* May 28, 2004; "Big Pharma Isn't Dead, But Long Live Small Pharma," *Pharmaceutical Executive Europe,* July 8, 2009; Patricia M. Danzon, "Economics of the Pharmaceutical Industry," *NBER Reporter,* Fall 2006.
41. Quinn Norton, "The Rise of Backyard Biotech," *The Atlantic,* June 2011, p. 32.
42. Henry W. Chesbrough, "The Era of Open Innovation," *MIT Sloan Management Review,* April 15, 2003.
43. Michael Stanko et al., "Outsourcing Innovation," *MIT Sloan Management Review,* November 30, 2009; James Brian Quinn, "Outsourcing Innovation: The New Engine of Growth," *MIT Sloan Management Review,* July 15, 2000.
44. "Outsourcing Innovation," *Businessweek,* March 21, 2005.

品開發外包市場的增長速度已超越整個藥品研發市場，從二〇〇三年的二十億美元擴大至二〇〇七年的五十四億美元，估計目前每年會以百分之十六的速度繼續增長[45]。

這些對大公司來說都不是好兆頭。商業學者克里斯汀生（Clayton Christensen）在《創新的兩難》（*The Innovator's Dilemma*）指出，就算是最大型的公司，其營運跟隨一整套工作流程，這流程令它們握有「持續性科技」（即優化現有產品的新科技），但說到辨識及利用破壞性科技（這些科技通常會在現有市場邊緣出現，最終將會重新整頓市場）則非常技窮。在各種經典的破壞性科技中，克里斯汀生列舉了行動通訊、微型渦輪機、血管成形術、PlayStation、遠距教學、網際網路協議、網上零售和居家護理等。就標準流程看來，上述新發展在初期完全不符經濟效益，最後卻使那些看來無法撼動的同業巨頭落荒而逃，最終導致一度叱吒風雲的行業典範衰落甚至滅亡，例如迪吉多電腦公司（DEC）和西爾斯・羅巴克公司（Sears Roebuck）[46]。

克里斯汀生表示，公司的規模和工作流程使得這些故事更具說服力。例如，大公司需要按照既定指標分析市場機遇，這就阻礙它們掌握圍繞新科技而起的新市場。這些新市場的短期利潤會較低，這又與爭取最大季度股價升幅的文化背道而馳。而且，這進退維谷的困局在每一次創新浪潮都會重演：就算它們本身就是第一波藉破壞性科技而獲利及成長的公司，「但它們發現自己越來越難打進更新、更小的市場，但這類市場勢必在將來成為最重要的市場」[47]。

克里斯汀生為商界領袖提供面對創新兩難的應對準則。但是，隨着研發資金更自由地流向更多的地方，以及工廠、稀缺投入物、通訊以及行銷涉及的前期投資越來越少，這窘境非但不會減輕，反而會持續加深。

政府限制

歷史上，政府施加的管制限制了競爭的局面，以推動一個更高的目標：保護該國初出茅廬的公司免受低價進口品傷害，或是透過控制投資性質和地點以推進某項社會議程。

這股趨勢在約三十年前達到頂峰，但由於效果不彰以及全球政策思路轉向而遭到推翻。今時今日，世界各地的政府都致力解散國營企業，拆解壟斷，促進貿易和投資體制的自由化，改善商業環境吸引商家，這已成為眾所周知的過程。一個有力的指標：一九九〇年，世界平均貿易關稅為百分之二十三・九（從低收入經濟體的百分之三十八・六至經濟合作與發展組織成員國的百分之九・三）。到了二〇〇七年，全球平均貿易關稅下降至百分之八・八，從低收入國家的百分之十二到經濟合作與發展組織成員國微不足道的百分之二・九。就算在二〇〇八年出現經濟危機，也無法扭轉這股下降的趨勢[48]。隨着發達經濟體的危機，人們紛紛預測這些國家會自然而然地利用更高的進口壁壘來保護國內就業和公司，但實情並非如此。同樣的預期也包括政府會加強外資進入本地市場的限制，但這也沒有發生。

上個世代的人常常告訴我們，真正的全球發展方向是相對更自由、更開放的經濟，更廣

45. "Outsourcing Drug Discovery Market Experiencing Continued Growth, Says New Report," *M2 Presswire*, July 4, 2008.
46. Christensen, *The Innovator's Dilemma: When New Technologies Cause Great Firms to Fail*, p. xi.
47. 同上，p.233。
48. 引自貿易與進口壁壘數據：www.worldbank.org.

闊的資本市場，以及有限的國營企業。但他們也提醒我們鐘擺效應可能會出現——就算不是擺動至極端。而事實上，乍看之下，二〇〇八年至二〇〇九年的全球經濟衰退也使得政府對主要行業施加更多規範及管制。

但是，各國政府的措施，例如美國的銀行紓困計畫、英國的暫時國有化，還有金融業為處理有毒衍生商品而推出的新監管政策，都不應被誤以為是全球大趨勢的逆轉。事實上，根據世界銀行資料，全世界的企業改革步調在二〇〇八年至二〇〇九年達到歷史頂峰。在那一年，銀行界共進行兩百八十七種改革，涉及一百三十一個國家，使得做生意更容易。自二〇〇四年以來，全球四分之三的經濟體採取了措施，令新公司更容易成立；三分之二的經濟體令貸款更容易到位；逾二分一經濟體令財產登記、納稅、跨境貿易更容易；此外，相當數量的國家也簡化了公司破產程序、合約執行、施工許可批准等等。所有限制新參與者進入市場的壁壘都倒下，而且與習以為常的想法反其道而行的，是政府施加的限制下降得最多，並且繼續減少[49]。

新進入者及新機遇

我們並不是要在這裡宣稱所有傳統行業、公司和品牌都已入土為安；反之，大量證據都指向相反方向，許多百年老店依然風生水起。一些大型的知名公司，例如可口可樂、雀巢、埃克森美孚和豐田都會繼續生生不息蓬勃發展，但其他公司就未必如此長青。對股東來說，早握先機預測某個主要企業的前景是很有用的功課，但是，這卻會令我們分心，忽略了周遭正在發生的重頭戲：大量新競爭者正在湧入市場。以下是其中一小部分。

南半球跨國公司新貴

謹介紹拉米雷斯（Alejandro Ramirez），一位來自墨西哥摩雷利亞的年輕企業家，他是影院業的領袖——在印度。

印度以擁有世上最大的電影產業聞名，至少從每年出產的商業電影數量來看是如此。然而，印度極為缺乏的卻是現代化的多廳電影院，讓該國爆炸性成長的中產階級可以透過高水準的設備享受國內及外國的電影。印度的人口達十二億人，但現代化的影院銀幕只有約一千個。拉米雷斯的影院連鎖公司Cinepolis會填補這缺口，在未來數年加添逾五百個銀幕。Cinepolis於一九四〇年代成立於密卻肯州，以一個單銀幕電影院起家，今天公司已發展為墨西哥最大的多廳電影院，業務遍及整個中美洲[50]。

Cinepolis不單是印度影院行業中最來勢洶洶的新參與者，也是第一家進入印度影院行業的外資。「你怎麼想到要把生意多元發展至印度市場？」我問拉米雷斯。他回答：「那並不是我的主意。主意出自兩個史丹福大學商學院的學生，他們修習的一門課程要求他們提出商業企畫書，他們想到了這點子並拿到我面前。於是我們合作，改善企畫書、籌集資金，然後就坐言起

49. The World Bank, "Doing Business 2011"; see also www.doingbusiness.org.
50. Priyanka Akhouri, "Mexico's Cinepolis Targets 40 Screens in India This Year," *Financial Express* (India), January 1, 2010.

行。我們幾乎馬上就發現，這生意的潛力比我們預期的還要大。」[51]

Cinepolis只是越來越多來自墨西哥、印度、巴西、南非和土耳其等其他開發中經濟體的公司之一——這些公司進軍過去未開發、只由本地人士經營的產業，或是由大型西方跨國公司所控制的產業。「南南合作」（South-South cooperation）曾是一九七〇年代第三世界國家的夢想：開發中國家透過直接貿易、投資及援助增強彼此實力，以超越「北方」。當時這夢想由政府領導，是個社會主義的夢想，反觀今天遍地開花的投資則完全不同於這場舊夢。但無論如何，南南投資在今天已成為塑造全球商業活動的新趨勢[52]。聯合國數據顯示，開發中經濟體及轉型經濟體的對外直接投資（OFDI）自二〇〇三年起已超過富裕國家的投資額。

二〇一〇年簽訂的五十四個雙邊投資協議中，有二十個簽約國均為開發中國家，不論是從外資直接投資接受國來看，還是從對外投資國來看，這些協議越來越重要。二〇一〇年，開發中國家的對外直接投資占全球總直接投資達百分之二十九，這是歷史新高。雖然全球經濟在二〇一一年及二〇一二年走疲，但這股強勁增長仍然持續[53]。

全球最大公司名單上湧現越來越多開發中國家的公司，而且這勢頭有增無減。世界銀行和經濟合作與發展組織的研究員指出，官方數據其實低估了開發中國家的對外直接投資規模，一方面是由於投資類別相對新穎、統計覆蓋不完全，另一方面則由於大量的未匯報資本並未計算在內[54]。

在這股浪潮中受惠的公司不計其數，涉及的行業包括建築、電訊、紡織、石油，這些公司大多在歐洲和北美寂寂無名，但是在世界其他地方卻是越來越炙手可熱。以行動電話為例，印度的巴帝電訊和信實電訊（Reliance）、南非的 MTN、埃及的奧斯康電訊（Orascom）以及阿聯酋的 Etisalat 電訊都名列世界前十五大。其他的公司未必如此知名，但都各自在其行業占據重要地位，例如：斯里蘭卡紡織商的業務擴展至南亞和印度洋，土耳其的綜合企業集團也成了俄羅斯、巴爾幹半島及中東市場的主要商家。（事實上，在國際力量努力重建及發展阿富汗基礎設施一事上，包括美國在喀布爾建立大使館，土耳其公司是很大的受惠者。）越來越多公司都採取同樣的發展方向：它們偵察海外市場的投資機會，願意跳出沒有語言文化障礙的本土舒適區並向外投資（就如 Cinepolis）。第一個提出「新興市場」一詞的范艾格特梅爾（Antoine van Agtmael）跟我說，他有信心在二〇三〇年前，新興市場的公司數量將超過今天的發達經濟體公司數量[55]。

51. 二〇一二年一月於哥倫比亞卡塔赫納與拉米雷斯的訪談。
52. World Bank Group, " 'South-South' FDI and Political Risk Insurance: Challenges and Opportunities," *MIGA Perspectives*, January 2008.
53. 根據聯合國貿易與發展會議（UNCTAD）《二〇一二年世界投資報告》：「已開發國家的直接投資增長百分之二十一，達七千四百八十億美元。開發中國家的外國直接投資增加了百分之十一，達到破紀錄的六千八百四十億美元。轉型經濟體的外國直接投資增加了百分之二十五，達到九百二十億美元。在全球外國直接投資裡，開發中與轉型經濟體分別占了百分之四十五與百分之六的比例。聯合國貿易與發展會議預估，這些國家在未來三年的直接投資依然會維持高比例。」
54. Aykut and Goldstein, "Developing Country Multinationals: South-South Investment Comes of Age"; "South-South Investment," www.unctad.org; Peter Gammeltoft, "Emerging Multinationals: Outward FDI from the BRICS Countries," *International Journal of Technology and Globalization* 4, no. 1 (2008): 5–22.
55. 二〇一二年五月於華府與范艾格特梅爾的訪談。

南向北闖

一個相關的現象，乃是開發中經濟體及轉型經濟體的公司收購北美和歐洲主要企業，創造了嶄新的全球跨國公司品種：它們的總部或公司發源地不久前仍在封閉式、高度依賴國家的經濟體系。印度、墨西哥、巴西、南非和中國都是這些公司的主要來源地。前述的墨西哥水泥巨擘西麥斯便是一個很好的例子，該公司業務遍及近四十個國家，在跟法國的拉法基集團（Lafarge）經歷一番惡戰之後，它幾乎成為世界建材市場的榜首，自此美國業務占公司比重百分之四十一，而墨西哥只有百分之二十四。雖然隨着全球經濟走疲，西麥斯不得不緊縮開支，但它仍是不少已開發國家的主要國際性參與者，而這市場過去專屬富有國家的公司所有[56]。美國啤酒市場最大的兩家公司的母公司也是很好的例子。安海斯—布希公司由比利時英博集團（InBev）控制，而英博集團之所以成立，是因為巴西的安貝夫公司（Ambev）試圖拓展海外市場，因此英博集團的經營團隊主要來自巴西。在此同時，百威啤酒的競爭對手的母公司是南非的 SAB 米勒公司（SABMiller），這公司是二〇〇二年南非啤酒公司（South African Breweries）收購米勒啤酒公司（Miller Brewing）時成立，而此前南非啤酒公司在不同市場成功收購多家啤酒廠，如捷克、羅馬尼亞、薩爾瓦多、洪都拉斯和尚比亞。礦業方面，巴西的淡水河谷公司（Vale，在這之前它有個相當拗口的名字：Companhia Vale do Rio Doce）在二〇〇七年收購了加拿大競爭對手 Inco 後晉身世界第二大礦業公司。至於世上最大的鋼鐵公司安賽樂米塔爾則是印度億萬富豪米塔爾（Lakshmi Mittal）收購狂潮的成品，其前身米塔爾鋼鐵公司（Mittal）在二〇〇五年才躋身《財星》世界前五百大公司[57]。

安賽樂米塔爾和百威英博這些公司的複雜名字，不僅反映了收購與合併的故事，也反映了新進場者進軍過去不曾跨足的市場的活力。這些併購無容置疑會帶來產業的集中化，以及擁有強大市場權力的新寡頭壟斷，但我們也應記得，涉及的公司在十年前的規模根本不能與其收購對象相提並論，而且，他朝君體也相同，一間來自無人聞問地區且從來不受市場青睞的公司，有一天也會收購這些新巨擘。這是過去十年發生的故事，而且推動這潮流的力量只會越來越強。

若不是入場門檻壁壘忽然倒塌，那些曾經一度屬於地區性並受市場保護的小型公司，便不可能以小搏大取得全球主要頂尖公司的控制權；而這壁壘之所以倒塌，乃由於金融市場的開放、商業教育及文化的廣傳、易於取得的資金、透明並容易得到的企業數據，以及開放管制、開放貿易與投資、增長、移遷、全球化、新科技以及其他於此書討論的力量。位處窮國的公司搖身變為國際性的公司，正是增長、遷移、心態革命正在發揮效力的證明。

證券交易分散化

在競爭異常激烈的全球商業環境中，市場本身也是受害者之一——這裡說的市場是指證券交易所。證券交易所是股票交易的場地，也是媒體、政客和公眾找尋線索為整體經濟健康

56. "Mexico's CEMEX to Take Over Rinker," Associated Press, June 8, 2007.

57. Clifford Kraus, "Latin American Companies Make Big US Gains," *New York Times*, May 2, 2007; Frank Ahrens and Simone Baribeau, "Bud's Belgian Buyout," *Washington Post*, July 15, 2008; Peter Marsh, "Mittal Fatigue," *Financial Times*, October 30, 2008.

把溫的場地。然而，備受尊崇的市場如紐約證券交易所和倫敦證券交易所已被其他市場快速地打得落花落水。在美國，傳統的股票交易重地紐約證券交易所（一七九二年成立）和納斯達克證券交易所（一九七一年成立），現今在公共交易所的全部交易量中只占了不到二分之一。截至二〇一二年，電子交易所直接優勢證券交易所（Direct Edge，成立於一九九八年）和BATS 交易所（Better Alternative Trading System，也就是「更佳的另一選擇交易系統」，成立於二〇〇五年）的比重分別為百分之九及百分之十，剩餘的市場就由其他幾十家交易所瓜分。雨後春筍般湧現的交易所與電腦運算的程式，這些不停步的交易帶來市場波動性，一些公司股價因而急劇下跌又即時回升。

紐約證券交易所不是唯一被新對手節節打退的主要交易所，倫敦證券交易所、德國證券交易所和其他老式證券交易所同樣無法獨善其身。堪薩斯州的新貴 BATS 交易所的交易量，僅次於紐約證券交易所和納斯達克證券交易所，而且已經超越東京、倫敦、上海、巴黎以及其他所有交易所。老式交易所面對窘境的一個指標是交易所本身的股價下跌。紐約證券交易所與泛歐證券交易所合併而成的 NCSE Euronext 交易所（代號 NYX）的股價從二〇〇六年的一〇八美元高位，暴跌至二〇一二年的二十二美元。同時，這些老式交易所的收入也大幅下降：二〇〇九年，倫敦交易所旗下負責交易業務的倫敦證券交易所收入下跌逾三分之一[58]。

證券交易所同場較量只是金融市場分散新局面的一個面向，另一個面向是來勢洶洶的「黑池」（dark pools）交易。黑池的起源是機構尋求非正規的匿名管道（無須公開買賣指令、價格、交易量），以避免暴露自己的交易策略。黑池本身違背交易應透明以達至高效交易的原則；同時，黑池交易也被指控是股票價格波動、扭曲的重要原因，而且該市場參與者具有潛在不公平的優勢。如何處理黑池交易，是世界各地監管機構仍在爭論的問題，而黑池對全球金融系統的危險性也是眾說紛紜。不過很明確的是，黑池的數量正在激增[59]。美國證監會估計，該國市場活躍的黑池數量從二〇〇二年的十個，激增至二〇一二年的逾三十個。據《彭博通訊》報導，二〇一二年一月，黑池交易量占美國股票交易總值百分之十四[60]。美國證監會先前對黑池交易占美國證券交易總額的估計則是逾百分之七——儘管比重不高，但已足夠引起龐大的漣漪效應[61]。

私募資金和避險基金的凱旋

許多人以為二〇〇八年至二〇〇九年的金融危機和全球市場低迷，將會終結私募基金和避險基金在市場上的主導地位。在金融危機發生前的十年，這些運作神祕、通常以小規模經營的基金憑藉槓桿收購、激進交易和股東股益主義取得許多大公司的控制權。二〇〇〇年早期，私募基金和避險基金在網路經濟泡沫化後復原，展開了私募基金領導的連續收購之旅。**KKR**集團（**Kohlberg Kravis Roberts**）與德州太平洋集團（**Texas Pacific Group**）於二〇〇七年

58. Graham Bowley, "Rivals Pose Threat to New York Stock Exchange," *New York Times*, October 14, 2009; Jacob Bunge, "BATS Exchange Overtakes Direct Edge in February US Stock Trade," *Dow Jones Newswires*, March 2, 2010.
59. "Shining a Light on Dark Pools," *The Independent*, May 22, 2010.
60. Nina Mehta, "Dark Pools Win Record Stock Volume as NYSE Trading Slows to 1990 Levels," *Bloomberg News*, February 29, 2012.
61. Venkatachalam Shunmugam, "Financial Markets Regulation: The Tipping Point," May 18, 2010, www.voxeu.org.

以四百五十億美元收購能源公司德州公用事業公司（TXU）為這股浪潮的高峰。

與此同時，避險基金公司也迅速增加，由一九九八年的三千家，飆升至二〇〇八年的一萬家。二〇一一年，前百大避險基金公司的管理資產額共為一萬兩千億美元[62]。二〇一二年，避險基金參與美國債券交易五成、股票交易四成以及不良債權交易八成。二〇一一年，《彭博市場》雜誌列出前二十大避險基金公司的資產值共為近六千億美元，其中排名第一的資產值為七百七十六億美元的橋水聯合公司（Bridgewater Associates）[63]。避險基金在歐洲及亞洲同樣擴張，雖然規模較美國略小。

而避險基金的界線也開始模糊，因它們取得越來越多公司的控制性股權，其角色開始像私募基金，同時也開始取代傳統銀行的角色。二〇〇七年，傳統銀行處理的初級槓桿金融市場（即透過貸款進行交易）之市場分額首次跌至百分之五十以下。但在二〇〇〇年，該比例高達百分之九十。有鑑於此，銀行本身又購買避險基金公司的股票，於是，各自的角色就越發模糊。

避險基金吹皺一池春水，改變了市場活動，並為公司董事會及管理層帶來壓力。在美國，當避險基金公司管理的資產分額為百分之五時，它們已經參與了百分之三十的交易活動。它們對各種公司帶來巨大壓力，不管其品牌、歷史。兒童投資基金（Children's Investment Fund，一個相當諷刺的名字）嚴厲要求荷蘭銀行（ABN AMRO）要不選擇出售、要不宣告破產，結果荷蘭銀行不得不接受被賣給英國巴克萊銀行的命運。巨額資金之所以投入避險基金是為了要豪賭，而它們的典範是史上最有名的個案——一九九二年索羅斯以一百億美元為賭注看淡英鎊，最後贏得近十億美元利潤。二〇〇六年，來自一個名為 Amaranth 基金公司的三十歲交易員在天然氣的走勢上押錯了方向，結果損失六十億美元。然而，行業的勝利者帶來豐厚財富離開：二〇〇六年，前二十五大避險基金經理合計獲利金額相當於約旦當年的國內生產毛額；不過他們名不見經傳，就連他們的聚居地康乃狄克州格林威治和韋斯特波特街區的鄰居也不會認得他們。

二〇〇八年，避險基金的價值減少了約百分之十八；然而也有無數例外，包括索羅斯，他與當時尚未臭名昭著的保爾森押注數十億美元看淡陷入困境的次級抵押貸款工具，兩人與其他匿名人士在市場崩潰時大賺了幾億美元[64]。或許不太令人驚訝的是，當市場在二〇〇九年憑著紓困方案復甦，避險基金又乘勢取利，雖然當時已有業內人士認為另一暴跌將至。事實上，對於這個監管不甚嚴格的行業，有種辯護之詞主張：這市場非常確實並高效地判斷勝負者，發揮了恆常的調整作用，有助市場的穩定性。《富可敵國》（*More Money than God*）是本有關避險基金的暢銷書，根據作者馬拉比（Sebastian Mallaby）的說法，避險基金「製造出的風險，比不上它所吸收的風險」[65]。

不過，避險基金終究也得面對嚴厲的監管，如今也受到更多限制。二〇一一年，報導指

62. Institutional Investor, *Hedge Fund 100* (2012).
63. *Bloomberg Markets*, February 2012, p. 36.
64. Gary Weiss, "The Man Who Made Too Much," Portfolio.com, January 7, 2009.
65. Mallaby, *More Money Than God*, pp. 377-378.

稱新的金融法規使得索羅斯決定向投資者關閉他的基金，之後只專注管理自己的基金。市場的動盪也可能為這些高風險投資產品造成巨大的損失。保爾森的基金也曾因下錯注而慘遭重大挫敗。（二〇一一年，他損失了九十六億美元，為避險基金業有史以來最大損失。）[66]然而，與此同時，其他一些具有聲名、策略、地點及科技的避險基金，它們不僅有創新能力，也出人意料地成為世界最賺錢的機器。例如，避險基金巨頭橋水聯合公司就在二〇一一年為其投資者賺進一百三十八億美元[67]。

很清楚的是，某個基金可能朝花夕拾，基金經理的薪酬也可能大幅震盪，但那些規模不大、不具名氣卻能深深影響市場及價格的基金將會持續。在這個嶄新的金融世界，個人聰明的腦袋加上電腦程式的運算，將會常常戰勝大型銀行，因為後者受制於繁瑣的規則、複雜的內部管理要求以及低效率的階層結構。

避險基金對金融市場傳統力量帶來的衝擊，就好像索馬利亞海盜跟世界最先進的海軍力量的關係。

總體來說，這個行業的新進入者，例如避險基金、新的證券交易所、黑池以及過去聞所未聞突然顛覆整個行業的新創公司，都預示著未來的市場形勢：更波動、更細分、更競爭，以及更多約束大公司發展空間的微權力。

事實上，無論是對於經濟全球化造成混亂的眾聲喧嘩，或是二〇〇八年金融危機和隨後的經濟大衰退帶來的衝擊，都無法改變國際經濟整合的進程，而這進程將會繼續發展。有人曾預期貿易保護主義將會抬頭，某些國家會試圖保護國內就業而把經濟畫地為牢，這預期已被證明是錯誤的。國際貿易和投資流動繼續增長，這增長強化了有效約束傳統商業大亨權力的力量。

這一切代表什麼？

我們這時代有一個弔詭之處：當企業變得越來越大、越來越無所不在、越來越具政治影響力，同時也就暴露在更多風險之中，這些風險不僅會損害企業的銷售、利潤和聲譽，在某些情況下，甚至可能使得自己關門大吉。許多過去不管是競爭對手或是政府都無法撼動其地位、其存在被視為理所當然的公司，現在都已不復存在，而且名列其中的公司只會越來越多而已。這對銀行業和其他產業巨頭來說也是一樣，它們的權力及堅不可摧其實較所有人的預期——包括企業自己的預期——來得更短暫。

就算目前仍欣欣向榮的大型企業，以及那些非常不可能會被市場力量驅逐的大型企業，現在的選擇也受到更多限制。例如埃克森美孚、Sony、家樂福和摩根大通，這些公司仍然擁有龐大的權力及自主性，但相對於公司早期，今天公司的高階主管面對更多限制，他們不能

66. James Mackintosh, "Dalio Takes Hedge Crown from Soros," *Financial Times*, February 28, 2012.
67. 同上。

再像前輩那樣自由地動用手中巨大的權力，而且若他們錯用權力，後果將會更即時且比以往更嚴重。

就如我們在這一章所見，企業權力已不復往昔。

第9章 搶占靈魂、心靈、頭腦的超級爭奪戰

說起權力轉移，我們自然會從影響最深及最殘酷的領域找尋證據：生與死、戰爭與和平、政權控制與企業興衰。在上述每一領域都可發現，強權在權力衰退的同時，一直位處邊緣的小型行為者反而得以開闢新蹊徑，其中有部分的人甚至可以獲取一些能力，讓昔日的強權綁手綁腳。

然而，權力也存在於教會和宗教團體，它們收取錢財奉獻並約束信眾的人生選擇；權力也存在於工會，它們收取會費並代表勞工爭取更好的工資與勞動條件；權力也存在於慈善機構，它們將私人資金用於國內的社福工作並致力於國外減貧。權力也存在於大學，其研究實驗室為尖端科學新知與創新的搖籃，其畢業生可直接錄取夢幻職缺；權力也存在於博物館、畫廊與唱片廠牌；存在於交響樂團、圖書出版社與電影片廠。當然，權力也存在媒體，我們透過媒體頻道或平台取得資訊，相信媒體是誠實且有用的，或透過媒體說服別人接受我們的觀點。

權力在不同領域的影響力各異，但幸運的大多都與生死無關。哈佛大學與耶魯大學的校際競爭，比較像英超足球聯賽中曼聯與切爾西的關係，而非美軍與中國人民解放軍或蓋達組織的對抗。以純經濟角度而言，英國廣播公司（BBC）、紐約時報（New York Times）、西班

牙國家報（El País）或其他知名新聞媒體的營運好壞，對於勞工生計的影響，遠少於美國跨國農業生物科技公司孟山都或沃爾瑪（WalMart），既使上述傳媒對整個媒體圈的政策思辯有深遠影響，並能維繫民主制度的健康。另一方面，慈善界各基金會與捐款人的權力分配，對世界各地上億人生活的影響強大而迫切，因為這種權力決定哪些項目能夠（以何種方式）獲得補助，以及各種急難的救援順位。勞工為改善自身經濟利益而組織工會的權力重要性，無須多做解釋。宗教團體對生活各層面的影響及彼此爭奪信眾之激烈，同樣不必多談：無數事件——不幸地，血跡斑斑——早已烙下歷史傷疤。

因此，討論今日權力運作的巨變時，我們的全局觀必須超越商業、政治及戰爭。本章的目的並非窮舉所有領域，但將檢視宗教、勞動、慈善與傳媒這四個直接影響大量人群的領域中，長期稱霸的各大組織發生什麼變化。

宗教：神的九十億個名字

「他們在偷我們的羊。」一位耶穌會士如此描述席捲拉丁美洲的基督教變革浪潮，以往，拉美一直是天主教要塞[1]。「他們」是誰？他們是基督新教教會中的新福音派、五旬節派（Pentecolstalist）以及靈恩派（charismatic Protestant）。過去三十年，這些新教會在拉美發展蓬勃——正如更早之前在美國、非洲和其他地區一樣——讓天主教廷頭痛不已，信眾銳減。二〇〇五年一項調查發現，一九九五至二〇〇五年間，自認是天主教徒的拉丁美洲人由百分之八十下降至百分之七十一。對天主教會而言，更糟糕的是，只有百分之四十的的受訪者表示他們在生活中實踐信仰；考量到這片土地已經由天主教壟斷數百年，跌幅實在驚人。舉例來說，在巴西，每年有五十萬名天主教徒離開教會。在二〇〇〇年，巴西的天主教徒占總人口百分之七十三點六，到了二〇一〇年，這個比例已跌破總人口的三分之二，降至百分之六十四點六。在哥倫比亞，今日只有三分之二的人自認是天主教徒；自一九八十年代起，已有約三分之一瓜地馬拉人脫離天主教——類似數據不勝枚舉[2]。

在玻利維亞首都拉巴斯，有些前天主教徒告訴記者，他們覺得自己被教會「遺棄」了。「教會沒有真正為我而存在。」一名教徒說。現在，他們加入了屬於靈恩派的「新約神能教會」（New Pact Power of God），每逢週日，上萬名信徒會分批輪班祈禱。類似情形在拉美各地反覆上演。不過，其實羊並沒有被偷（譯注：基督宗教以羊比喻信徒），羊早已不是羊：他們是消費者，他們只是在市場上找到更具吸引力的救贖產品[3]。

現代福音派運動的起源，可追溯至二十世紀早期的一間非裔美國人教會「阿蘇撒」（Azusa），其思想以聖經五句節故事為基礎。隨之而起的五句節運動，結合了各式各樣的較大派系與地方獨立教會，這些教會的共同點包括對於個人救贖（透過重生）的核心概念，以及一些敬拜元素，例如說方言。然而，在美國、巴西、奈及利亞等許多國家吸引了數百萬

1. "Latin America Evangelism Is 'Stealing' Catholic Flock," *Hispanic News*, April 16, 2005.
2. Diego Cevallos, "Catholic Church Losing Followers in Droves," IPS news agency, October 21, 2004.
3. Indira Lakshmanan, "Evangelism Is Luring Latin America's Catholics," *Boston Globe*, May 8, 2005; "Hola, Luther," *Economist*, November 6, 2008; Carlos G. Cano, "Lutero avanza en America Latina," *El Pais*, July 30, 2010.

信徒，演變成社會及政治新勢力的教會，不一定都是五旬節派，其中還包括其他福音派與靈恩派的團體，通常各自有自封的先知和使徒，並迅速建立各地分堂和階級制度。其中很多教會頌揚所謂的「豐盛福音」（prosperity gospel），意即上帝讚賞現世財富的積存，並將以富足及神蹟回饋做出物質捐獻的信徒。全美前兩百六十大教會中有五十個傳豐盛福音，皮尤研究中心最近在美國的宗教態度調查顯示，百分之七十三的拉美裔信徒認同下列敘述：「如果信仰夠堅定，信徒將獲上帝恩賜財務成功。」[4]

五旬節派和靈恩派基督教會的崛起之快——且不僅在天主教或主流新教國家——令人咋舌。因教派定義以及界限標準不一，統計數據難免有所差別，然而其影響清晰可見。二〇〇六年一項皮尤調查推估，「復興派信徒」——五旬節派加上靈恩派——在南韓達總人口的百分之十一、美國百分之二十三、奈及利亞百分之二十六、智利百分之三十、南非百分之三十四、菲律賓百分之四十四、巴西百分之四十九、肯亞百分之五十六、瓜地馬拉百分之六十[5]。甚至在印度這個非基督教國家，復興教徒竟也占總人口的百分之五；換句話說，在印度有逾五千萬名五旬節派及靈恩派教徒；有人估計，中國的復興派信徒至少是印度的兩倍。許多復興派教會完全是地方教會，規模通常接近北美城市黑人或移民社區常見的店頭教會。但也有的已經發展成大型組織，擁有數百個分堂以及國際影響力。

儘管五旬節派最先在美國出現，但如神召會等歷史悠久的美國教會，已不再是世界各地傳播速度最快的。今天，「救贖業」的出口大國是巴西和奈及利亞。巴西的神國普世教會（Universal Church of the Kingdom of God）於一九七七年由牧師馬賽多（Edir Macedo）在里約熱內盧成立，現有五千個分堂。該教會於一九八六年傳播到美國，目前幾乎在全球各國都留下足跡。這教會的最新計劃已獲巴西政府批准，將在聖保羅建立可容納上萬人、以所羅門聖殿為藍本的超級大教堂，高度相當十八層樓。「毫無疑問，我們將砸下重金。」馬賽多說[6]。

巴西的另一大教派：在基督裡重生教會（Reborn in Christ Church）於一九八六年由一對夫妻檔——使徒埃斯特萬（Apostle Estevam）和主教索尼雅（Bishop Sonia）成立。該教會擁有報社、廣播電台和電視頻道。二〇〇五年起，更贊助巴西一個新政黨：巴西共和黨，在二〇〇六年選舉中加入由總統盧拉的勞動黨組成之聯盟。巴西另一大教會，創辦人是曾經毒品成癮的衝浪愛好者佩雷拉（Rinaldo Pereira）。短短十年間，他的 Bola de Neve 教會成立了一百多個分堂，每堂最多有數千名信徒。教會名稱的意思是「雪球」，以現代草根性福音派教會來說相當恰當。[7]

與此同時，奈及利亞神的基督救贖教會（Redeemed Christian Church of God）於一九五二年於拉哥斯成立，一九八〇年代早期才正式開始宣教，今天已在一百個國家設有分堂。該教會每年最重要的活動，是在拉哥斯—伊巴丹高速公路沿線一處復興營舉行的祈禱會，聚集的信徒多達百萬。在美國，該教會宣稱擁有大約三百個教區、一萬五千名教友，且數量持續成長中。

4. Hanna Rosin, "Did Christianity Cause the Crash?" *The Atlantic*, December 2009.
5. Pew Forum on Religion and Public Life, "Spirit and Power: A 10-Country Survey of Pentecostals," October 2006.
6. 引自 Tom Phillips, "Solomon's Temple in Brazil Would Put Christ the Redeemer in the Shade," *Guardian*, July 21, 2010.
7. Alexei Barrionuevo, "Fight Nights and Reggae Pack Brazilian Churches," *New York Times*, September 15, 2009.

正當跨國「靈魂市場」湧現新領袖的同時，許多其他教會也開始四處傳播——這正是增長革命、遷移革命和心態革命的宗教果實[8]。事實上，全球約二十二億的基督教徒分布之廣，正如近期一份皮尤研究報告所說：「沒有任何一個大陸或地區可以毫無爭議地宣稱自己是全世界的基督教中心。」[9]例如，撒哈拉以南非洲的基督教徒占總人口的比例，已經從一九一〇年的百分之九，上升到一個世紀以後的百分之六十三[10]。這正是遷移革命的結果：二〇一〇年，全世界兩億一千四百萬名移民中，差不多一半都是基督徒，為基督教擴張帶來更多可能性，並超出中央集權式教派的勢力範圍[11]。

我之前討論微權力崛起時已談過，重點不是新興挑戰者將取代強權，重點是，如今他們可以限縮強權在過去視為理所當然的選項。例如，這些靈恩派教會並不會取代梵蒂岡或聖公會，但他們會減少這些巨型組織的選項，削弱其影響力。

上述新教派的成功對主流新教組織無可避免會帶來不利影響，例如聖公會與信義會，當然，影響最大的是天主教。不過幾十年前，梵蒂岡面臨的核心問題是歐洲教徒逐漸世俗化，還有神父老齡化。這些都是嚴重的問題，教廷也以現代化做為因應之道，特別是舉行梵蒂岡第二屆大公會議，例如，議決彌撒以當地語言而不再使用拉丁語。然而，梵蒂岡完全沒料到來自五旬節派和靈恩派教會的強力挑戰，戰場不只是教廷鞭長莫及之處，而是包括拉丁美洲等等，咸認是天主教後花園之地。早在一九七〇、八〇年代，由於巴西和拉美其他國家興起的解放神學，教廷就曾出現內部衝突。如今，尤其在民主思想開花結果之下，拉美解放神學的威脅已然消失[12]。然而，新教會的崛起，加上復興教派更強烈的宗教實踐（敬拜儀式的時間更長、人數更多，並調整更多生活習慣以符合宗教要求），正在蠶食過去握有壓倒性優勢的天主教大旗。「如果教廷不改變中央集權的架構和權威式的領導方式，大約十五年內，天主教將在拉丁美洲崩潰。」拉丁美洲宗教研究協會主席馬斯費雷爾（Elio Masferrer）如此預測[13]。

對這股浪潮的規模，學者和分析師顯得反應遲鈍，或許因為他們太容易把五旬節派當成旁門左道。然而，現在他們別無選擇，因為福音派團體已經發展出政治影響力（例如在巴西會推舉公職候選人），及擁有媒體輿論力量（在許多國家設立廣播電台及電視網絡）。不論天主教廷或是新教主流教派，都未能攔阻這些又小又快的勁敵崛起，或阻止會眾向對方投誠，其教會營收和社會地位的重挫，不言而喻。

原因為何？一方面，教廷的失敗與教義有關，同時，福音派教會的主張與財富相關，並有令人目瞪口呆的宗教儀式——信仰療法與個人救贖。相比起來，天主教儀式儉樸又重複。但真正核心優勢在於組織結構，這才讓一切成為可能。基督教組織與實踐方式的演變，從龐大而階層嚴明的架構，走向短小精悍、靈活自主的組織模式，堪稱史上最戲劇化的權力衰退

8. Richard Cimino, "Nigeria: Pentecostal Boom—Healing or Reflecting a Failing State?" *Religion Watch*, March 1, 2010.
9. Pew Forum on Religion and Public Life, "Global Christianity: A Report on the Size and Distribution of the World's Christian Population," December 2011.
10. 同上。
11. Pew Forum on Religion and Public Life, "Faith on the Move: The Religious Affiliation of International Migrants," March 2012.
12. Larry Rohter, "As Pope Heads to Brazil, a Rival Theology Persists," *New York Times*, May 7, 2007.
13. Diego Cevallos, "Catholic Church Losing Followers in Droves," IPS news agency, October 21, 2004; see also "In Latin America, Catholics Down, Church's Credibility Up," Catholic News Service, June 23, 2005.

證據。

五旬節派和福音派的優勢在於，它們無須透過任何既存的階級制度便已具有擴張能力，他們無須請示梵蒂岡、坎特伯雷大主教或其他任何中央領導，無須獲得這些領導的教訓、指示、差派。這些新崛起教會的典型模式是：除非是來自原本已存在的福音派教會，否則不論男女牧師都可自我委任（天主教至今仍然禁止女性負責神父工作，但靈恩派則有女使徒、女主教以及女先知）。從這角度看，這些新教會其實就像處在競爭激烈的市場，在缺乏中央資金支持下成立小公司進軍市場，它們的成功必須仰賴吸收會員的能力、提供給會員的服務，以及說服信眾們繳交什一稅[14]。艾倫（John L. Allen）是專責報導羅馬教廷的記者，也是《未來教會》（*The Future Church*）的作者，他說：「五旬節派的入場門檻市場壁壘很低是眾所皆知。任何五旬節派教友如果不滿意當地教會的服務，他們都可以自由轉會，甚至在地下室或是車庫另起爐灶自立教會。」[15]

能夠成功的教會，都是按當地需要做出調整、提供想像周全且獨特的業務：涉及的範圍由教導的教義、崇拜的時間地點，提供的社區服務如照顧兒童、協助就業計劃、各式各樣的支援小組，甚至是商業和媒體計劃。新移民、原住民如瓜地馬拉的馬雅人，或是被政治領袖及主流教會忽略的社區需求，正是這些新教會的理想目標族群。在很多拉美國家，長久以來天主教主教與政治菁英的歷史聯繫，使得前者對窮人尤其是土著狀況的敏感度不足[16]；教會內死板的階層制度、需獲得梵蒂岡審批教義於是令當地神職人員動彈不得，這些都造成發展空間，讓福音派教會趁勢異軍突起。在窮困與排斥是常態的地方，宣達財富與繁榮的明確信息，並且強調個人行為與救贖，就成為王道。但是福音派教會能用更高的敏銳度關照他們所在的社區，能即時反應當地的經濟和政治事件，並且採納當地的文化風格和聲音。如玻利維亞波托西的一位福音派牧師所說：「我們的教堂更開放，我們的詩歌使用當地的韻律，而且我每天都探訪當地居民。」[17]

與此同時，過去妨礙小型新成立教會發揮影響力的壁壘，例如鄰居、族群社區，現在已全部崩塌。訊息革命以及私人媒體崛起，結束了大型組織性教會傳遞訊息的優勢，任何一個自稱牧師的人，現在都能夠向電視觀眾、電台聽眾、網民傳揚訊息、發出祝福，並且收取金錢為回報，不受地域限制。其實美國的電視福音派正是進攻全球各式媒體平台的先鋒。頻繁的移民與旅遊，也讓彈性較高的復興教會膀臂伸得更長更廣，在許多國家獲得擴大發展的立足點。當這些教派吸引的信徒越多，天主教派對他們的排斥、譴責、開除會籍造成的道德壓力就越無力量，因此，成立「異教」的成本大為降低[18]。

其他主要宗教如伊斯蘭教和印度教面對基督教靈恩教會的崛起，看起來不像天主教一般脆弱不堪，可能是因為深層的文化因素。但另一方面，某程度來說，相對於天主教及主流新

14. "The Battle for Latin America's Soul," *Time*, June 24, 2001.
15. Allen, *The Future Church*, p. 397.
16. "Pentecostals Find Fertile Ground in Latin America," BBC Radio 4 Crossing Continents, bbc.co.uk.
17. Indira Lakshmanan, "Evangelism Is Luring Latin America's Catholics," *Boston Globe*, May 8, 2005.
18. 關於福音派教會的興起與優勢，見 Andre Corten, "Explosion des pentecotismes africains et latino-americains," *Le Monde Diplomatique*, December 2001; and Peter Berger, "Pentecostalism: Protestant Ethic or Cargo Cult?" *The American Interest*, July 29, 2010.

教，伊斯蘭教、印度教、猶太教、道教、神道教等較少中央集權以及階級觀念。以色列的大拉比、開羅的大穆夫提，以及印度教主要廟宇的高級祭師都有相當的道德分量，在他們所在國家或地區享有決策權，但他們各自在教派內都會面對信念不同的競爭領袖，在所有事宜上被競爭者提出不同意見的裁決。例如在伊斯蘭教，政治因素使得不同伊斯蘭國家傾向不同教內宗派（遜尼派對什葉派，或者瓦哈比派對某些更傾向自由的派別），而且具有影響力的學者會透過成熟媒體向世界各地信徒發送對信仰的不同觀點。例如出生於埃及現居卡達的伊瑪目卡拉達威（Yusef al-Qaradawi），他透過半島電視台的節目估計可接觸約六千萬名觀眾[19]。印度教方面，這宗教一直是高度分權化的宗教，具有非常多的分支、小宗派、信仰社區，沒有一教獨大的局面。印度教的宗教輸出規模稍小，通過阿瑪（Amma）、賽巴巴（Sai Baba）、奧修（Osho）和瑪哈里希（Maharishi）等大師，將吠陀社與哈瑞奎師那傳播至海外，過程中吸收了五旬節派的一些組織優勢，獲得了類似的成功。

勞工：新工會和非工會組織

天主教會受到新成立教派的挑戰越來越猛，後者明顯更靈活且更有彈性地面對今天尋求救贖人士的需求；已成立的工會也同樣備受新工會的衝擊。增長革命、遷移革命和心態革命塑造了工人的新需求，新工會乘勢崛起，老工會則苦苦掙扎。「美國工會已成為歷史了嗎？」這是二〇一二年《華盛頓郵報》意見欄的標題。一位以民主社會主義者自居，親勞工的記者邁耶森（Harold Meyerson）提醒讀者：「美國私營機構的工會在二戰後高達百分之四十，如今已跌至低於百分之七。」[20]美國勞工運動很明顯正不斷失勢，而其中關鍵因素肯定是工會成員人數減少。但人數下跌並不是唯一原因，傳統工會組織的權力同樣衰退，一如本書中的其他討論，各種力量在在影響傳統上各個有權勢的單位。雖說勞工運動蹣跚前行但總體來說正在下滑，但超級單位如美國勞聯—產聯（AFL-CIO），比起某些新進、非傳統對手如服務業雇員國際公會（SEIU）受到的影響更大。同樣的，我們在這領域看到過去曾經保護既有組織免受競爭威脅的壁壘，現在已經變得更容易穿越、繞過，甚至推倒。

工會的歷史與現代企業的歷史平衡共生。有人會認為歐洲工會的歷史更悠久，可追溯至中世紀時代的專業協會和專業條約。然而，隨著十九世紀大型工業工廠湧現，爭取改善工人工作環境、權益的組織也大約在同一時間伴隨而來。在最古老的工業國家，大部分先驅工會都成立於十九世紀下旬，儘管在英國和法國有些工會在早一世紀前便成立。而且雖然工會運動的結構在不同國家有不同的情況，例如某些工會集中針對幾家特定的公司、有些則針對整個行業，甚或幾個行業，工會聯盟的用意是把所有分散的單位結合起來，賦予他們強大、集中化、統一的聲音，從十九世紀後期起一直如此發展。英國工會聯合會（Britain's Trades

19. Alexander Smoltczyk, "The Voice of Egypt's Muslim Brotherhood," *Spiegel*, February 15, 2011; see also John Esposito and Ibrahim Kalin, "The 500 Most Influential Muslims in the World in 2009," Edmund A. Walsh School of Foreign Service, Georgetown University. (Sheikh Dr. Yusuf al Qaradawi, head of the International Union of Muslim Scholars, is ninth on the list.)

20. Harold Meyerson, "When Unions Disappear," *Washington Post*, June 13, 2012.

Union Congress, TUC）的前身成立於一八六六年。法國在一八八四年讓工會合法化，而當地最大的工會，法國總工會（CGT）在十一年後成立。在美國，一個名為勞工騎士團（Knights of Labor）的組織在一八七〇與八〇年代成立，這是全國性工會的搖籃。它的衍生組織美國勞工聯合會（American Federation of Labor）成立於一八八六年，成為之後幾十年工會運動的核心。

就算單看上述三個國家，其工會發展在踏入二十世紀後也大相逕庭。在英國，英國勞工聯合會直到今天仍然是當地所有工會的保護傘；法國總工會則已受到全國性工會對手（CFDT, FO）的挑戰，後者的政治態度較不激進。在美國，美國產業工會聯合會（Confederation of Industrial Organizations, CIO）態度較激進，直到一九五五年與美國勞工聯合會（AFL）合併組成美國勞聯—產聯，這組織在過去數十年扮演著美國勞工工會保護傘的角色。回顧工業化國家過去數十年的發展——在這些國家裡，工會滲透度和認同度最高，歷史也最悠久——工會最普遍的「裝備」是包含一個或幾個（二至四個）全國性工會聯盟，設有幾十個主要支部（可能是全國性組織轄下的單位，或者獨立但從屬的工會），並且囊括整個行業。例如德國擁有一個全國性工會，西班牙有兩個，義大利三個，俄羅斯有四個，其工會曾經為蘇聯共產主義制度下體制化的組織。

然而，儘管工會因為對工人的生活帶來突破而獲得好評，起碼在富有國家（美國人在貼紙印上口號：「這群人為你帶來周末！」），但是近數十年來，大型工會的發展卻正在衰落。具體數據參差不齊，而且為因應各國的結構差異，並不是每個比較也言之成理；然而，工會入會率（工會成員占行業員工百分比）以及談判權覆蓋比（工人集體談判權覆蓋的員工百分比，不論該名員工是否為工會成員）在大多數經濟合作發展組織成員國一直下跌，而且有些情況十分顯著。在美國，工會入會率已經從二戰後的百分之三十六，下跌到今天的百分之十二。在私人企業的下跌幅度更大，從半世紀前的大約三分之一，下降到現在的不足百分之八。經合組織成員國的工會入會率參差不齊，從土耳其的百分之五點八，到瑞典的百分之六十八點三（二〇〇八年的數據）。差不多所有國家的比重都是下跌，能夠維持不變已是難能可貴，這趨勢在歐洲大部分國家已維持了數十年。

許多工業化國家上一次記錄到工會入會激增是在一九七〇年代[21]。反觀一九八一年，美國勞聯—產聯仍然可以召集二十五萬名工人浩浩蕩蕩到華盛頓，在九月的聲援日大舉抗議雷根總統解雇航空交通管制員。一晃眼三十年，在二〇一〇年於國家廣場舉行的抗議活動，工會能夠組織起來的工人數目只為當年的一小部分，參加人數還比不上五個星期前貝克（Glenn Beck）的茶黨遊行[22]。二〇一二年另一次失敗，印證了美國勞工運動權力衰退：在一場補選中，使盡渾身解數的工會還是敗給了威斯康辛州州長沃克（Scott Walker）。

導致工人運動整體下滑的原因包括大家熟悉的因素：全球化、創新科技令雇主更容易

21. 歐洲工會會員趨勢的數據，見Sonia McKay, "Union Membership and Density Levels in Decline," *EIROnline*, Eurofound Document ID No. EU0603029I 01–09–2006 (download at http://www.eurofound.europa.eu/eiro/2006/03/articles/eu0603029i.htm), and J. Visser, "Union Member -ship Statistics in 24 Countries," *Monthly Labor Review* 129, no. 1 (January 2006), http://www.bls.gov/opub/mlr/2006/01/art3abs.htm.

22. Alasdair Roberts, "Can Occupy Wall Street Replace the Labor Movement?" *Bloomberg*, May 1, 2012.

將工作遷往國外，或者乾脆將這些工作單位全部撤銷，這改變了雇主與職員間的權力平衡，但對雇主更有利。雖然集體談判權的核心目的正是要保護工人免受上述情況所害，但是，當支持靈活、全球化勞工市場的各種力量匯集起來，再加上它們通常為政府所支持，因為政府支持市場導向改革的意識形態，全球化的力量最後往往所向披靡。此外，歷史上工會的繁榮往往出現在非技術性工作或行業，這些員工更容易組織起來。當不同的重工業都出現自動化設備，取代了非技術員工，或者有關職位轉移到成本更低廉的海外，工會也要因應走向新行業，例如需要重新組織的服務業。然而，成功的例子很少。在很多地方，工會的腐敗與自鳴得意也是工會走下坡的部分原因。

然而，工會失去吸引力和有效性還有一個組織性的原因：工會的結構。不論是針對專門行業的個體工會，還是針對公司的地區工會，又或針對整個行業或中央集權的全國性工會，工會的結構都很自然如鏡子倒映般，按照主導公司的結構組織工會成員，並按此代表其利益。在幾乎整個二十世紀裡，工會發展成承接大型、階級化、現代法人的資本主義企業，但之後，全球化與靈活性推助這些企業縮小其規模、工作外包，轉而雇用兼職及契約勞工。

過去二十年，工會重要的創新領域是另闢蹊徑，向越來越把營運搬到海外的公司施加壓力，同時爭取更嚴謹的海外勞動標準來保障本地工人的薪資。然而，工會偶爾獲得的勝利卻讓整體形勢更不明朗。在美國，工會在過去數十年取得進展的戰場都在公共行業（例如教師工會，或者州政府、縣政府員工）。這些正是勞工市場轉變最小的領域，其雇主最依賴中央化及階級化。

近年有些工會取得了一些勝利，這些工會採用的組織架構，正是重整傳統工會的結構與方法所做的徹底改造。新成立的工會放棄舊有的架構，有時甚至根本不以工會形式運作。

一九九六年至二〇一〇年，服務業雇員國際工會的規模壯大逾一倍，達到兩百一十萬名會員，而這是乘著增長革命、遷移革命和心態革命的浪潮發展所至。例如，該工會旗下不少會員在醫療保健領域工作，這個正在增長的行業專責令更多人更長壽更健康；它們旗下也有不少會員為近年的新移民，這結果是受惠於全球遷移趨勢，重塑了市場與工作場所。一如他們在工廠或倉庫奮鬥的長輩，他們每一個人心中都有抱負提升自己，並且要達成最早吸引他們移民美國的目標。這工會的領袖是史坦（Andy Stern），公認的美國勞工界創新者，以及政治與社會運動領域的創新者[23]。服務業雇員國際工會透過集體談判權，在一些工人最不堪一擊的行業成功取得重要勝利，例如門警、兒童看護，這裡面很多人身兼數職，而且不能說流利的英語[24]。這群人一直以來都被只著眼於工廠和傳統行業的勞工運動忽略。要把這些人組織起來，依靠的不單是史坦和他的團隊的優秀見解，還需要新的方法，包括與勞工運動之外的社區和移民團體組成聯盟，而且更深入地參與政治選舉，而非單單只為了籌集資金，在選舉日把某位民主黨候選人推上馬。史坦與商家的談判方式與技巧也不按常規，例如，他開創了一個新模式：特定工作場所的集體談判權唯有在市場過半數認授工會出現問題時才生效，這方法消除了雇主擔心自己是第一個或唯一一個簽署工會協議的疑慮。

23. 更多史坦的介紹，見Harold Meyerson, "Andy Stern: A Union Maverick Clocks Out," *Washington Post*, April 14, 2010.

24. Steven Greenhouse, "Janitors' Union, Recently Organized, Strikes in Houston," *New York Times*, November 3, 2006.

服務業雇員國際工會在很大程度上仍然是一個工會，而不是變種的新型組織，它憑藉自己的力量面對規模與笨拙的重擔。在史坦的創新概念中，有一個是把各地的本地工會聯合起來，組成會員上百萬的「超級地方工會」，希望可確保更強大的談判力量——但這是有代價的，他的批評者指出，這方法犧牲了靈活性、內部民主性及實際結果。相反的，他的工會對手，二〇〇五年成立的「變則勝」（Change to Win）因為年資較短，至今的成效仍未能與之相提並論；「變則勝」的進路是認可工會聯盟的模型，而非否定。不過，服務業雇員國際工會的基礎路線：與社區、移民團體、教會與非傳統聯盟合作，反映出大型工會若想維持其地位，必須擁抱新的方法、表達方式，並與小型的外部團體分享權力。

沒有一個國家比中國擁更多工人，而且工人的處境更如水深火熱。以人口計，中國是世上最大的工業經濟體。透過鼓勵龐大的工廠基礎設施發展，中國強勁地燃旺了自身的經濟增長。這些工廠很多屬於外資企業，或外資企業在當地的附屬公司。這些工廠住了成千上萬由農村湧來的民工，他們長時間工作，住在工廠的宿舍，與其他民工同吃同交流。這些工廠園區可棲身數十萬人口。對工人的高度渴求代表這些工廠也要逐步改善生活環境，然而工人組織一直是忌諱。就如許多專制國家，中國設有官方的勞工工會體系，但其存在的目的更多是為了監控機關，而不是謀求工人福祉。是以，面對低劣的工作環境，工人的對策並不是集體談判，而是換工作。同時，對於年青的勞工來說，典型的情況往往是在工廠工作數年以準備日後結婚，或者把錢寄回老家。

然而，中國的工廠工人已經採取越來越大膽且有效的集體行動，以爭取雇主提供更佳的待遇，並且在此過程中越過無關痛癢的官方工會機構。專家們表示，在工廠重地的中國南方，罷工已悄悄凝聚了巨大的力量，並在二〇一〇年本田汽車配件廠和其他工廠爆發，引來世界的關注。工人們要求有權成立獨立工會負責真正的勞資談判，而他們也成立了以工會形式運作的組織。對於這些工會組織，以及工人們選舉工人代表的成熟老練，連中國勞工權益律師也感到驚訝。另一些令觀察家印象深刻的細節，是這些年輕工人熟練地利用科技來組織罷工，他們懂得避免讓所有勞工領袖在同一場合會面，以免可能被一網打盡。他們又會迴避使用中國的通訊服務騰訊網，因為騰訊網布滿了政府的眼線。最後，本田、豐田、台灣企業富士康（代工生產蘋果手機）以及其他工業雇主同意提高工資、食物水平和住房津貼，雖然幅度仍未達到工人們的要求。假使不是當時中國經濟過熱導致勞動力嚴重不足，這樣的成功案例大概很難發生。然而，中國發生的這些事件顯示，官方工會不反應、無興趣照顧工人的利益，更容易讓本地、工廠級的工人自行組織工會[25]。

有些勞工權益運動的崛起模式已完全脫離工會組織。事實上，有些更出現在工會過去認為要扎根太複雜太昂貴的行業或領域。洛杉磯有一個案例：「製衣業工人中心」隊伍小而緊密，成員來自前進律師（progressive lawyers）、移民人權團體以及族群社區代表，它卻成功對抗仰賴血汗勞工的公司，取得重要勝利。不計其數的小工廠擠滿了沒有正式登記的工人，他們不能說流利的英語，每天在危害健康與安全的環境工作十二小時。這行業亟需外界干預，

25. 關於中國的勞工運動，見 David Barboza and Keith Bradsher, "In China, Labor Movement Enabled by Technology," *New York Times*, June 16, 2010, and Edward Wong, "As China Aids Labor, Unrest Is Still Rising," *New York Times*, June 20, 2010.

但傳統工會卻難以施力。「製衣業工人中心」成功發動抵制活動，最後與幾個使用這些工人產品的服裝品牌交涉。「製衣業工人中心」的規模小，從不同組織不同專業當中吸取資源，這中心補充了工會的功能，但運作模式與工會幾乎完全相反。這些組織同樣在崛起：一九九二年時，美國僅有五個類似的中心，到了二〇〇七年已增加到一百六十個[26]。

慈善：吸引名人投入公益

在過去二十年，全球捐贈歷經了一場革命：雖然遇上全球經濟衰退的衝擊，但是從可以取得的數據顯示，更多捐贈者捐贈更多金錢給更多受助人，而且全都較以往為多。就拿一個粗略的數據來看，二〇〇三年至二〇一〇年期間，全世界官方和私人發起的援助捐款總量從一千三百六十億美元，激增至五千零九十億美元[27]。美國人在二〇一〇年因各項事務捐獻了兩千九百一十億美元[28]，美國捐贈基金會的數量也持續增長，從一九七五年的兩萬一千八百七十七家，增至二〇〇一年的六萬一千八百一十家，再到二〇〇九年的七萬六千五百四十五家[29]。總體來說，個人捐贈和機構捐贈已開始迎頭趕上，有時甚至超過官方政府的海外資助。例如在一九九〇年代，美國個人和機構的國際捐贈總量增長三倍；在一九九八年至二〇〇七年，金額再翻至三百九十六億美元。這金額較世界銀行每年投入的總額高出逾百分之五十。慈善機構也呈現新面貌：不論是二〇一二年美國八十一位億萬富豪簽署了「捐贈承諾」（Giving Pledge）要捐出自己大部分財產，或是幾十萬手機用戶透過簡訊方式捐款救濟海地地震，又或是眾多「創投慈善家」成立工作坊，親身到市中心的學校或海外郊區，實地考察其資助項目，又或在網路論壇上交流意見及最佳實行方法。

大型基金會（洛克斐勒基金會、卡內基基金會、麥克阿瑟基金會、福特基金會）、大型救助機構（紅十字會、樂施會、無國界醫生組織），還有大型的政府機構（美國國際開發總署、英國國際發展部、多邊組織如世界銀行等），在向受災及貧困人口提供款項和技術援助方面仍扮演著重要角色。然而，動力卻是來自新參與者：超級基金會一躍而出，例如蓋茲基金會在短短十年內便成為世界最大的基金會；個人及小型的基金會在過去十五年如雨後春筍般出現；一群個人援助平台、市場、整合者、顧問，攜手創新小型貸款的新模式，讓印度的媽媽可以買縫紉機，新的城市巴士可獲得公共私人聯合貸款。

當今慈善界的變革中，有兩點特性與前一個世紀一樣。當時的工業巨頭成立卡內基基金會（一九一一年）、洛克斐勒基金會（一九一三年）以及稍後的福特基金會（一九三六年），這些巨大且有影響力的機構數十年來一直是世界的典範。現在與當時一樣，慈善界正在發生的變革也是隨著驚人財富創造的時期出現，而這次的財富源於資訊科技、通訊與生命科學發展，而非以前的鐵路、鋼鐵與石油。另外，慈善界的創新核心也在美國，這國家的私人捐贈

26. Richard Sullivan, "Organizing Workers in the Space Between Unions," American Sociological Association paper, January 17, 2008.
27. OECD, "Development Aid: Total Official and Private Flows Net Disbursements at Current Prices and Exchange Rates" (Table 5), Paris, April 4, 2012, http://www.oecd-ilibrary.org/development/development-aid-total-official-and-private-flows_20743866-table5.
28. Giving USA Foundation, *Giving USA 2011: The Annual Report on Philanthropy for the Year 2010*, www.givingusareports.org.
29. 這些數字引自基金會中心年報，可至其網站瀏覽：www.foundationcenter.org/findfunders/.

文化已緊緊扣入其商業文化的組織內。

身為「科學慈善家」倡導者，安德魯．卡內基（Andrew Carnegie）的信念是按照當今現代企業適用的原則實踐慈善，這些其實也是在二十世紀早期建立企業巨頭的原則。他呼籲這時代的富人，「將累積財富時所擁有的商家技能和對效率的熱忱，投入到慈善事業中」。結果自然就是大型機構的各項廣泛行動應運而生。大型基金會的董事會以至專案主任成為主要參與者：他們的資助形式引起其他捐贈者效尤，他們選擇的資助項目也成為未來受捐者的典範。

同時，小型個人捐贈者只有很小的機會可以直接參與自己資助的項目。參與慈善的管道很多：不同的機構如「聯合之路」（United Way）、出生缺陷基金會（March of Dimes）、紅十字會、救世軍，還有數不清的宗教團體在教堂、商店和工作場所收集捐款，用在他們認為最有需要及契合他們捐贈理念的項目。在其他富裕國家或新興經濟體，頂級的救助機構隨著時間不斷發展。到了一九七〇與八〇年代，富裕國家的居民在年終預期會收到的郵件包括各種緊急求助：重大災難受害者（如無國界醫生組織、樂施會）、瀕臨絕種動物（如世界自然基金會）、政治犯（如國際特赦組織）等等。每項工作都是值得的，但是當中只有少數幾家機構可以讓個人就特定項目或某一受眾做長期捐贈，更別說有機會在捐款的同時可與受助人交流、發表想法、分享經驗。要實現這些，你必須很富有。

今天，新一代的慈善家因為他們的背景、需要及市場上的自身經驗而有另一個願景。就從這新一代慈善家的源頭蓋茲基金會說起：這個基金會於一九九四年成立於西雅圖，雖然這現代基金會龐大如怪物，但絕不單單是由新經濟催生的另一個富有基金會。例如在加州，在一九九九年至二〇〇九年，基金會的數目增加百分之七十一，期間捐贈金額由二十八億美元增至六十億美元[30]。這增幅可以解釋過去十年美國慈善事業重心的轉移：二〇〇三年，美國西部的捐贈總額首次超過中西部地區，二〇〇六年更超越了美國慈善的橋頭堡東北部[31]。新成員中很多為家庭基金會——家庭基金會的數目由二〇〇〇到二〇〇五年上升了百分之四十——它們有些是高科技大亨，有些則是社會上的名人，實踐《經濟學人》描述的「名人慈善」：例如U2樂團的波諾和他的壹基金；麥特戴蒙推動的清潔水計劃；布萊德彼特開發溫室以重建紐奧良。還有體壇巨星如老虎伍茲和阿格西，他們的基金會控制了上千萬甚至上億美元的資產。還有更多小型個人的基金會，他們來自美國國家美式橄欖球聯盟、美國籃球職業聯盟、歐洲職業足球員，這些球員的名字可能除了圈內的狂熱球迷外，很少為他人所知。

對很多新的捐贈者來說，他們厭惡傳統慈善的態度及方式，與其把金錢交給大型機構，不如創建自己的慈善方法。從捐贈者看來，個人基金會的潛在好處在於可自行決定收款人、收款方式，無須假手於人。這是慈善業務的「捷徑」，免除中間人以及中間人帶來的行政管理成本，也可避免沖淡甚至扭曲了捐贈者意圖。

這些基金會並非資助歌劇院、圖書館或博物館，他們更傾向運用自己的商業經驗及方法解決具體的問題。這種「成效為本」的慈善方式已存在逾百年，並且在倡導「綠色革命」時

30. James M. Ferris and Hilary J. Harmssen, *California Foundations: 1999-2009: Growth Amid Adversity,* The Center on Philanthropy and Public Policy, University of Southern California.
31. 見基金會中心網站：http://foundationcenter.org/findfunders/.

獲得豐碩成果。這種建基於證據、目標專一的方式，在過去二十年得到科技領域老兵的擁戴，他們將自己的商業頭腦應用到慈善事業，策劃新技能解決世界上最棘手的問題。

對大部分的新加入者來說，慈善事業其實無異於商業投資。「風險慈善」正是風險資本的謹慎回音，也就將投資的選擇性、親身參與、設立中長期目標、結合債務和股權應用到慈善事業。就如風險投資者一樣，風險慈善家擁有自己特殊的品位以及喜愛的投資組合。例如，名為「風險慈善合作夥伴」（Venture Philanthropy Partners）的機構，專門資助華盛頓特區的兒童服務機構，除了提供資金，更提供技術支援，參與資助機構的日常運作，密切監控項目進展。另一名為「聰明人基金」（Acumen Fund）的組織則為發展中國家的商家提供援助，但他們必須滿足特定條件：所辦的公司必須直接為窮人提供產品或服務，且服務至少涵蓋一百萬人。聰明人基金其中一位受捐者是一家新成立的公司，在印度郊區提供零售和訊息服務小站。聰明人基金提供的援助一部分是免費撥款，但大部分是貸款和產權投資形式，這就令企業和慈善之間的界線大為模糊。其資助金額並不大：二〇〇七年的貸款總額為兩千七百萬美元。但如果考慮到該基金在二〇〇一年成立時僅得四十萬美元，只是風險慈善新成員芸芸眾生之一，這基金的成功速度突顯出它更廣闊的發展趨勢[32]。

不過今天慈善事業最激進的本質變革在於，新工具出現讓小型個人捐贈者或放貸者只要投入幾百甚至幾十美元，就可以參與特定直接給予指定收款人或項目的捐獻。這情況過去只能出現在鄰居和熟人圈，對外人幾乎是不可能。

這變革主要是透過網路。Kiva 成立於二〇〇五年，這機構收集小額捐獻，再化做微型貸款提供給世界各地有需要的人。借款人只用名字識別，但他們可以向每個資金提供者發放最新訊息。另一組織 GlobalGiving 由兩名世界銀行前員工於二〇〇二年成立，其模式也差不多，讓捐款者自己選擇資助的項目。這些機構透過全球線上支付平台 PayPal，為捐款者和受捐者創造了捷徑，同時控制自己機構的低營運成本與精瘦的規模。當然，所謂「捷徑」最短也只能如此：Kiva 和 GlobalGiving 依賴當地的微型貸款機構、非政府組織挑選申請人並實地發放貸款，這些中介機構的可利用性、權限、機構支援是計劃成敗的關鍵。不過，這模式容許任何人只要能夠上網，並且有十元八塊就可以捐助，他們就可以幫助玻利維亞的計程車改裝使用天然氣、為巴拉圭的學生提供助學貸款，或資助柬埔寨的一家服裝公司（這幾個正是 Kiva 近期的項目）。

這種「捷徑」慈善業務目前無法媲美大型機構或政府組織涉及的巨額資金，但卻是慈善捐助業務的一種新範例。任何個人都可就任何範疇的某個項目尋求捐贈，只需使用如 Kickstarter 這樣的服務網站。這些網站讓可能成為受捐者的人在一段時間內宣傳自己的計劃，並且只有在指定時間內成功籌集到指定金額，受捐者才會獲得捐助。這種慈善方式的過人之處在於其延伸的變化——可以用做市場行銷手段——大量企業如美國運通、塔吉特百貨、摩根大通、百事可樂也在網上舉行比賽，由網民網上票選自己支持的項目，然後這些企業就會

32. Mauro de Lorenzo and Apoorva Shah, "Entrepreneurial Philanthropy in the Developing World," AEI Online, American Enterprise Institute, December 12, 2007; Michael Jarvis and Jeremy M Goldberg, "Business and Philanthropy: The Blurring of Boundaries," Business and Development Discussion Papers 9, World Bank Institute, Fall 2008.

按投票結果撥款支持。

在這新的慈善領域，老牌基金會代表的只是光譜的一端，另一端則是個人走「捷徑」利用網路捐贈，中間則是由一些基金會、服務機構和顧問機構填滿，使得慈善事業更為複雜化、多樣化和去中央化。財富及捐贈論壇（Wealth & Giving Forum）、國際社會企業合作夥伴（Social Ventures Partners International）、美國西部慈善工作坊（Philanthropy Workshop West）、大捐贈（The Big Give）等各式組織，都在出盡全力幫助小型基金會更有效率，並且教育新進富豪如何貼身投入慈善業務，改善專案的設計及監督，也為捐贈者設立論壇，切磋經驗。

這些新型的小規模個人捐贈並非整裝待發，誓要取代大型基金會。蓋茲基金會提供的高額資助成為世界疾病研究和治療的主要動力，例如瘧疾。二〇〇七年，杜克基金會（Doris Duke）撥款一億美元投入氣候變遷的研究，讓氣候變遷的五年研究經費增長了百分之二十。麥當勞的繼承人克洛克（Joan Kroc）向美國國家公共廣播電台捐贈了一億美元。中小規模的風險慈善著眼於另一群受捐群體，也有別於小額捐贈式的Kiva和類似平台。同樣的，這些新方式也不會取代政府機構提供的官方援助。事實上，德賽（Raj Desai）和卡拉斯（Homi Kharas）兩位學者已發現，Kiva和GlobalGiving的捐贈者挑選捐贈項目的條例有別於官方行政機構，例如Kiva的捐贈者只要看中一個項目，就不會太過擔憂受捐者家鄉的政治或經濟狀況。這表示這些新型的小額捐助是在補充舊有方式的不足，而非取代[33]。

但是，這些新慈善方式已經徹底擊退一個觀念：只有大型基金會和公營機構才有專業能力設計慈善方案，有效地執行項目。官方援助所面對的法則及官僚上的阻礙已人盡皆知：不斷的浪費、延誤和貪污腐敗，在在遭到倫敦經濟學院經濟學家鮑爾（P. T. Bauer）詬病，現在，尚比亞的經濟學家莫尤（Dambisa Moyo）也加入了反對陣營[34]。主導的私營援助機構例如美國紅十字會，在二〇〇四年東南亞海嘯和二〇〇五年美國卡崔娜颶風中醜聞纏身，引發公眾質疑。並不是說新的小型慈善機構與浪費和貪污腐敗絕緣，二〇一〇年一月海地地震後，個人捐贈者透過簡訊，每人向歌手懷克里夫．金（Wyclef Jean）發起的援助機構 Yéle Haiti 基金會認捐五美元，但幾周後，公眾才得知這個機構被懷疑有嚴重管理不善的問題。

但是，風險慈善和新款「捷徑」慈善與平台的前提是能夠特別將捐贈者和受捐者——交易兩端的參與者——聚集在一起，從而改善舊有基金會和援助機構提供的援助。正如 Uplift Academy 負責人暨新慈善運動先驅蒙內克（Tom Munnecke）對一家英國的報紙所言：「無須再單單只參與一家大型中央官僚的機構，例如紅十字會或樂施會，我們現在可以走到邊緣，取得控制權。」[35]在邊緣區域，捐助人邁向矽谷形式的風險投資型資本主義，將這領域內各式各樣的工具應用在審查項目，而潛在受助者則提交計劃書，知道自己在與世界各方的人競爭。大型基金會的董事會和專案主任，以及大型援助機構的官僚們，都眼見自己的影響力在

---

33. Raj M. Desai and Homi Kharas, "Do Philanthropic Citizens Behave Like Governments? Internet-Based Platforms and the Diffusion of International Private Aid," Wolfensohn Center for Development at Brookings, Working Paper 12, October 2009.

34. Moyo, *Dead Aid*.

35. Tom Munnecke has also weighed in on the subject of "micro- philanthropy": see Tom Munnecke and Heather Wood Ion, "Towards a Model of Micro-Philanthropy," May 21, 2002, givingspace.org.

減少，不論是因為新工具取代了他們這些中介環節，還是被名人慈善家如U2樂隊主唱波諾、塞內加爾歌手恩多（Youssou N'Dour）取代，後者運用全球媒體和交流平台宣傳他們的觀點及優先考量。

由此可說，新舊的界線並非完全牢不可破，傳統參與者其實有能力適應當今現況，或說起碼應盡力適應。例如洛克斐勒基金會是風險慈善「聰明人基金」最初的投資者之一。德賽與卡拉斯研究指出，很多官方機構正細分成不同專門部門，以改善專注性並減少浪費。這些步驟都說明，未來的慈善業會比過去更零散。洛克斐勒、卡內基以及他們的同行會反對嗎？不一定。「洛克斐勒以經營商業的角度檢視慈善業務。」聰明人基金的創辦人諾佛葛瑞茲（Jacqueline Novogratz）對《富士比》雜誌說，「它高度集中，採用由上而下的組織，依賴專家專業，看的是宏觀的大圖像。」今天，新型的企業家、金融和科技工作者在網路經濟中獲取財富，然後將他們的商業全球觀應用於慈善事業，比照諾佛葛瑞茲來說，是「由下而上的市場」[36]。卡內基喜歡「科學化慈善模式」，當業務的「科學」由大型中央化企業轉向有優勢的小型、快速、集結在網路上的新參與者，慈善業務很自然而然地會循此路徑發展。

媒體：人人報導，人人決定

在世界每一個角落，尤其是網路最頻繁的市場，新聞的來源與資料庫從過去到現在都在不斷流動。迅速、川流不息的訊息及溝通數位化，導致不同的內容（新聞、分析、觀點、廣告和宣傳）都要共棲在同一平台上，這些內容來自不同的供應者（新聞機構、廣告商、支持者與個人）。過去媒體各自為政，各有自己的科技要求及商業文化，現在則逐漸匯聚：電台廣播和報紙現在除了原有的模式，同時也經營網上業務，並且從後者取得的收入越來越多。

新聞消費者眼看自己最喜愛的報紙試圖保留廣告並開發新的收入來源、尋找適合的設計、找到免費與付費網路內容間的平衡、在其他國家和城市設立分社、合宜地分配印刷和網路業務部門的人手等。但是很多報紙都失敗了。例如，二〇〇六年至二〇一一年，美國平均每年有十五家報紙關門大吉，約占整個行業的百分之一。以發行和廣告收入的角度看，美國報業總收入由二〇〇〇年至今萎縮了百分之四十三[37]。電視觀眾可以自選喜歡的電視節目，並選擇喜歡的影片頻道在網路上收看。電台聽眾可以透過衛星站，或透過個人化服務的Spotify和潘朵拉（Pandora）等選擇自己喜愛的音樂。而對新聞迷來說，他們可以透過某些來源尋找新聞報導，或使用Google或Yahoo的新聞聚合器篩選報導，再或是利用臉書或推特上的聯繫人做分類，依靠他們分享的連結閱讀新聞。

儘管已有很多人爭論這些發展反映的意義，答案卻並不明顯。不難理解記者會擔憂自己的工作未來；然而，媒體的權力到底在哪裡？這權力又在朝哪個方向轉移？答案有很大情況視乎人們從哪方面入手找線索，情況也許還比其他任何領域都更明顯。

36. Jacqueline Novogratz, quoted in Richard C Morais, "The New Activist Givers," *Forbes*, June 1, 2007, http://www.forbes.com/2007/06/01/philanthropy-wealth-foundation-pf-philo-in_rm_0601philanthropy_inl.html.

37. Pew Research Center, "State of the News Media 2012," March 19, 2012.

一方面有大量證據證實一個論點：全球媒體大部分控制在幾家主要公司手中。有人計算過，主導美國媒體市場的公司在一九八三年有五十家，一九九〇年降至二十三家，二〇〇〇年六家，然後變成五家[38]。在一九九〇年之後，美國媒體業掀起了併購熱潮，監管政策放寬了某些跨平台媒體收購的限制，成為其助燃劑。較近期的是梅鐸的新聞集團（News Corp）收購道瓊公司，也就是《華爾街日報》的母公司。西班牙社會學家暨著名媒體學者卡斯特爾（Manuel Castells）將新聞集團列入世界七大多媒體公司，而這七大分別是時代華納、迪士尼、新聞集團、貝塔斯曼、美國全國廣播公司、哥倫比亞廣播公司和維亞康姆[39]。

不論這局面對民主有何影響，關於媒體業的收購與合併，最良善的說法是個商業策略考量下的綜合結果。時代華納在收購 AOL 時聲名狼藉，約十年後再將 AOL 分拆上市時，價值只剩當年收購價一千七百五十億美元的尾數。這並非單一個案，一項分析顯示，二〇〇〇至二〇〇九年，最大的傳媒企業集團的資產總共減值兩千億美元。從這些公司的股價指數（如標準普爾指數）來看，已預示這些公司業務會加速被網路破壞。長久以來，媒體公司都是依靠收購增長，可惜收入增加並不等於可以轉化為更好的股價表現以及獲得某種市場權力[40]。

另一方面，今天媒體業的權力越來越聚集在科技公司或各式內容供應商。舉例來說，卡斯特爾在其排行榜頂端已列入 Google、微軟、Yahoo 和蘋果，全都是染指媒體業大展拳腳的科技公司，組成了今天媒體營運的「全球核心」。其實臉書也一定會登上這份排名，尤其公司在二〇一二年首次公開招股上市集得超過一千億美元之後。事實上，預計到二〇一五年，每五個數位化廣告中臉書便會占去一個[41]。就算在二〇一一年，五家科技公司（不包括蘋果及亞馬遜）已占去網路廣告總收入的百分之六十八。這些大公司之間的關係不單單是殘酷的割喉競爭，視乎個案，有時還會透過不同國家、地區的合資公司攜手合作內容或平台開發，分銷和廣告交易，有時甚至成為彼此的董事會成員[42]。

但這是否反映媒體業的權力集中？或是比以前更集中？首先，這個比較很難確立，因為科技進步不斷改善媒體業的邊界；第二，雖然併購在一些國家好像帶來了整合，並形成了幾個主要的國際媒體王國，然而今天在任何一個國家，媒體的選擇其實都較幾十年前多。在一九七〇與八〇年代前，不論發展中國家、東歐集團，以至西歐大部分國家和地區，大部分甚至幾乎所有的電視與電台都被國家控制。第三，消費者可透過網際網路擴展更多的選擇，例如《紐約時報》會提供芝加哥當地的報導；總部位於倫敦的《衛報》成為美國受歡迎的新聞網站；標榜高品味文化專題報導的阿布達比《國家報》吸引了許多當地市場以外的撰稿人和讀者。如記者金斯利（Michael Kinsley）二〇一〇年時所說：「世界各地的每一家英文報紙，不論其發行地，現在都是競爭對手。」[43]最後，任何認為現在的媒體業比過去更集中的人別忘記美國三大電視網、美聯社以及其他公司，過去各在自家領域獨領風騷，如今已大不如前。

38. Bagdikian, *The New Media Monopoly.*
39. Amelia H. Arsenault and Manuel Castells, "The Structure and Dynamics of Global Multi-Media Business Networks," *International Journal of Communication* 2 (2008): 707–748.
40. Bruce C. Greenwald, Jonathan A. Knee, and Ava Seave, "The Moguls' New Clothes," *The Atlantic*, October 2009.
41. Pew Research Center, "State of the News Media 2012," March 19, 2012.
42. Arsenault and Castells, "The Structure and Dynamics of Global Multi-Media Business Networks."
43. Michael Kinsley, "All the News That's Fit to Pay For," *The Economist: The World in 2010*, December 2010, p. 50.

媒體能滿足我們的好奇心，吸引我們的信任，但是其本質的權力賴於權威性（包括撰稿人和訊息來源）以及影響力（對我們觀點、決定的影響），這些與商業組織及公司收入同等重要。報紙在其國家市場是「社會記錄」，《紐約時報》、法國《世界報》和西班牙《國家報》通常都不是最高銷量或最高收入的，街頭小報往往才擁有最大讀者群。在可信度與聲望方面，某些媒體機構的等級高過其他同業。但時至今日，不單這種等級受到威脅，隨着一家又一家新公司異軍突起且展示出可媲美甚至超越傳統傳媒的實力，傳媒的專業界定也變得模糊。以《赫芬頓郵報》為例，主流媒體過去常常奚落它，不滿其剽竊其他傳媒的內容拼湊在一起；然而該公司強化旗下新聞報導隊伍，並且在二〇一二年獲得普立茲新聞獎。另外，數位相機、手機相機和錄影機的普及，把「公民新聞」的概念推到前線，一般人也可以與「狗仔」爭拍明星（然後經過網路中介把照片推銷給小報），或提供警察施暴的證據，或是自然災害早期的影像資料。（話雖如此，要注意的是，《赫芬頓郵報》的普立茲獎得主伍德〔David Wood〕擁有數十年的報導經驗。）同時，網際網路發布訊息簡單便利，談論選舉政治、財政政策、搖滾音樂和商務旅行的部落格變成了可信度高、可賺取收入的專門資料來源，這些部落客常常還比記者和雜誌分析員技高一籌。

以數據狂人西爾弗（Nate Silver）為例，他將預測美國職業棒球比賽的方法用在預測二〇〇八年及二〇一二年美國總統大選，並將資料上載到他的網站 fivethirtyeight.com。他以自定的模型收集並分析投票數據，成功預測歐巴馬和希拉蕊在超級星期二（總統競選初選日）的對壘結果；早在二〇〇八年三月，他已成功預測歐巴馬會戰勝麥肯（John McCain），他對選舉之夜做出詳盡預測，最後五十個州當中有四十九個推算正確；二〇一二年的競選，他也做出精確的預測。過去因為缺乏傳播管道，像西爾弗這樣的人很難為人所知。但時移世易，他的網站在選舉中聲名鵲起，眾多電視頻道紛紛邀請西爾弗加入各種專家小組。二〇一〇年，《紐約時報》認可了西爾弗的網站。

隨着各種平台的融合，由部落客變身分析家只是各種動搖傳統媒體階層的突變體之一。二〇一一年，《赫芬頓郵報》除了招聘更多記者，還開通了二十四小時網絡新聞頻道，並宣布將於二〇一二年六月推出獨立的網上雜誌，只供蘋果網路商店販售[44]。該報也衝出美國走向國際，在西班牙、義大利和法國拓展業務。

與此同時，報紙和雜誌也在網上推出部落格，並引進知名的獨立部落客。例如英國的幾家主要報紙（《衛報》、《泰晤士報》、《每日電訊報》）已經各自組織一批穩定的網路評論者。傳媒機構能夠獨家死守的領域與功能所剩不多了。現在新聞、評論和娛樂都是公平遊戲；印刷、語音和視訊彼此交織越來越深，加上簡單易用的內容創作工具及發布工具，在在拉倒保護記者行業、保護任何新聞組織、領域專業性的壁壘。

那麼，是否媒體業日漸商業化、娛樂化，使得傳統新聞機構掌握的權力變少了？不一定。例如在二〇一二年，尼曼新聞實驗室（Nieman Journalism Lab）介紹歐洲三家成功運用不同策略在數位化時代茁壯成功的報社：芬蘭最大的新聞公司 Sanoma 探索並推動新模式開拓利

44. Christine Haughney, "Huffington Post Introduces Its Online Magazine," *New York Times*, June 12, 2012.

潤，將其報紙用戶轉變成數位訂閱；挪威的希布斯泰德（Schibsted），世界第八大新聞公司，在二十八個國家營運，總收入中逾三分之一來自數位化產品，是報紙平均收入的兩倍；瑞士的網路報紙正在做「超在地化」實驗，排除歐巴馬總統、世界大事的新聞，只報導市長鎮長與邦政，以此贏取讀者。

小型、局外人的公民新聞報導以及社交網路興起，某程度已證明可以輔助現存的傳播媒體。各種新力量中，也包括獨立的非營利調查機構如 ProPublica。這機構如此自我介紹：「獨立、非營利性質的新聞報導室」，與美國多家知名報紙建立合作關係，開始贏得重大獎項（ProPublica 獲得了二〇一一年普立茲獎）。另有一個主要報章聰明借助社交媒體的例子：二〇〇九年十月，法院發出禁制令禁止《衛報》報導下議院討論的一個議題，《衛報》編輯拉斯布里傑（Alan Rusbridger）便用推特來發布訊息。案子有關石油貿易公司 Trafigura，該公司涉及西非有毒廢棄物醜聞，公司律師獲取法庭禁制令禁止報導。「因為一些不能公開報導的原因，《衛報》被禁止報導議會會議內容。」拉斯布里傑在推特上寫的推文，迅速在網絡掀起熱烈討論，話題因此一傳千里。像媒體這種一直經歷起起落落以及科技革命的行業來說，小型、去中央化參與者的崛起與重要性不可否認，然而，傳統巨頭依然有最終發言權[45]。例如日漸受歡迎的行動裝置不單讓新聞閱讀量大增，並且促進新聞質量提升，因為消費者更偏愛以客觀聞名的新聞機構的應用程序與網站[46]。

本章聚焦探討了教會、工會、慈善事業和媒體，但其實我們還可以研究教育領域的權力轉移：網路學習平台，營利性學校，全球為爭取學生與研究經費的競爭也日益激烈，以保持高排名的優秀名譽。除此之外，還可以研究科技創新領域的權力衰退，科研機構由國家企業走向全球，跨境合作與數據知識共享成為慣性。我們還可以分析博物館，他們不僅要對抗新的競爭對手——例如在遙遠的塔斯馬尼亞、卡達建立的世界級博物館——也面對創新的文化交流方式，以及日漸強大並竭力復興本國文化的發展中國家。我們也可以研究體育，老品牌遇上創新方法以及暴發戶老闆，或者新興國家意圖將上升的經濟增長轉化為大量的奧運金牌或振興的娛樂產業。

增長革命、遷移革命和心態革命無遠弗屆，沒有一個領域可免疫於權力更易取得、更難使用、更難維持。在宗教、慈善業及媒體業——爭奪人們靈魂、心靈與腦袋的戰場——我們不單看到新力量相互交織，也看到散亂與極端正在所有層面上重塑我們的社會。在這些領域，我們比過去擁有更多的選擇。

然而，這也引來一個問題，當信仰瓦解成千千萬萬碎片，當追尋的共同利益成為某人某事獨享的好處，當大家屏棄印刷新聞而只選看自己感興趣的新聞，會有什麼事發生？所有這些匯聚在一起挑戰，都需要我們共同努力。從氣候變遷到不平等加劇，面對這些巨大的挑戰，我們需要共同行動，以嶄新的方法分享權力漸增和運用的思考。在下一章，我們會探討這個勇敢的新世界能否持續，權力的衰退對社會究竟孰利孰弊。

45. "The Trafigura Fiasco Tears Up the Textbook," *Guardian*, October 14, 2009; "Twitterers Thwart Effort to Gag Newspaper," *Time*, October 13, 2009.
46. Pew Research Center, "State of the News Media 2012," March 19, 2012.

第10章

權力的衰退

杯子是半空還是半滿？

我知道我在論證權力正在衰退，但傳媒的標題卻常常指往反方向。一些政府越來越龐大，有些國家的財富與收入分布則越來越集中。富裕國家的中產階層不斷在萎縮，但一小撮人不斷累積的財富令人難以想像。富可敵國的機構、富豪們運用金錢獲取政治影響力。在美國，擁有賭場的億萬富豪、對沖基金經理、地產鉅子公然將資金投入「超級政治行動委員會」（Super-PACs），提出狹隘的議程，或者為會保護捐款者商業利益的候選人助選。在俄羅斯、中國以及其他很多地區，寡頭政權與官員同流合污，在明在暗全面操控。有權勢的媒體大亨運用其影響力，將傳媒力量滲透到總統府。面對最有財有勢的百分之一，餘下的「百分之九十九」只感到被騙、貧困、被利用。

既然情況如此，權力怎可能正在衰退、分散、變得更短暫？難道這些當權者正被圍攻？因為一如本書所介紹，今日的當權者較以往更受制肘；比起過去，他們掌控的權力遠遠不及前任穩固，當權的時間也更短。

舉個例子：普亭。當然他手握大權，但是打從他第一次當選俄羅斯總統到後來當上總理，他也越來越陷入苦戰，權限範圍也越縮越小。同樣的，正當幾位最頂尖銀行家安然渡過了二〇〇八年金融危機，以為能就此長久統管全球金融體系，可是不到四年時間，這些人有不少相繼失去其位，其他人則或被發現操控股價（巴克萊）、隱瞞交易損失（摩根大通）、洗黑錢（滙豐控股）、與伊朗進行違規交易（渣打）、董事進行內幕交易（高盛）等等。這些並沒有撲滅大銀行在經濟上的威力，銀行說客仍繼續手握龐大政治力量。不過，一些高層已失去權力，銀行的活動也肯定面對更多的限制。只有最無知、盲目自大的企業執行長——不單銀行家——才會覺得自己的地位穩如泰山。長久以來忍受的經濟失衡——這甚至在某些國家早已是常態——在許多國家引發議論，從美國、歐洲到阿拉伯國家街頭甚至中國，與不公平和平共存或保持沉默的現象已經結束。

本書前面章節已指出，在許多傳統權力曾經叱吒一時的領域，現在已成為戰場，根深柢固的觀念不斷被挑戰，墨守成規不斷被淘汰。

這是個好消息。

慶祝權力的衰退

不可否認，權力衰退帶來了正面影響，包括更自由的社會，選民獲得更多選舉機會與選擇，組織機構可登上新平台，更多想法與可能性，更多投資與貿易，企業間競爭更激烈而消費者選擇更多。雖然上述情況沒有一項是普及全球，每一個案總能找到令人灰心喪氣的例外，但是這大趨勢已非常清楚明確。

例如在政治領域，政治自由抬頭是很明顯的趨勢，獨裁主義正在敗退；當然，這民主風潮距離完美結局仍然很遙遠，在一些國家（中國、沙烏地阿拉伯、北韓、古巴、白俄羅斯）仍然只有旁觀的份，例如俄羅斯的民主是有限的，有些條例令人氣餒。不過，暗中破壞獨裁主義的力量仍在各個廣場上演，其中阿拉伯之春更已成為象徵。這些力量甚至出現在德黑蘭的街上、中國的網路上、各城市的大街小巷，也出現在其他嚴格管制其人民的專制政權社會。我們現在看到越來越多學術文章討論「為何中國會走向民主」，當中提出這大國獨裁專制的政權已踏入倒數計時階段，中國共產黨的權勢將會結束的預期則與日俱增[1]。

這有何不可？為何中國該是例外？世界絕大多數地方的政治權力都穩定地從集中流向分散。在近數十年，在競選舞台上君子之爭的政黨與派別數目達到史無前例的高峰，而相對於過往，現在在位的政權也更容易倒台或必須改變。越來越少有影響力的政治學家會重蹈一九九〇年代部分亞洲學者的覆轍：爭辯政治秩序與變革限制的優點，或警告一些國家，其昌盛與凝聚力不足以突然對民主制度打開大門[2]。回顧一九七〇年代，知名哈佛學者杭廷頓指出多個走出殖民統治或是走過了社會巨變的國家，把這些改變與暴力、動亂、叛亂、政變掛鈎。杭廷頓寫道：「當權者需要先確立，然後才被限制。在那些正在現代化的國家，政府備受不合群的知識分子、蠻橫上校、鬧事學生擺布，當權者卻落得很稀有。」[3]這觀點在今天很難找

1. Yu Liu and DingDing Chen, "Why China Will Democratize," *The Washington Quarterly* (Winter 2012): 41-62; interview with Professor Minxin Pei, Washington, DC, June 15, 2012.
2. Fareed Zakaria 在其二〇〇三年出版的著作就這題材提出了最好的綜合分析：*The Future of Freedom: Illiberal Democracy at Home and Abroad*.

到實例，除了宗教教義、中國共產黨的官方媒體，或是擔心中東獨裁者下台只會帶來更高壓更蒙昧、手段更獨裁的統治者的人。我們都明白，在過渡到民主體制時，國家通常會經歷政治動盪，這段期間的統治自然會更加困難，對過去獨裁統治者的留戀因此油然而生。

經濟全球化為傳統大型企業增加了更多慶祝權力衰退的理由。小型且位於萬里之外的公司，現在可從家喻戶曉的品牌手中搶奪市場占有率；新創公司推出創新的商業模式，把企業巨頭打得落花流水。就如我們在第八章談到的增長、遷徙、心態革命力量的例子：創投基金的投資模式已從矽谷席捲全球，為過去看來不可能成為商業創意中心的地方注入企業動力。過去世界級公司從不擔心會冒出潛在競爭者的市場，現在成為新跨國公司成長的溫床。

早在我們認識現代市場經濟學時，我們也知道企業啄食順序的轉移，而創意與創造性破壞（creative destruction）之間的強烈連結是資本主義活力的核心。今天我們看到的全球巨大改變已走得更遠[4]。權力若不衰退，不可能出現這些改變。

有些事很值得慶幸，像是權力衰退在政治層面侵蝕了專制政權的基礎；在商業層面削弱了壟斷企業與寡頭壟斷，為消費者帶來更多選擇、更低的價錢與更好的品質。古典經濟學及自由政治學思想的前提是，壟斷企業在絕大多數情況都是不受歡迎的。就算在過去一些被視為壟斷乃不能避免的環節如水與電，現在也開放為競爭市場。今天的世代應該很難想像，全世界各地的電話公司曾經都是壟斷經營，這些公司通常為政府所有，而且服務也經常不盡理想。這其實都還發生在不久以前。今天電信公司之間的競爭激烈，不論公司大小或其手握的資源，沒有一家公司覺得自己的地位穩如泰山或可享千秋萬世。我們對壟斷企業的倒胃也延伸到寡頭壟斷與企業聯合。是以，當權力越衰退，就越能防止一些大公司發動侵略性的市場力量，這也是我們樂見的。

不喜歡什麼？衰退帶來的危險

在慶祝權力衰退之際，不應令我們無視半滿的玻璃杯同時也是半空。權力衰退也包含著危險。

其中一個根本原因是，政府越來越難就國家面臨的問題落實解決方案，這也是許多世界主要國家在解決國際問題上，速度越來越緩慢且無效率的原因。

權力衰退也是滋長無數犯罪者、恐怖分子，甚至惡意的非國家行為者的一個助力。他們無視國家邊界，各地政府面對他們的攻擊、破壞與漠視，也越來越束手無策。[5]

再者，權力的削弱促成了極端主義政治崛起——分裂主義、排外主義、宗派主義——不論是成熟的民主政治還是初生的政治體系，都無法免疫。

它孕育出各式各樣的臨時組織、公司與媒體機構，它們繞過傳統的監管，而且其出資者

3. Huntington, *Political Order in Changing Societies*, p. 8.
4. 佛里曼（Thomas Friedman）的暢銷著作《世界是平的》（The World Is Flat）描述了這轉變如何普遍存在：權力分散如何劇烈地改變全球企業與金融環境。佛里曼亦振振有詞地指出這些轉變帶來的政治後果。
5. 我在 *Illicit: How Smugglers, Traffickers and Copycats are Hijacking the Global Economy* 裡結集了新一代跨境犯罪網路出現及其對國際秩序和日常生活帶來的重大後果。並在另一文章 "Mafia States: Organized Crime Takes Office," *Foreign Affairs*, May-June 2012 論及國際金融危機對全球犯罪以及政府犯法增長的影響。

隱匿在紛雜的網路世界不為人知。它也為商業詐欺與金融騙局創造出更多的機會。

通常要透過備受矚目的案例、有關個人與組織的新聞頭條，我們才有機會意識到問題非同小可。雖然上述每個參與者在權力衰退之前同樣脆弱，這並不代表我們不必憂慮，當然，讓犯罪行為彼此競爭並不會讓情況改善。不過，我們也應記得塔利班、蓋達組織、墨西哥毒品集團塞塔斯等也有自己的小派別、分支與突變；一個統一的中國所帶來的威脅，有別於一個在行政區、利益團體、中國共產黨內部派別都在經歷權力急速削弱的中國。以此類推。

到最後，參與者會改變，他們會被競爭對手取代，或者被內部突起的異軍取代。在許多情況下，他們行使權力的工具會保留下來；但在其他情況，新參與者會從新發明的工具中取得權力。臉書、Google的權力植根於其他人所沒有的新科技；蓋達組織則以新穎、殺人如麻的「做生意」方法獲取權力。

此外，增長、遷徙、心態革命規模之龐大，同時也令我們的問題變得更大更複雜，並且減弱了我們處理這些問題的機制。不妨想想氣候變化帶來的威脅，當中國與印度擺脫貧困，讓十億以上人口的生活獲得改善，也因此讓溫室氣體排放量猛烈增高。二〇〇六年，中國已取代美國成為全球最大溫室氣體排放者，印度在同年排行第四。任何一個國家減少碳排放的努力都必須顧及其他國家的行動，特別是因為已開發國家主導實行環保措施、碳排放繳費機制，企業的對策就是把排碳量高的生產遷移到外地。由武器出口、網路網域制定，到漁業及農業貿易，現在國際協商的每一個議題都要求更多利益相關者的參與。於是，我們越來越難以對超過最低原則的事採取行動，難以真正解決問題。談判桌上有更多元及更多（過去「積弱」的）團體參與，減少只由幾個有權勢參與者向世界拋出的武斷政策，這誠然可喜，可是事情要做好的難度越來越高，這不值得高興。

政治癱瘓：權力衰退的附帶損害

政治癱瘓在美國特別明顯。當政治越來越多極化，負載了過量權力制衡措施的體制缺陷也越來越顯而易見。福山稱之為「否決政治」（vetocracy）。他寫道：「美國人民甚為自豪的是在憲法中設立一系列制衡措施，以限制行政機關的權力，但是這些制衡已如癌細胞擴散。現在的美國是否決政治，當這體制結合意識形態化的政黨……結果就是癱瘓。如果我們要走出今天癱瘓的困局，我們需要的不單是強勢的領袖，也需要制度上的改變。」[6]

經濟學家奧薩格（Peter Orszag）見證過否決政治的運作以及它帶來的惡果。身為一位美國經濟政策最高層級制定者，他於二〇一一年以文字反映了他的見證：「身為美國行政管理和預算局局長、歐巴馬的執政官員，回頭看我最近面對的限制，我很清楚知道，這個國家的政治多極化已每況愈下，損害了華府執行基本必須工作的能力……這說法很偏激，但我們需要應對這政治體系的困局，方法是令它略為不民主。我明白這建議有風險，我也十分抗拒提出這些建議，這些建議的原動力更多是來自沮喪，而不是啟發。但我們必須正視事實：多極

6. Francis Fukuyama, "Oh for a Democratic Dictatorship and Not a Vetocracy," *Financial Times*, November 22, 2011.

化、坐困愁城的政府會對國家帶來實際損傷，我們必須找尋出路。」

奧薩格完全不是一個有獨裁主張的偏激者，事實上他建議的是非常實際的技術層面改革，他支持強化政府財政的自動穩定機制（經濟放緩時，稅收及財政開支預算自動增加；相反的，經濟增長時則自動減少）、逆止法則（backstop rule，當國會應行動但又無動於衷時，這就會成為啟動機制，把預設態度由不行動調整成行動），並仰賴更多專家委員會，賦予它們履行工作的權力，並保障它們不受黨派壓力。[7]

前述例子都是美國近期的經驗，多數民主體制也都正深陷苦海，被政治多極化及制度設計兩面夾擊，令政府難以適時且有效率地做決定。還記得在第五章曾提到，全球最富有的三十四個民主國家，在二〇一二年只有四個國家的總理或總統所屬的政黨在議會擁有過半席位。一如美國，其他國家同樣不缺有創意的改革制衡方案，讓政府走出政治癱瘓的困境，提升政策的品質。但是這些推進卻無功而還，在美國或其他地方都沒實行。就算歐洲經濟危機帶來了壓倒性的撞擊力，也無法為歐洲的政治領袖帶來可做快速有效回應的權力。實情卻是恰恰相反，經濟危機反而讓政治多極化與分裂加劇，進一步削弱了大權在握者及其反對者。似乎沒有人有能力改變我們迫切的需要。

權力終結了，千真萬確。

破壞性競爭

在經濟學有一個概念叫破壞性競爭（ruinous competition），意思是某一行業的一些商家以低於生產成本的價格銷售產品，商家的目標可以是盡快傾銷存貨，或者寧願在短期內不贏取最大利潤，但可令一家或幾家競爭對手破產。於是，競爭對手也要割價應戰。當這情況演變成不單只是暫時的商業攻擊性策略，一整個行業都將蒙受其害。一些情況會讓破壞性競爭更容易出現，例如，當產能嚴重過剩——閒置的工廠與設備，或貨倉已囤積大量存貨——公司為了不斷取得新生意而不斷降低價錢。某種意義上來說，破壞性競爭是經濟學家所擁戴的理想競爭變得一意孤行的突變版。

破壞性競爭是一個很好的隱喻，用來顯示權力分散與隨之而來的權力衰退會引發什麼錯誤。當權力變得更難使用、更難維持、分散到更廣且千變萬化的小型參與者身上，對社會公益有害的競爭形式與互動就更容易出現，危及經濟健康、文化活力、國家穩定，甚至世界和平。

從政治哲學來看，類似的想法被封裝在兩個經典的極端：暴政與無政府狀態。當權力過分集中，就會產生暴政。在另一個極端，當權力越支離破碎與削弱，變成無政府狀態（秩序失控的國家）的風險就會增加。這兩種極端很罕見：就算最暴虐的君主體系也會有裂縫，在最失序的無政府狀態也終會出現少量秩序與權力架構終結亂局。這裡要傳達的重要訊息是，權力被極度削弱以及領頭者無能，此危險程度不亞於權力過分集中在幾人手上。

7. Peter Orszag, "Too Much of a Good Thing: Why We Need Less Democracy," *The New Republic*, October 6, 2011, pp. 11–12.

在權力極度衰退時，每個主要參與者都可否決其他人的決定，但沒有一個人擁有足夠權力實行其意願，這會對國家的政治制度帶來風險，對社會、任何團體甚至家庭帶來風險，並危及國家制度。當權力如此大受限制，癱瘓是必然的，穩定、可預測性、安全與物質繁榮就會受損害。

三思而後行：權力制衡的濫用

在權力分散、飛逝、衰退的環境維持秩序有各種方法，例如聯邦主義、政治結盟、國際組織、國際接納（及推行）的規則與慣例、政府各部門間的權力制衡，還有基督教、伊斯蘭教、社會民主或社會主義旗幟下的道德或意識形態束縛。這些都是一個老問題的答案，問題可追溯到希臘城邦的時代。但是，今日的權力衰退還未能在制度上找到答案：在組織公共生活上採用創新的方法，能讓我們享受權力高度擴散所承諾的滿足感與個人自主，並且真正驅走權力衰退的危險威脅。

想像一下權力衰退對社會公益的影響，就像一個倒U的曲線。權力衰退是橫軸，最左邊的權力最集中，最右邊則是最削弱。縱軸代表眾人嚮往的價值觀，例如政治及社會穩定、可信賴的公共組織，以及經濟蓬勃。

橫軸表示權力衰退，起點的權力最集中，只掌控在少數人手裡（圖片最左方，靠近軸的起點）。這裡的情況是暴政、壟斷、政治與經濟生命受到嚴控，社會公益非常貧乏。橫軸另一

權力衰退倒U曲線

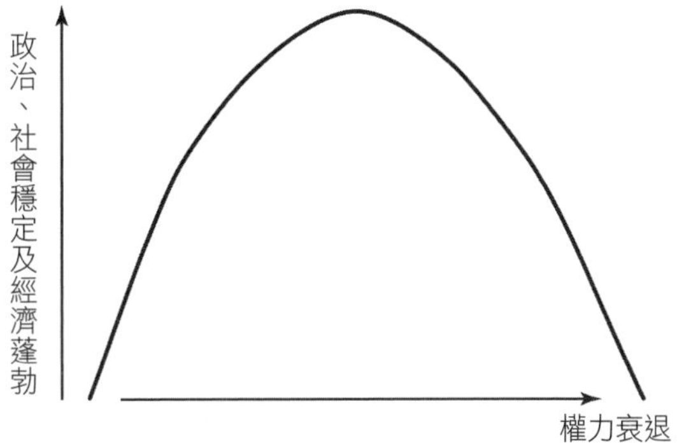

端是權力高度分散與削弱，這代表的是秩序崩潰帶來無政府狀態。這一端與同軸政治與經濟壟斷為常態的另一端，兩者的社會同樣不為人嚮往。

我們在此巨變時代的挑戰，是找到方法留守在曲線中段的位置。我們的忍耐程度——可以接受多大的中段幅度——會改變。對於經濟生命，壟斷與超強破壞性競爭也不是最理想的，但其風險還不至於關乎生死。就算我們期望進步，但最終可以接受的程度很廣闊。當政治潰散到孕育出極端主義與暴力，情況就會非常危急。若世界的軍事秩序太過分散，讓海盜、恐怖分子、民兵、犯罪集團、流氓國家可以藐視強國的兵力，這種情況最危險。

我們的視線裡充滿了如核擴散、氣候變遷等大型議題，但如果世界體系越來越不穩固、千瘡百孔、受到集體行動能力不斷下降束縛，我們其實根本無法解決這些議題。權力衰退讓這些問題更複雜——尤其當有更多國家在推動核能計劃，或取得能力針對本土或海外目標發動網路惡意攻擊。主導參與者的權力走弱也讓尋找解決方案變複雜；世界已不再是由一兩個超級勢力向全世界發號施令。

像是維持和平、打擊恐怖主義、協調經濟政策以刺激全球增長、對抗疾病、阻止氣候變遷、分配稀有資源、打擊洗錢與詐騙、保護瀕臨絕種動物等集體的努力，都是在做全球公益。換句話說，這些行動能讓每一個人都受益，包括沒有親身參與協助的人。這就建構了社會學家稱為集體行動問題（collective action problem）的經典兩難。[8]沒有一個單一參與者有能力帶來改變，但是每一個參與者都在等待觀望——無須花費任何資源——等到有其他人起來為大家服務。到最後，期待的改變永遠不會出現，儘管每個人都等待從改變中受益。

權力衰退使得集體行動的問題惡化。這種情況已出現在國際場合上，越來越多「小」國家否決、拖拉、要求特別考慮，或者在一個又一個的議題上削弱「大」國已投入的精力。與此同時，大國本身有更多管道在做背道而馳的工作。二十一世紀維護全球公益的方法是設立國際組織，從聯合國及其轄下單位至世界銀行、國際貨幣基金會及其他區域組織。但現況是，這些組織往往在處理上無法趕上暴升的需求，無法應對其監管範圍內不斷崛起的威脅。

一個方法是由強國共組聯盟（「自願者同盟」），繞過國際組織直接採取行動，就像美國與其他國家聯合攻打伊拉克的做法。不過這方法也可能受到權力衰退的影響。首先，因為其他國家越來越有能力反抗或干預這些聯盟的計劃，但也因為這些政治聯盟越來越破碎，就算在主導的國家，其國內的公共輿論也越來越不支持且失去耐性。一波接一波的權力削弱——不單在政治層面——不斷衝擊，讓問題變得更複雜。正當一個政府的軍隊統領盟軍，試圖在遠方某地帶來改變，同一時間在這個國家裡，可能有些基金會、慈善團體正對國家的敵人投入資金與資訊，用網路不斷傳揚他們的觀點並動員擁護者。當小型參與者可以染指的範圍擴展到投資、主導活動、捐款、開設媒體機構，讓它們獲得權力，這些優勢——多元主義、民主、自主行動、合理性——也會成為對抗危機、尋找目的、完成事情的新障礙。

五大危機

不論哪個場合，權力衰退產生的危機在短期內會削弱社會福利、個人生活品質，並且觸發強烈反應甚至徹底的災難。除了我們檢閱過的政治癱瘓及其他負面影響，權力衰退還會引發五個明顯危機。

失序

霍布斯及其他經典政治哲學家從一開始便提出這點，他們的洞見（見第一章）仍然可信。對於不少人來說，獲得權力是（或者看來是）天生的渴望。但是在社會結構的層面來看，權力是解決失序的方案。我們同意政府有權力，因為這可保障基本限度的穩定性與可預測性，讓我們獲得充實生活所需。各式規則像是商業條款、誹謗法、國際協定的投票，全都是為了平定生命中的不可預測性，防止混亂失序甚至無政府狀態的風險。

8. Olson, *The Logic of Collective Action: Public Goods and the Theory of Groups*.

我們對這些組織與其領袖的認可，以及我們對它們要求的回饋，在不同的時代與社會裡會隨著人類的價值觀與期望演變而改變。增長、遷徙、心態革命讓數十億的人期望且要求更多。我們現在有更好的工具處理當責。不過，權力的核心承諾——權力會帶來秩序——仍然是我們心中的共識。本書討論的權力衰退威脅那承諾的方式，在政治競爭、商業競爭、國家之間的矛盾，甚至二十世紀發生的世界大戰都不曾出現過。言外之意非常明顯：當少數社會變成無政府狀態並且長期維持下去，權力高度衰退也會破壞一個社會讓它變成癱瘓。就連先進成熟的民主國家也可能落得停滯不前，無法因應二十一世紀的挑戰與要求。前文曾經提到，歐洲無法及時有效地回應惡化的經濟危機，正是權力終結侵蝕效應的慘痛例子。再舉個後果更危險的例子：我們無力果斷地限制正在令全球氣溫不斷上升的溫室氣體排放。

技術要求降低與知識失傳

集中且階級化的組織手握大權逾一世紀有其原因。政黨、大型企業、教會、基金會、官僚機構、軍隊、大學名校與文化組織，在它們的壁壘內累積了經驗、實務與知識相當成功，並將習慣、文化、執行程序灌輸給其員工或成員。無可避免的，這些轉移到權力分散的世界時或多或少會有些許失傳。政黨有可能被特定「運動」取代——臨時成立的選舉聯盟、單一爭議、非政府組織（綠色和平、海盜、小政府）——這些對世界各地厭惡政黨貪污腐敗、意識型態死氣沉沉、執政表現令人失望的百萬選民來說，無異非常吸引人。然而，儘管大部分政黨的缺點十分確鑿，但政黨消失也代表高度專門的重要知識也將隨之而逝，就算是迷人的政治新星也很難複製這些知識。許多新人就如瑞士歷史學家布克哈特（Jacob Burckhardt）所稱的「可怕的簡化者」，他們是煽動家，只懂得從公眾的憤怒與失望中榨取權力，言語令人痴迷但「簡化得可怕」，最後只會給予欺人的承諾[9]。

這也同樣適用於大公司的雇主與投資者。微型企業、臨時店（快閃店）、創投基金、社交媒體等等，它們想複製大公司累積的知識資產但是阻力重重。知識急進地去中央化——從維基百科到開放源碼的軟體，以至麻省理工開放課程——這趨勢在權力分散中最令人振奮。但是這些知識新來源的能力並不足以媲美組織內部的研究發展，機構的經驗傳承也不夠理想。在權力過度分散的環境裡，我們對教育及就業的個人選擇並不一定會更佳，或者更持久。過度的機構分散對創造知識與聰明使用知識帶來的影響，就跟權力過度集中造成令人窒息的環境一樣糟。

社會運動庸俗化

社會與政治活動在今天的網路社交媒體有對它們按「讚」的「粉絲」。在社交媒體平台，一大群臉書的朋友或推特的推友可以製造出假象，以為推廣某一特定活動的社團是一股強大的力量。這有時候是對的；不過在阿拉伯之春事件中，臉書與推特的角色雖然被誇大了，但是毫無疑問的，社交媒體確實提升了反政府的力量。

9. Burckhardt, *The Greeks and Greek Civilization*.

但這經驗不是最常見的。對於世界上大多數人來說，網路上的社會或政治運動代表的不只是按一下讚，也許意義還更深，他們會做小額捐款，例如地震或天災後向指定號碼發出簡訊，便可以向紅十字會捐助五美元。這行為可不是無足輕重，可是其擔負的風險，遠不及那些冒險推動許多大型社會運動的行為者。作家莫洛佐夫（Evgeny Morozov）稱這種嶄新的低參與、低影響力的行為「懶人行動主義」（slacktivism）。他說：「這是懶人世代最理想的示威方式。如果我們可以在虛擬世界搞起一個聲勢浩大的示威活動，還需要煩惱走上街頭會被捕、被警察施暴或拷打嗎？」他認為「懶人行動主義」的問題並不是參與者的貢獻只涉及非常低的風險——因為每一個人在某種意義上都是由衷地參與；反之，他認為風險是太沉迷於網路請願、粉絲人數與按讚的數目，這會令潛在支持者轉向，並從組織帶走進行高風險高回報工作的資源。「增加公眾的注意……是否值得令組織受損？」[10] 葛拉威爾也認同這點，他認為這與人們對社交媒體的盲目迷戀形成反差，也顯示權力衰退造成的不當危險[11]。有能力為理想背書、設立請願活動，甚至做些實際的事，例如在亞馬遜網路書店或 eBay 設立特定的網路商店，特別捐助給在世界另一角落或近在鄰里的受捐人，在某方面上能令人感到解脫，而且獨立就可以完成。然而，小型參與者及短期自發活動遍地開花帶來的風險，會讓那些現存、強有力、為推動特定社會目標組成的聯盟變得舉步為艱。你可以說，集體行動問題更入微了。

增加不耐與縮短注意力

雖然數百萬個網路運動者可以提升無數議題的社會能見度，但他們也創造了一種「噪音」

使人分心，讓其他單一議題很難維持公眾的關注，獲得支持的時間不足夠奠定真實且長久的力量。超級競爭對公民與政治運動來說也可以是害處，就像面對大量競爭者的私人公司被逼得把權力分得更細且更受限。

此外，當領袖、機構、組織手握的權力越不穩——換句話說，其權力越來越容易從手中滑走——他們就更可能只考慮短期的動機與恐懼，更少有動力做出長遠計劃。政府領袖的任期越來越短，企業管理階層只注意下一季的業績，軍事將領察覺到，武力介入能成功更多是仰賴一群無法忍受傷亡人數的善變民眾——這些都是現時壓力如何影響權力者選擇的例子。

在個人層面上，權力衰退有個矛盾點，它可以為我們當下的生活帶來更多工具，但也壓縮了我們選擇的視野。我們同時也越來越明白，大多數的國內與國際問題無法用快速的方法解決，真正的解決方案或舒緩方案需要經過長期與持續的努力才可達成。在權力衰退不會減弱的世界，我們最罕有的資源就是耐性。

疏離感

權力及其組織已與我們共存如此長久，而傳統而言，權力壁壘如此高，我們已習慣與這些因素共同譜奏生活的意義——選擇做什麼、接受什麼、挑戰什麼。後果不明確的巨大改變

10. Morozov, "The Brave New World of Slacktivism," *Foreign Policy,* May 19, 2009, http://neteffect.foreignpolicy.com/posts/2009/05/19/the_brave_new_world_of_slacktivism; see also Morozov's *The Net Delusion: The Dark Side of Internet Freedom*.
11. Malcolm Gladwell, "Small Change: Why the Revolution Will Not Be Tweeted," *The New Yorker,* October 4, 2010, http://www.newyorker.com/reporting/2010/10/04/101004fa_fact_gladwell.

通常會培植出疏離感——人與人之間的疏遠與距離，或疏離了過去自己關心的事，極端的情況甚至是疏離內在自我、身分認同。試想一家公司被出售、合併、重組，又或有爭議的神學解釋導致教會內部分裂，又或國家政治秩序出現重大轉變使得國內的權力重新分配。權力架構、傳統階級、可預測的常態、熟悉的規則改變了，無可避免會讓人失去方向感並且焦慮升級，嚴重的話甚至會無規範（anomie，譯注：或譯為「迷亂」、「脫序」、「失範」，指規制人們社會行為的規範不再具有規範效力，導致人們心理上失去價值指引，價值觀瓦解的無序狀態），個人與社會之間的維繫崩潰。法國社會學家涂爾幹形容無規範是「缺乏規則的規則」[12]。

科技帶來的衝擊，數位化溝通與網路意見的爆炸發展，令人分心的事物與噪音，對傳統權威的自動認同度下降（總統、法官、主管、長者、父母、牧師、警察、老師），這些對不安定帶來的後果影響廣泛卻鮮為人知。在一九五〇年，只有一名成員的美國家庭數目不足百分之十，在二〇一〇年，百分比增加至將近百分之二十七，這對社會、政治、經濟帶來什麼後果？家庭也是一種權力結構，而家庭裡的權力也正在衰退，過去的當權者（通常是父母、男性、長輩）今天也面對更多的限制。談到社會信任，這些資訊能告訴我們什麼？無數的社會學研究已證實，在已開發國家生活的市民，他們擁有的可信賴朋友數減少了，他們的寂寞感上升了[13]。

如果二十一世紀民主與自由社會正面對急升的風險，風險來自慣見的現代威脅（中國）或現代化之前的威脅（伊斯蘭激進派）的可能性比較低，反而更有可能是來自早已植入各個社會的疏離感。舉個例子，試想表達不滿與洩憤的社會運動興起——從歐洲與俄羅斯的新極右至極左政黨到美國茶黨的行動。一方面來說，這些行動越來越多，每一個都是權力衰退的宣言，因為它們的影響力降低了保護現任執政者的壁壘；另一方面來說，他們表達的盛怒其實大部分源自傳統秩序與經濟安全保障崩潰造成的疏離感。他們從過去尋找指南針，例如緬懷蘇聯的過往、穿上古代裝束誦讀十八世紀的美國憲章、賓拉登宣稱要恢復哈里發的地位、查維茲對玻利瓦（Simon Bolivar）的頌讚，在在反映權力的衰退程度。如果我們未能調整它，讓它成為推動社會公益的力量，它將會對我們反撲並造成毀滅。

12. Emile Durkheim, *Suicide* (New York: Free Press, 1951; first published in 1897).
13. Stephen Marche, "Is Facebook Making Us Lonely?," *The Atlantic*, May 2012.

第11章 權力正在衰退 我們該如何應對？

本書最首要甚至最重要的用意是：我們必須盡快改變思考方式與談論權力的方法。一種方法是改變關注的焦點，放在討論權力如何改變、權力的來源、誰擁有權力、誰正在失去權力及其原因。權力衰退引發的許多變化我們無法一一預期，但我們**可以**採納有容乃大的思維，讓我們為未來做更好的打算，並盡量減少前述提到的風險。

重要的是要認清一件事：現在的學者、評論家與政治領袖一般在預言權力衰退對未來帶來的影響時，也都跟他們在其他領域發表的意見一樣混亂，令人困惑。

試想坊間盛行的論述有多麼支離破碎與不完整。以國際政治為例，更具體的是在爭論哪個國家會在二十一世紀獨領風騷？美國還是中國？新興市場？還是一個都沒有？在企業界裡，有一派學說指向整合、寡頭壟斷、跨國企業的黏結能力，尤其是財經市場的菁英，他們對於超強競爭理論以及新科技與商業模式帶來的破壞效應同樣抱持熱切。類似的是，全球的宗教有兩種趨勢：若不是深切關注基本教義派與排他態度，就是關注可推動適度、自由、和平共存之社會參與的健康跡象。

全部這些論調與反對意見塞滿了書店書架與全球報章的意見版，當然也更刺耳地出現在電視螢幕與社交媒體。這些意見統統沒有錯，或者該說，每一個主張的宣揚者都可以羅列出一套事實與證據，各自提出合理且發人深省的例子。

實際上，我們的世界正朝什麼方向改變，我們必須要預期什麼樣威脅帶來的結果——在這兩個問題上，我們根本是缺乏共識，更遑論對策。今日在面對所有的數據與意見氾濫，我們缺乏一個可靠的方針：一個清晰的骨架，幫助我們了解所有範疇正在發生的改變，而且這些改變越來越環環緊扣。如果我們沒有好好了解權力正在如何改變及其帶來的影響，任何規劃未來的路線圖都只會功虧一簣。

權力衰退的含意重大且多樣。除非我們能就權力正在發生的改變創造出不同的討論，否則無法提煉出權力衰退的含意，並將之融入世界觀，以及在家庭、總統府、董事會會議裡的決策者思維。

要改變權力的討論，第一步就是要走出電梯。

走出電梯

今天很多權力的討論仍然非常傳統，因此也往往極度過時。一直很流行的電梯思維就是個證據：沉迷於誰會崛起，誰會失勢，像是哪個國家、城市、行業、公司、政治領袖、商界掌權者、宗教元老或權威人士正在得勢，而誰正在失勢。這種電梯思維深深根植於我們對於列排名與爭第一的本能。這就是體育競賽排名或賽馬的魅力。

當然，你可以在任何時間按照競爭對手的資產值、權力、成就做個排行榜。就全球層面而言，國與國之間確實在競爭，畢竟，不同的指標如國家經濟生產力、軍事設施與資源、人口、地域、製造實力等等，都是有標準可量度且排序的。但這些局面都維持得很短暫——就像以更短時間曝光的快拍——更糟的是造成了誤導。越定睛在排名，我們越容易忽略或輕視權力衰退對所有競爭方的削弱有多大，而且不單只對失勢者，也包括崛起者。

不少中國的作者與學者看好中國崛起，一如印度、俄羅斯、巴西的作者看好自己國家；歐洲人則沉迷於歐洲大陸在世界的地緣政治棋局上越來越邊緣化。但是電梯論述最主要是來自美國，美國的分析員樂此不疲地爭論國家走下坡是否已蓋棺定論，是否可以解決抑或是種過渡，還是這根本是錯覺。其他大同小異的論述則在討論「全世界的崛起」，討論世界在邁向「多極」[1]的地緣政治。

其他著作則分析有能力影響全球出口的新國家增加，帶來了權力削弱效應，這些著作同樣無法擺脫電梯論述，或只能以民族國家當作主角與分析主軸。備受尊崇的國際關係理論大師克普昌（Charles Kupchan）提出這觀點：「西方秩序不會被一股強大的新勢力取代，也不會由單一政治模式主導。二十一世紀不屬於美國、中國、亞洲或者任何人，它不屬於世界上任何一個

1. 幾位權威作家在爭論，即使國際間各地的權力擴散，美國仍然擔當全球領導地位，原因如下列：美國已建立軍事勢力可是領土野心不足（Robert D. Kaplan's *Monsoon*）、它具備軟實力和智慧實力（Joseph Nye's *The Future of Power*），透過企業、移民政策、自由言論促使內在蓬勃發展及改革（Robert Kaplan, *The World America Made*）。相反的，*The Post-American World* 作者 Fareed Zakaria 則認為，即使美國仍然在多極世界下處於領導地位（有賴於它位居全球最具競爭力經濟體系之列、擁有最多全球最頂尖大學和其他獨有財產），其至高權力地位已今非昔比。為什麼？其中一個原因是當前的政治家無法兌現他們的承諾（見 Fareed Zakaria, "The Rise of the Rest," *Newsweek*, May 12, 2008）。

人。世界會互賴互助，但不會有一個權力核心或全球守護者，這是史上第一次。」[2]商業顧問暨作家布瑞默（Ian Bremmer）也有同樣看法，他稱這種狀況為「『G零』（G-Zero）：在這國際秩序裡，沒有一個國家或一個持久的國際聯盟可以應付全球領袖面臨的挑戰。」[3]這兩位作者也附和布里辛斯基的判斷：「我們已進入後霸權時代（post-hegemonic）。」意指未來沒有一個國家能像過去的霸權一樣，為全球政治做主[4]。

我們很難不認同這些分析，而且在第五章，我們已檢視了許多在具有長久優勢的民族國家裡密謀策反的力量。但若只把視線集中在民族國家——即使我們認為沒有一個國家可以主導世界事務——將會令我們無法看清其他正在重塑國際事務形勢的力量：在國內政治、商業與所有方面的權力衰退。

美國究竟是不是霸權、不能取代的勢力，還是夕陽帝國？中國與其他對手是否正蠢蠢欲動取代美國的地位，這會是國際關係需要討論的議題。但這些討論並不適用於權力正在衰退的世界——這世界裡的每個國家在貿易體系、投資、移民、文化上，都正面對空前的斷層。與其辨識誰正在崛起誰正在失勢，去了解這些「在電梯上的」國家、政治運動、企業與宗教的內部究竟在發生什麼事還更為重要。若是攀至頂峰卻無法久待，而且掌握的權力越來越小——在這樣的世界裡，誰在上升與誰在下降顯得意義不大。

讓「可怕的簡化者」日子更不好過

這項分析的第二個重要用意是要提醒：我們更容易受壞主意與壞領袖傷害。簡言之，一旦我們踏出電梯就要提高警覺，尤其是遇上現代的「可怕的簡化者」的時候。

權力衰退為那些煽動的挑戰者創造了沃土，他們利用人們對執政者的失望做出改變的承諾，並利用激增的行為者、意見與提議製造出的噪音占便宜。改變造成的迷惑來得太快，以至於事情變得太混亂，暗中破壞了舊有的確定性與行事模式——這全是增長、遷徙、心態革命的副產品——給予心中打著壞主意的領袖巨大的機會。頂尖銀行家把有害的金融工具包裝成有創意的解決方案；美國政客承諾在不增稅的情況下踢走財政赤字；而另一個極端，法國總統歐蘭德決定開徵高達百分之七十五的富豪稅。這裡只舉出幾個例子。資訊技術的傳播者堅信，單靠科技就可解決長久以來人類面對的頑強困難，也傾向誇大他們的主張，最終也變成了「可怕的簡化者」。

這些危險煽動者無所不在：企業家與思想家主張，擁有最小資產且收入極少甚至沒有收入的網路公司，對其估值應高於擁有穩定現金流與資產龐大的「舊經濟」公司；那些承諾進攻伊拉克易如反掌的軍事策略家，並且認為入侵者會被視為「解放者」大受歡迎，這場戰爭

2. Kupchan, *No One's World: The West, the Rising Rest, and the Coming Global Turn.*
3. Bremmer, *Every Nation for Itself: Winners and Losers in a G-Zero World*, p. 1.
4. Brzezinski, *Strategic Vision: America and the Crisis of Global Power.*

無須承擔開支，因為會受惠於伊拉克的石油收入。賓拉登、蓋達組織、塔利班，以及其他殺人如麻的行動，也同樣建基於他們成功大肆宣傳的可怕簡化方法。委內瑞拉總統查維茲倡導玻利維亞革命所做的承諾與設想，或是另一個極端美國茶黨，都同樣根植於可怕的簡單，無視經驗教訓，無視數據、科學證據。

當然，煽動者、江湖術士、賣偽藥的小販都不是新鮮事，歷史故事裡也充滿了獲得權力的人，他們留在權力高位的下場都很可怕。而現在的環境不一樣了，對新進者來說，奪權變得容易多了，而且機會也沒排除那些心懷不軌的人。

重要的是要留心可怕的簡化者，不讓他們獲得他們想要的影響力。而且，要在個人與集體、智力與政治上強化我們的能力，以發現這些人潛伏在我們的身邊何處，是現今這個瞬息萬變與紛亂世界優先重要之事。開始的第一步是接納權力正在衰退的現實，而且，重覆說一遍，改變我們的討論以反映這事實。討論不單單應發生在總統府走廊、企業總部、大學董事會，還應該潛移默化融入日常生活，例如辦公室閒聊、朋友間閒談與家庭的用餐場合。

要降低歡迎可怕簡化者的政治氣氛，這些討論是不可或缺的材料。福山正確地指出，要根除癱瘓體系的否決政治，「政治改革首先必須由民眾與草根組織動員。」[5] 接下來需要將討論聚焦在如何尅制權力衰退不好的面向，讓我們朝著倒U曲線的向上斜坡移動。要實現這目標，我們需要做到一件很難的事：讓民主社會裡有更多民心願意給予執政者更多的權力；除非我們更加信任執政者，要不然這是不可能的。要做到當然很難，但卻不可避免。

重建信任

雖然權力衰退會影響人類行為的所有領域，但在有些領域內的苦果較其他領域更多。削弱企業主管強行執行自己的意願或繼續保持權力的能力，能引起的問題會比民選領袖的權力被否決政治癱瘓來得小。

在國際層面受影響程度的更嚴重。當國際共同組織控制全球問題的能力停滯不前或縮減，這些問題會加倍繁衍。換言之，一些企業主管的無能，對我們的威脅會小於國家元首與國際領袖的能力受阻，他們就好比《格列佛遊記》的主角，被數千個「微權力」緊緊綑綁住動彈不得。

你上一次聽到多個國家在國際迫切問題上達成重要共識是什麼時候？至少在過去十年一次也沒有，而且在一些重要議題上，甚至在過去二、三十年都沒有作為。面對嚴重的經濟危機，歐洲各國根本無力攜手解決問題，然而諷刺的是，這些國家早已接受了共同執政的協議，就像世界面對全球暖化效應但無法限制溫室氣體排放，或眼睜睜看著二〇一二年敘利亞大屠殺發生卻無力阻止；這些都揭示癱瘓造成的問題。

這模式與緊急狀況已擺在眼前：從一九九〇年代早期開始，全球化與增長、遷徙、心態革命的效應傳遍世界各地，有效應的跨國合作需求急升，但是世界卻趕不上回應這項新需求。重

5. Francis Fukuyama, "Oh for a Democratic Dictatorship and Not a Vetocracy," *Financial Times*, November 22, 2011.

要的多方會談失敗、限期無法緊守、財政承擔與承諾未能履行，要執行的卻處處碰壁。國際集體行動的成效遠遠達不到原來做的保證，更嚴重的是無法滿足所需[6]。這些失敗不僅反映出現今國際間長期缺乏共識，而且也是權力衰退的另一個重要現象。

但這些跟重建信任有什麼關係？

政治領袖無法與其他國家達成有效的合作共識，是源於他們在國內的積弱。被授與的權限低或甚至沒被授與權限的政府是難以締結國際協議的，因為這些協議通常要求承諾、妥協、讓步，甚至是其人民不會接受的犧牲。這並不表示我們要執政者開空頭支票，或是對他們奉上無限制的權力：我們知道，沒有控制、當責性與制衡力量的權力很危險，而且不能接受。但我們也要明白，當我們的社會正處於倒U曲線朝下的位置，對政府施加額外限制只會落得拿石頭砸自己的腳。重建信任是鬆綁這些限制的重要手段，這能把社會帶到倒U曲線的另一邊，也就是社會受益的一邊。權力制衡的要求與層面暴增，限制了民主政府當權者的權力，這是信任度下滑直接導致的後果。在一些國家，信任度下降甚至變成長久的趨勢。回顧我們在第四章談到心態革命時提過卡內基總裁馬修斯的觀察：「四十歲以下（的美國）人自出生便活在一個多數民眾都不相信政府會做出正確決定的國家。」[7]

當然，我們有許多不信任政客——普遍來說是當權者——的好理由：不光是因為他們的虛偽、腐敗，他們的從政表現也經常令選民大失所望。此外，我們的消息更靈通了，媒體嚴格且高度的監督更容易突顯政府的劣跡、錯誤與弱點。是以，民眾對政府的信任度普遍降低已變成了長期問題。

這情況必須改變。我們需要對政府及政治領袖重建信任。若要實現這點，必須大幅改變政黨組織與運作的方式，以及領導人遴選、監督、當責、擢升或貶職的方式。讓政黨適應二十一世紀的潮流乃是當務之急。

強化政黨：占領華爾街運動與蓋達組織的教訓

在大多數民主國家，政黨仍然是最主要的政治組織，仍然擁有可觀的權力。但政黨在骨子裡卻是支離破碎、虛弱不堪，就像其所屬的整體政治體系一樣兩極分化。事實上在今天，歷史悠久的政黨也難以掌控過去手握的大權，一個佐證例子就是茶黨惡意取代共和黨，引發曾是世界上最強大政治機器的共和黨內部四分五裂。同樣的，世界各地的政黨內部都可看到

6. 最近一次由多國家攜手達成的多邊行動已是二〇〇〇年，當時一百九十二個國家簽署聯合國千禧年宣言，訂出八大發展目標，包括全球極端貧窮數字減半到阻止愛滋病擴散、提供全民初級教育，而期限是二〇一五年。最後一次由全球多國達成的貿易協議已是一九九四年，當時一百二十三個國家共同磋商成立世界貿易組織，並同意為國際貿易設立新一套規定。自此，國際貿易談判都陷於癱瘓。與此同時，多邊貿易談判遏止核擴散的發展也是不遑多讓：最近一次較重大的國際不擴散核協議已是一九九五年，當時一百八十五個國家同意永久落實不擴散核公約。之後十多年間，多邊行動不僅沒有成功，反而令印度、巴基斯坦和北韓以核武展示其國際地位。在環境氣候方面，京都協議書（全球推動減少溫室氣體排放的目標）自一九九七年落實起，便獲得一百八十四個國家追認，但是美國身為繼中國後全球第二大主要污染國卻沒有表態承認，大部分締約國也未能達標。相關論題的詳細討論見我的文章"Minilateralism: The Magic Number to Get Real International Action," *Foreign Policy*, July-August 2009。

7. Mathews, "Saving America."

後果嚴重的派系衝突。

從一九九〇年代起，政黨就開始在各方面無法大展拳腳。在很多國家，民意調查反映出政黨的威望與價值在其選民眼中開始走下坡，有些更是跌至歷史新低[8]。

冷戰結束，更具體來說是共產政權垮台鼓舞了人心，並模糊了不少政黨本身獨特的政治路線。當政黨綱領變得大同小異，候選人的個人特色便成了選民區分候選人主要甚至唯一的因素。要在選舉中勝出，政黨已不再主要依靠其理念與理想對公眾的號召力，反而更仰賴行銷策略、候選人的媒體形象，當然還有他們籌措的資金。當然，玷辱政客個人名譽的醜聞也會波及他們所屬的政治組織。再重申一次，媒體越自由，議會與司法機關越獨立，保證能抖出過去被精心藏匿或默默容忍的腐敗罪行，敗壞政黨的「品牌」。那些無法區分自己的意識型態與其競爭對手有什麼分別的政黨也愛用公開毀謗的手段，靠著腐化指控與抹黑來打擊對手在選民心中的形象。究竟過去數十年的政治腐化是否真的有增加，其實我們無法確定，但肯定的是，曝光度大大高於以往。

在政黨苦苦掙扎之際，社會運動與非政府組織則蓬勃發展，就算是殺人如麻的恐怖分子組織如蓋達（在許多重要方面也是一個非政府組織）也打入了國際市場，在一九九〇年代順利發展。當政黨與選民的關係不斷惡化，非政府組織及其支持者的關係卻變得更緊密。當政客與政黨的公眾地位持續下滑，非政府組織的權威及影響力則與日俱增。非政府組織的信任度在民眾心中快速增長，政黨的信任度則以同樣的速度消減。非政府組織能招募到年輕人與願意為組織及其理想犧牲的積極分子，這是種組織能力，這種能力在非政府組織裡要比政黨中還來得常見。

在非政府組織以狂熱的激情推動單一議題時，政黨則在追逐一大群截然不同甚至相互予盾的目標，而且好像只有在募求競選獻金時才表現得很狂熱。在那些禁止組黨或組黨受限的國家，非政府組織成為政治與社會運動的唯一出口。在其他大多數國家，非政府組織的發展如雨後春筍，因為它們較少受到腐化敗壞，並且通常隸屬更大的國際組織，擁有更清晰的理念，更簡潔的組織架構，與成員關係更緊密。擁有更清晰的宗旨也是其優勢。不論是獻身於保護人權、拯救環境、降低貧窮或控制人口增長，非政府組織的成員顯少會對組織立場感到迷失。所有這些因素讓這群在過去會傾向投入政黨的政治運動支持者，傾向加入非政府組織。

整體來說，非政府組織的增長趨勢普遍受到歡迎。不受歡迎，而且情勢應該要翻轉的是政黨公眾地位的流失，在很多國家如義大利、俄羅斯、委內瑞拉等，這甚至導致政黨在實質上消失，被臨時的選舉機器取代。

政黨想要重振聲威、提升效率，關鍵是要重新獲得能力去鼓舞、激勵、動員群眾（尤其是年輕人），否則年輕人會完全藐視政治，或者只會將他們的政治精力投入單一議題的組織甚至偏激團體。

因此，政黨必須願意調整其組織架構及方法，以適應現今更加網路化的世界。非政府組

8. Gallup Inc., *The World Poll* (multiple years); Pew Research Center, http://pewresearch.org/topics/publicopinion/, Program on International Policy Attitudes, University of Maryland; Eurobarometer, http://ec.europa.eu/public_opinion/index_en.htm; LatinoBarometro, http://www.latinobarometro.org/latino/latinobarometro.jsp.

織的架構相對平等且較少階層，這可提高組織的靈活性、適應性，更能回應其成員的需求與期望，這樣的架構也許能幫助政黨獲得新成員，變得更靈活，改進政治議程，並有望提高它們在打擊政黨內外尋求勢力的可怕簡化者的能力。

非政府組織獲得支持者信任的方法是讓成員感到與組織直接衝撞，他們的參與是不可或缺的，他們的領袖有責任感、有透明度，不蒙受暗地與來路不明的利益。政黨需要有更多社會成員對它們產生同樣的感受，並且在堅定積極分子的基本盤以外，有能力招募到成員。只有這樣，政黨才能重獲良好執政所需要的權力。

提高政治參與

說來容易做來難。誰有時間，並且有耐心出席集體計畫的所有會議與小組活動——尤其在政黨？這些因素加上其他合理的原因解釋了，為什麼大部分人偶爾捐捐款、參加一兩次會議或偶爾走上街頭遊行，卻很少人積極地參與政黨活動或其他社會事件活動。在正常情況下，政治參與及社會運動只是少數人的事。

但在近年來，群眾參與公共事務的興趣激升，而且有大量過去政治冷感的市民被動員起來，數萬人積極參與比參加政黨會議更吃力（在有些國家更危險）的政治活動。這些發現令人吃驚。

以美國為例，二〇〇八年歐巴馬的總統競選活動便成功動員了大量政治新丁與年輕人，他們平常對於兩黨的競選活動都不感興趣。除了候選人的背景及族裔，二〇〇八年的競選活動還有很多史無前例：創新地在社交媒體針對特定選民做出特定政治廣告；使用並招募義工；嶄新的籌款方式。這些過去沉默的一群突然高度參與政治，他們也不單單只聚焦在歐巴馬競選總統一役，這份狂熱繼續延燒了下去。金融危機為他們注入能量，或是注入了盛怒，加上不滿危機分擔的分配不公，催生了占領華爾街運動，這運動浪潮席捲世界各地城市。各地政府與政黨對此情況反應措手不及，在努力去了解運動的來龍去脈及運作模式之餘，更想方設法去吸收這平地一聲雷的大型政治運動能量。

大型示威活動裡最一鳴驚人、最影響深遠的一起始於二〇一〇年十二月，突尼西亞的一座小鎮。示威不單推翻了當地政府，最後在整個中東掀起一陣接一陣的抗爭浪潮，演變成所謂的阿拉伯之春。上百萬過去被動與受壓抑的群眾走到最前線成為政治的主角，甘心承受極度犧牲：不單危及自身性命，甚至押上了整個家庭的安全。有別於至今未能將政治能量轉化為政治權力的「占領」運動，在阿拉伯之春中，政治覺醒確實成功促成了重大的權力轉移。

因此，儘管在正常情況下參與政治的主要只是一小群熱心的積極分子，但是在其他情況下，像是革命，政治運動者會成為整個社會熱切關注的焦點。可是，革命的成本太高，結果太難以預測，而且有進展並不等於保證有成果。是以，要面對的挑戰是避免高成本與高風險的革命，卻又能創造並引導所有社會中潛在的政治能量，去促成令人嚮往的改變。最好的方法就是仰賴更有競爭力的政黨。

重新思考政黨，讓招募的方法現代化、重組組織及運作以提升它們的魅力，讓它們值得獲得更多社會上的信任。理想情況是，政黨可以成為有效的政治創新實驗室。

唯有重建人民對自己國家政治體系的信任，並且賦予政治領袖有能力阻止權力衰退，讓他們能做出強硬的決策並突破僵局，我們才有能力去處理全球最迫切的挑戰。為了達到此目標，我們需要更強大、更現代化、更民主的政黨來刺激、鼓勵政治參與。

即將來臨的政治創新熱潮

重建信心、改造政黨、找到新方式讓一般公民都能有意義地參與政治進程、為有效執政創造新機制、限制制衡機制最壞的影響，但又避免不負責任的權力過度集中，並且增強民族國家之間共同合作——這些都應是我們這時代政治的核心目標。

若沒有這些改變，在打擊海內外威脅我們安定與繁榮的勢力上，就不可能維持有進展。

在此革命性改變的時代，日常生活所做所經歷的每一件事幾乎都會受到影響，但意外的，有一個關鍵性領域除外，也就是我們管理自身、社區、國家與國際秩序的方法，或是我們個人參與政治進程的方法。意識型態來了又去，政黨崛起又衰落，一些政府常規多虧有改革與資訊科技才獲得改善。選舉活動現在仰賴更成熟的游說方式——當然，今天有更多的人被自己所選的領袖而非獨裁者統治。雖然這些改變令人欣喜，但與通訊、醫療、商業與戰爭領域的變革相較，便相形見絀了。

簡言之，破壞性創新並未出現在政治、政府、政治參與的領域裡。

但是，這最終都會來臨。積極的政治與體制創新的革命浪潮即將來襲。就如本書所示，很多領域裡的權力都在變化，人類為生存與進步需要而做的決定也避不開重大變革。這種翻天覆地的積極創新以前就曾在政治政體裡出現過。希臘民主與法國大革命釋放的政治創新浪潮是兩個最為人熟悉的例子。我們熱切期待下一個例子出現。就如歷史學家康梅傑（Henry Steele Commager）對十八世紀的評語：

> 我們實際上發明了現行的每一個主要政治機構，但自此無以為繼。我們發明了政黨與民主與代議政府，我們發明了史上第一個獨立的司法制度……我們發明了司法審查，我們發明了民權優先於軍事權力，我們發明了宗教自由、言論自由、權利宣言——我們可以一直例舉下去，實在是可觀的遺產。但我們自此之後發明了什麼可以相提並論？[9]

二次世界大戰後，為避免另一次全球衝突，我們經歷了另一波政治創新，促成了聯合國的成立，也催生了數不清的特定國際機構，如世界銀行、國際貨幣基金組織，因而改變了世界體系的樣貌。

另一股更凶猛的創新浪潮正在成形，並且承諾其效力可媲美科技革命在過去二十年為世

9. Henry Steele Commager, quoted in Moyers, *A World of Ideas: Conversations with Thoughtful Men and Women About American Life Today and the Ideas Shaping Our Future*, p. 232.

界帶來的改變。這不會是由上而下、有秩序，或快速、國際高峰會或會議的產物，反而會散亂、不規則、間歇出現。但是不可避免。變革推動了權力獲得、使用、保留的方法，人類必須（也將會）找到治理自己的新方式。

附錄 民主與政治權力
戰後時期的主要趨勢

致讀者：此附錄由耶魯大學查孔博士（Mario Chacón）製作，是第五章的特別補充資料。

量度民主與獨裁政權的演化

我檢視過去四十年民主政權數量的變化。要決定哪個是民主政權哪個不是，我採用學術界廣泛接納的兩個分類法。

第一個政權分類法是「自由之家」（Freedom House）在二〇〇八年做的「世界自由情況」（Freedom in the World）調查。在這調查中，政權分為「不自由」、「部分自由」、「自由」。每一個國家按照其政治權利及公民自由度歸入分類。調查的細分類衡量選舉過程的自由度、政治多元性、政府功能、表達及信仰自由、組織及參與團體的自由、法治水平、個人權利。為符合分析的目標，我將「自由」國家歸類為完全民主、「不自由」、及「部分自由」國家歸類為不民主。

我使用的第二個資料是來自普沃斯基於二〇〇〇年做的分類法（Przeworski et al., 2000），

圖一：一九七二年至二〇〇八年民主政權的百分比

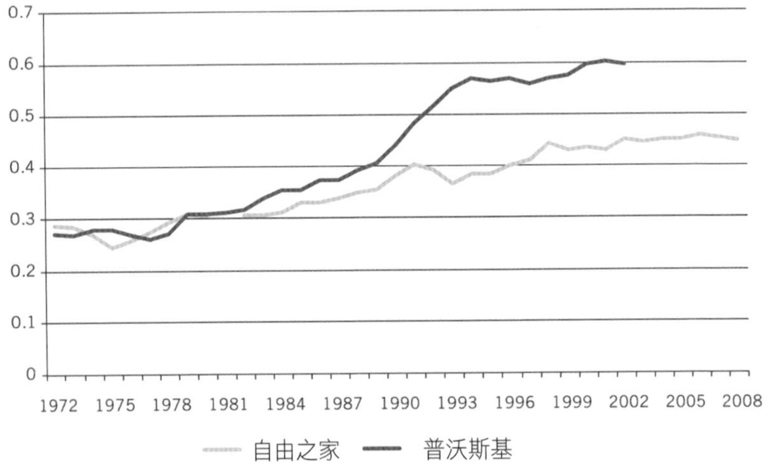

資料來源：自由之家指數

這是以最小程度的民主定義為基礎，與熊彼特於一九六四年提出的相似。按此分類，「民主」政權是當地政府由具競爭性的選舉產生。是以在這分類法中，自由與公平的競爭是任何民主政權的基礎面向（見達爾在一九七一年提出的類似方法）。以此兩個分類法，我計算出每年全世界所有獨立政權中可歸類為「民主」的百分比（以及「不民主」的百分比）。

圖一表示自一九七二年以來全球民主政權的演化[1]。

如圖一所示，過去四十年的全球民主國家的百分比顯著上升。根據自由之家的數據，一九七二年調查包含的全球一百四十個獨立政權中，百分之二十八為民主政權。三十年後的二〇〇二年上升至百分之四十五。這全球民主政權的上升數字也可從普沃斯基的數據證實。以此分類，在一九七二年至二〇〇二年之間，民主國家的百分比從一九七二年的百分之二十七，升至二〇〇二年的百分之五十九。自由之家與普沃斯基兩者間出現差異，應是因為自由之家使用的標準較普沃斯基等更嚴謹。然而，我們還是可以從這第一個近似值總結，在過去三十年，全球民主政權的數目總體呈現積極的上升趨勢。

民主政權演化有區域性的不同嗎？如果，帶來劇烈政權變化的因素聚集在某一區域，我們應觀察民主政權演化的區域性模式。這些區域性模式與「民主浪潮」（waves of democratization）的概念有極大關連。「民主浪潮」這概念由杭廷頓於一九九一年提出。為了進一步探討這可能性，我在圖二及圖三中列出拉丁美洲、撒哈拉以南的非洲、前蘇聯集團、中東（以所有政權百分比計）的民主演化[2]。

就這兩圖所示，在一九七五年至一九九五年期間，不少拉丁美洲地區以及前蘇聯國家都過渡到民主體制。就拉丁美洲而言，過渡主要出現在一九七〇年代後期；前蘇聯集團則是在一九九〇年代初（尾隨著一九八九年柏林圍牆倒塌）。在二〇〇八年，自由之家劃定拉丁美洲及前蘇聯國家的自由（民主）的百分比分別為百分之五十四及百分之四十八。撒哈拉以南的非洲也同樣出現民主化趨勢，雖然升幅較拉丁美洲來得緩慢。在這些年期間，北非及中東的阿拉伯國家則穩定得令人驚訝，當中被劃定為民主的國家不足百分之十。普沃斯基的數據也確認這模式，如圖三所示。

1. 以一九七二年開始是受限於可收集的數據。「自由之家指數」收錄了自一九七二年至二〇〇八年的數據。
2. 按照世界銀行做的地區分類。

圖二：區域趨勢（自由之家二〇一〇年）

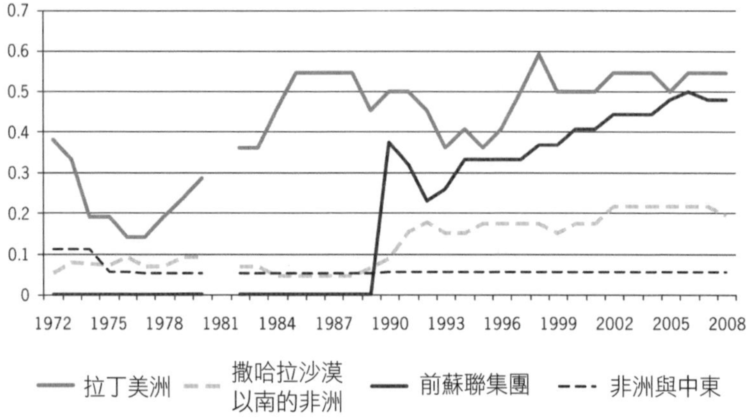

資料來源：自由之家《世界自由情況：一九七〇年至二〇〇八年的政治權利與公民自由》（*Freedom in the World: Political Rights and Civil Liberties 1970-2008, 2010*）。

圖三：民主的區域趨勢（普沃斯基等，二〇〇〇年）

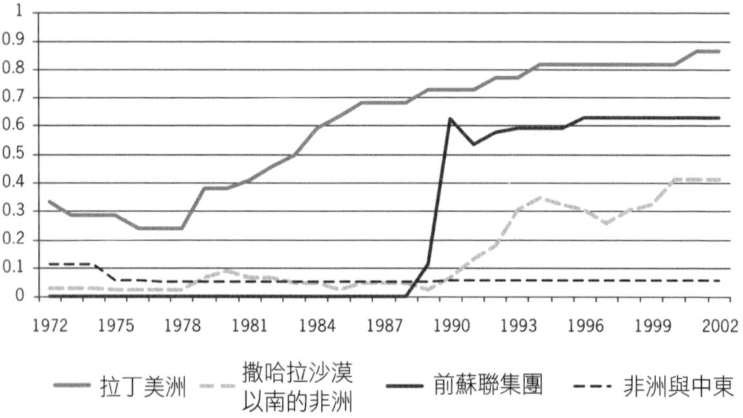

資料來源：引自普沃斯基、阿爾瓦雷斯（Alvarez）、凱鮑柏（Cheibub）及李孟吉（Limongi）所著《民主及發展：一九五〇年至一九九〇年世界上的政治機構及福利》。

這些趨勢自然未能捕捉阿拉伯之春對北非及中東政局的影響。

小型改革與自由化

這裡展示的數據其實非常集中在劇烈的政治變革——政權成為（或脫離）民主體制。這些數字可能埋沒了很多正在小步邁向民主但還未全面過渡的國家。小型改革也可能引發政治權力分配與人權的重大改變。例如很多非民主政權在選舉立法議員或行政機構高職時，也引入並容許競選。就算是完全民主的政權，也不是每一場舉行的選舉都完全公平，「小開放」（minor liberalization）象徵著權力分配正出現重大改變。此外，不少過渡進程緩慢，開始實施競選可能是未來民主化的指標。

為探討小型改革，我採用「政權分數」（Polity Score），此由馬歇爾（Marshall）與賈格斯（Jaggers）於二〇〇四年在「政權計畫」（Polity Project）裡提出。這方法持續量度近似值，讓我們能捕捉更細微的政體變化，不論這變化是否誕生真正的民主。具體而言，「政權分數」為二十分制（從獨裁的負二十分到真正民主的正二十分），用於衡量不同面向的民主及獨裁政體。這計分制包括評估行政官員招募的競爭性與公開性，以及政治參與的競爭力。圖四表示了世界平均政權分數的演化。

圖四完全呼應了圖一。一九七二年，全球共一百三十個國家的平均分數是負一・七六；到了二〇〇七年，全球一百五十九個國家的平均分數是正三・六九[3]。更有趣的是以政權分

圖四：一九七〇年至二〇〇八年的民主演化

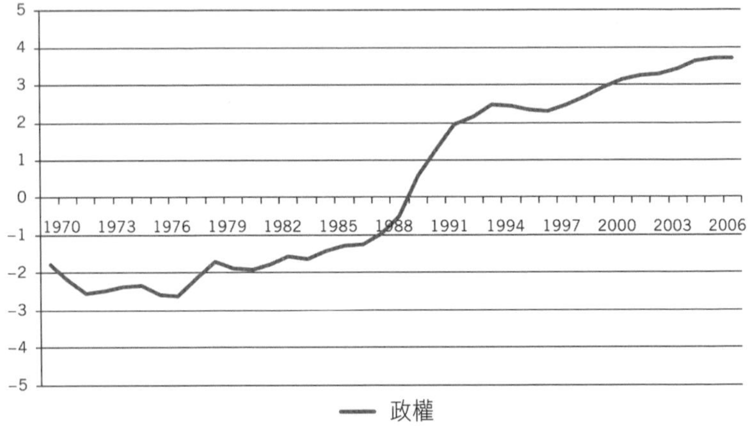

資料來源：引自馬歇爾（Monty Marshall）、賈格斯（K. Jaggers）、顧爾（T. R. Gurr）二〇一〇年的政權計畫IV，《一八〇〇年至二〇一〇年間的政權特性及過渡》，http://www.systemicpeace.org/polity4.htm

圖五：政權分數顯示的區域性民主發展趨勢

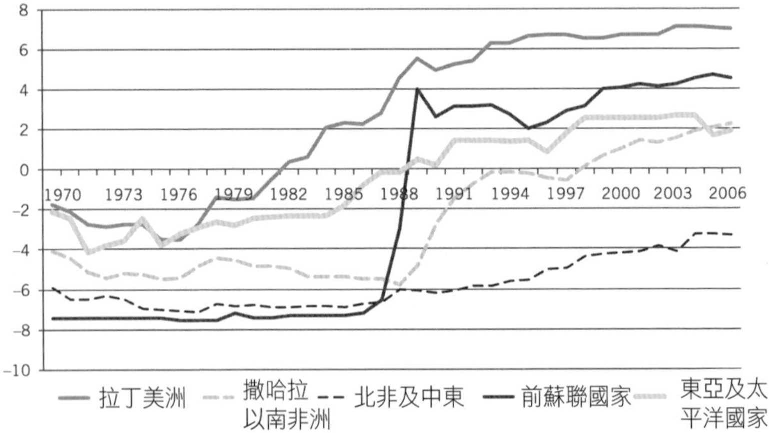

資料來源：引自馬歇爾（Monty Marshall）、賈格斯（K. Jaggers）、顧爾（T. R. Gurr）二〇一〇年的政權計畫IV，《一八〇〇年至二〇一〇年間的政權特性及過渡》，http://www.systemicpeace.org/polity4.htm

數檢視區域特定趨勢。圖五表示出全球不同區域的平均數（要注意東亞以及太平洋地區國家也包括在內）。圖五與圖二、圖三類似，不過前者並不是代表激進的改革，而是區域性民主分數的平均動向，不論這些區域的政權是否已為（或脫離）民主。

如圖五所示，過去四十年的政權分數呈積極趨向，表明全球國家會隨時間越來越邁向民主。拉丁美洲以及前蘇聯國家在民主分數上進步最多；東亞、太平洋國家、撒哈拉以南非洲有顯著的進步；北非及中東則是一潭死水。這三個趨勢在一九九〇年代之後也比之前更明確。

自由化與民主化的反映

上述指標都建基於所觀察政權的質量特徵，而我將在以下聚焦在與政治自由化（或民主化）有直接關連的特性上。首先，我檢視政治競爭的程度。對於不少政治理論家來說，政治競爭的形式與程度是任何民主政權的基礎特色（Dahl, 1971）。要為競爭程度定立一個簡單近似值，方法之一是檢視當地立法機關的政黨成分。在一黨專政的政權如中國與古巴，在任的政黨壟斷了立法機關所有席位，反對派成員並不允許參與國家的選舉。一個立法機構當中有多少席位由反對黨獲得，可以是反映當地選舉過程有多競爭性及民主的良好指標。此外，為立法機關（相反情況為行政機關）引入多黨競選，往往是全面民主化的第一步。例如墨

3. 政權計畫排除了居住人數不足十萬人的國家。

西哥在二〇〇〇年的民主過渡其實始於一九八〇年代初，當時的執政黨革命制度黨（Partido Revolucionario Institucional）推行有意義的國會選舉，並在下議會預留一些席位給反對黨。

下一步，為反映競爭性，我計算國會議席中的少數黨及無黨派，方法一如萬哈寧（Vanhanen）。因為無法獲得立法機關組成的資料，我也像萬哈寧一樣，採用所有少數政黨取得的票數。正式的政治競爭性計算方程式如下：

政治競爭性（PC）＝（一〇〇－多數黨取得席位的百分比數）／一〇〇

以此運算，政治競爭性的數值由零，即執政黨控制立法機關所有議席，到接近一，即主導政黨是個小黨。因此，低（高）的政治競爭性數值就與少（多）的競爭有關連性。為做簡化，任何國家在任何一年沒有立法機關選舉就會配上零。注意，這些數值橫跨戰後所有時期，是以我們可看到中期及長期趨勢。圖六代表全球平均數，圖七代表區域平均數。

從這些數字看到，戰後起初幾年以及整個冷戰時期，政治競爭性就整體而言是下降的。這趨勢一直維持到一九七〇年代末期，然後在一九八〇年代逆轉，我們在變動的全球平均值裡可觀察到政治競爭性上升了。一九七〇年代以後的積極趨勢與圖一到圖四一致。很明顯的，民主化易於鼓勵立法機關中的政黨競爭及政治多黨化（各個反對黨冒起）。

圖七更能讓我們理解，一九四五年至一九七五年期間，政治競爭在全球總體下降。在此，我列出同一地區的平均數，如圖二及圖三強調的拉丁美洲、撒哈拉以南非洲、北非及中東，以及經濟合作與發展組織國家[4]。這張圖顯示，全球政治競爭下降是由於發展中國家的數

圖六：戰後政治競爭的全球平均數

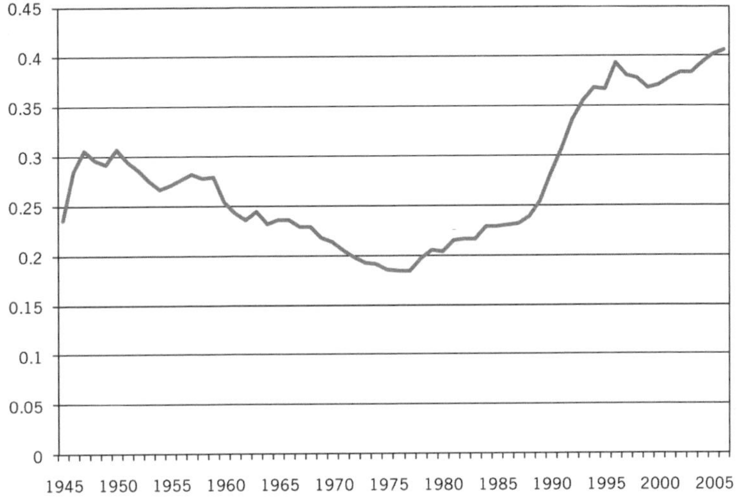

資料來源：引自萬哈寧（Tatu Vanhanen）二〇〇二年做的〈一九九九至二〇〇〇年民主化的度量〉（未發表）。

圖七：戰後政治競爭的區域平均數

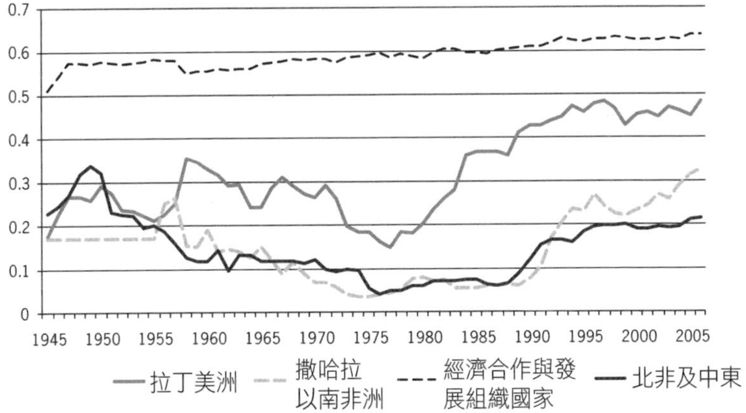

資料來源：引自馬歇爾（Monty Marshall）、賈格斯（K. Jaggers）、顧爾（T. R. Gurr）二〇一〇年的政權計畫IV，《一八〇〇年至二〇一〇年間的政權特性及過渡》，http://www.systemicpeace.org/polity4.htm

值急跌，儘管經濟合作與發展組織國家的競爭維持穩定，但拉丁美洲及非洲在一九四五年至一九七五年間經歷了一波獨裁統治。不過在一九七〇年代之後，這些國家的政治競爭出現積極趨勢，符合前面段落所述之民主積極趨勢。

4. 按此分析用途，我只納入原經濟合作與發展組織國家。墨西哥、智利、土耳其、韓國、捷克、波蘭並沒有包括在經濟合作與發展組織內。

參考文獻

Dahl, Robert A. 1971. Polyarchy: Participation and Opposition. New Haven: Yale University Press.

Freedom House. 2010. Freedom in the World: Political Rights and Civil Liberties 2010. New York: Freedom House.

Huntington, Samuel P. 1991. The Third Wave: Democratization in the Late Twentieth Century. Normal: University of Oklahoma Press.

Marshall, Monty G., K. Jaggers, and T. R. Gurr, 2010. "Political Regime Characteristics and Transitions, 1800–2010." Polity IV Project, http://www.systemicpeace.org/polity4.htm.

Przeworski, A., M. Alvarez, J. A. Cheibub, and F. Limongi. 2000. Democracy and Development: Political Institutions and Well-Being in the World, 1950–1990. New York: Cambridge University Press.

Schumpeter, Joseph. 1964. Capitalism, Socialism, and Democracy. New York: Harper & Brothers.

Vanhanen, Tatu. 2002. "Measures of Democratization 1999–2000." Unpublished

致謝

二〇〇六年六月七日後不久，我開始提筆寫這本書。那天我在《外交政策》（*Foreign Policy*）的專欄發表了〈巨型玩家vs.微權力〉一文，文章核心在說明一個趨勢：「當參與者可以迅速累積巨大權力；當傳統巨型玩家的權力被成功地挑戰；當權力變得驟逝而且更難行使；上述種種都已證實出現在人類生活的每一面向。事實上，這是種明確但仍未能完全能理解的時代特色」。文章大受歡迎令我深受鼓舞，於是打算著書立說。將想法訴諸成書只花了短短……七年，是的，我是個慢作家。

除了因為慢，我也心有旁騖。在二〇一〇年以前，我是《外交政策》的總編輯，這要求高的工作一方面拖慢了我的寫書進度，另一方面也給我寶貴的機會測試、擴展、修訂我對權力正在如何改變的想法。與雜誌其他作家及雜誌社優秀的員工互動交流，穩定給予我啟發、資訊與智力挑戰，將我提昇到自己無法抵達的境界，對此，我致上由衷感謝。

最幫助我開發此書概念的人是米特（Siddhartha Mitter），他的支持、建議，以及對此書形形式的幫助實在無法一一羅列。米特不單是才智之士，為人也非常慷慨。吉布尼（James Gibney）是我在《外交政策》聘用的第一個編輯，也是我認識的眾多編輯中最優異的一位。他幫助我釐清思路，不斷催迫我要我以最清晰的語言表達。能獲得兩位超凡的同事好友幫助實在是非常榮幸。

卡內基國際和平基金會（Carnegie Endowment for International Peace）主席馬修斯（Jessica Mathews）細心閱讀此書幾個草擬版本並做出評語，同時不斷提供意見、批評及指引。她在一九九七年發表的文章〈權力轉移〉是承先啟後的大作，影響我們每一個寫作「權力」這題目以及權力當代變化的作者。潔西卡給予我空間時間，讓我在卡內基完成此書，卡內基自二十世紀九十年代起便是我工作上的家。我深深受益於潔西卡以及卡內基國際和平基金會的支持。

我在此也非常感謝 Phil Bennett、Jose Manuel Calvo、Matt Burrows、Uri Dadush、Frank Fukuyama、Paul Laudicina、Soli Ozel 以及 Stephen Walt，他們閱讀了整份手稿，並給予我詳盡的意見，令此書更為完善。我也要感謝我的老朋友，布魯金斯研究院主席塔伯特（Strobe Talbott），他除了花時間看了幾個手稿版本，也花了大量時間幫助我釐清權力衰退帶來的影響。

此書寫作籌備經年，我也誠心感謝在此期間一直陪伴我創作的人，謝謝每一位分享其創見、批評我的見解，以及那些閱讀並評論個別章節早期手稿的人：Mort Abramowitz、Jacques Attali、Ricardo Avila、Carlo de Benedetti、Paul Balaran、Andrew Burt、Fernando Henrique Cardoso、Tom Carver、Elkyn Chaparro、Lourdes Cue、Wesley Clark、Tom Friedman、Lou Goodman、Victor Halberstadt、Ivan Krastev、Steven Kull、Ricardo Lagos、Sebastian Mallaby、Luis Alberto Moreno、Evgeny Morozov、Dick O' Neill、Minxin Pei、Maite Rico、Gianni Riotta、Klaus Schwab、Javier Solana、George Soros、Larry Summers、Gerver Torres、Martin Wolf、Robert Wright、Ernesto Zedillo，以及 Bob Zoellick。

我也要特別鳴謝紐約大學查孔教授，他為我準備附錄，詳細分析實證資料顯示全球國際政治權力衰退的現況。

寫作此書期間，我擁有優良的研究助理協助搜集資料，我要感謝 Josh Keating、Bennett Stancil 與 Shimelse Ali 的幫助，此書才得以精益求精。

如果有人認為互聯網以及搜尋引擎出現已把圖書館推到過氣要被淘汰，那是因為這些人未有機會與卡內基國際和平基金會圖書館的職員合作過。Kathleen Higgs、Christopher Scott 及 Keigh Hammond 不單幫助我找尋所需的資料，還提醒我一些我未曾聽聞過的內容，屢屢提供的重要資料有助我形塑思路。感謝！

我也特別衷心多謝 Melissa Betheil，她既是我的行政助理也是我的研究員，以通常看來不能兼容的優雅與睿智實踐工作。Lara Ballou 也以仁慈及效率協助處理我多元的活動。幾年前蘿拉加入五十人團體（The Group of Fifty），與 Marina Spindler 共同管理我曾經擔任主席的組織，如果不是這兩人的付出，我花在這組織上的時間肯定會大增。我要答謝這三位不可或缺的同事。

我也非常有幸獲得行內兩位最頂尖的專業人士擔當我的經理與編輯。Rafe Sagalyn 擔任我的文字經理多年，溫柔且堅定地協助我準確認清我想撰寫的書，為我找尋合適的發行商與編輯。基礎出版社（Basic Books）的 Tim Bartlett 近期負責編輯一系列有關權力及其突變的重要作品，他對此計劃深感興趣，花上大量時間閱讀、評論、編輯我的初稿。我也深深感謝兩人。提姆在出版社內的兩位助理：Sarah Rosenthal 及 Kaitlyn Zafonte 也非常樂於助人；基礎出版社的製作團隊中，Sandra Beris 及 Christine J. Arden 也提供了一流的編輯支援。基礎出版社的行銷總監 Michele Jacob 以及我的行銷公關 Caitlyn Graf 從早期開始一直積極樂觀地支持本書。對於基礎出版社每一位幕後功臣，我也要說一聲多謝。

我也希望特別答謝 Luis Alberto Moreno、Nelson Ortiz、Roberto Rimeris 及 Alberto Slezynger。他們知道為什麼。

不過，我最大最大的感謝要送給我的太太 Susana，以及我們的孩子 Adriana、Claudia 及 Andres，再加上新成員 Jonathan 及 Andrew。他們給我愛、力量、無條件的支持，令到每一件事都變成有價值。這是我把此書獻給他們的原因。

摩伊希斯・奈姆（Moisés Naím）

二〇一三年三月於華府

參考書目

致讀者：本書引用的報章雜誌文章或其他報導列在章節注釋內，並未列入下表。

Adams, Henry. *The Education of Henry Adams: An Autobiography.* Boston: Hough-ton Mifflin, 1918.

Aday, Sean, Henry Farrell, Marc Lynch, John Sides, and Deen Freelon." New Mediaand Conflict After the Arab Spring." *Peaceworks,* no. 80 (2012).

Allen, John L., Jr. *The Future Church.* New York: Doubleday, 2009.

Al-Munajjed, Mona et al." Divorce in Gulf Cooperation Council Countries: Risks and Implications." *Strategy+Business,* Booz and Co., November 2010.

Ansell, Christopher, and Jane Gingrich." Trends in Decentralization." In Bruce Cain et al., eds., *Democracy Transformed? Expanding Political Opportunities in Advanced Industrial Democracies.* New York: Oxford University Press, 2003.

Aristovnik, Aleksander." Fiscal Decentralization in Eastern Europe: A Twenty-Year Perspective." MRPA Paper 39316, University Library of Munich (2012).

Arquilla, John. *Insurgents, Raiders and Bandits: How Masters of Irregular Warfare Have Shaped Our World.* Lanham, MD: Ivan R. Dee, 2011.

Arreguin-Toft, Ivan." How a Superpower Can End Up Losing to the Little Guys." *Nieman Watchdog,* March 2007.

———." How the Weak Win Wars: A Theory of Asymmetric Conflict." *International Security* 26, no. 1 (2001).

Arsenault, Amelia H., and Manuel Castells." The Structure and Dynamics of Global Multi-Media Business Networks." *International Journal of Communication* 2 (2008).

Aykut, Dilek, and Andrea Goldstein." Developing Country Multinationals: South-South Investment Comes of Age." In David O'Connor and Monica Kjollerstrom, eds., *Industrial Development for the 21st Century.* New York: Zed Books, 2008.

Bagdikian, Ben H. *The New Media Monopoly.* Boston, MA: Beacon Press, 2004.

Baier, Scott L., and Jeffrey H. Bergstrand." The Growth of World Trade: Tariffs, Transport Costs, and Income Similarity." *Journal of International Economics* 53, no. 1 (2001).

Barnett, Michael, and Raymond Duvall." Power in International Politics." *Interna-*

tional Organization 59 (Winter 2005).
Bremmer, Ian. *Every Nation for Itself: Winners and Losers in a G-Zero World.* New York: Portfolio Penguin, 2012.
Brzezinski, Zbigniew. *Strategic Vision: America and the Crisis of Global Power.* New York: Basic Books, 2012.
Bueno de Mesquita, Bruce, Alastair Smith, Randolph M. Siverson, and James D. Morrow. *The Logic of Political Survival.* Cambridge, MA: MIT Press, 2003.
Burckhardt, Jacob. *The Greeks and Greek Civilization.* New York: St. Martin's Griffin, 1999.
Burr, Barry." Rise in CEO Turnover." *Pensions and Investments,* October 15, 2007.
Burt, Andrew." America's Waning Military Edge." *Yale Journal of International Affairs,* March 2012.
Carey, John M., and John Polga-Hecimovich." Primary Elections and Candidate Strength in Latin America." *The Journal of Politics* 68, no. 3 (2006).
Chandler, Alfred P. *Scale and Scope: The Dynamics of Industrial Capitalism.* Cambridge, MA: Harvard University Press, 1990.
———. *The Visible Hand: The Managerial Revolution in American Business.* Cambridge, MA: Harvard University Press, 1977.
Chesbrough, Henry W." The Era of Open Innovation." *MIT Sloan Management Review,* April 2003.
Christensen, Clayton. *The Innovator's Dilemma: When New Technologies Cause Great Firms to Fail.* Cambridge, MA: Harvard Business Review Press, 1997.
Chua, Amy. *World on Fire: How Exporting Free Market Democracy Breeds Ethnic Hatred and Global Instability.* New York: Anchor, 2004.
Churchill, Winston. *The Second World War.* London: Mariner Books, 1948.
Coase, Ronald H." The Nature of the Firm." *Economica* 4, no. 16 (1937).
Comin, Diego, and Thomas Philippon." The Rise in Firm-Level Volatility: Causes and Consequences." *NBER Macroeconomics Annual* 20 (2005).
Cronin, Patrick M. *Global Strategic Assessment 2009: America's Security Role in a Changing World.* Washington, DC: Published for the Institute for National Strategic Studies by the National Defense University Press, 2009.
Dadush, Uri. *Juggernaut.* Washington, DC: Carnegie Endowment, 2011.
Dahl, Robert A." The Concept of Power." *Behaviorial Science* 2, no. 3 (1957).
Dalton, Russell, and Mark Gray." Expanding the Electoral Marketplace." In Bruce Cain et al., eds., *Democracy Transformed? Expanding Political Opportunities in Advanced Industrial Democracies.* New York: Oxford University Press, 2003.
Damgaard, Erik." Cabinet Termination." In Kaare Strom, Wolfgang C. Muller, and

Torbjorn Bergman, eds., *Cabinets and Coalition Bargaining: The Democratic Life Cycle in Western Europe.* New York: Oxford University Press, 2010.

de Lorenzo, Mauro, and Apoorva Shah." Entrepreneurial Philanthropy in the Developing World." American Enterprise Institute (2007).

Demsetz, Harold." Barriers to Entry." UCLA Department of Economics Discussion, Paper No. 192, January 1981.

Desai, Raj M., and Homi Kharas." Do Philanthropic Citizens Behave Like Governments? Internet-Based Platforms and the Diffusion of International Private Aid." Washington, DC: Wolfensohn Center for Development Working Papers, October 2009.

Dhar, Sujoy." More Indian Women Postponing Motherhood." InterPress Service, May 28, 2012.

Diamond, Larry." Can the Whole World Become Democratic? Democracy, Development and International Politics." UC Irvine: Center for the Study of Democracy, April 2003.

Diamond, Larry, and Marc F. Plattner. *Liberation Technology: Social Media and the Struggle for Democracy.* Baltimore: Johns Hopkins University Press, 2012.

Domhoff, G. William. *Who Rules America? Challenges to Corporate and Class Dominance.* New York: McGraw-Hill, 2009.

Economic and Social Commission for Asia and the Pacific. *Monograph Series on Managing Globalization: Regional Shipping and Port Development Strategies* (Container Traffic Forecast), 2011.

Eisenman, Joshua, and Joshua Kurlantzick." China's Africa Strategy." *Current History,* May 2006.

Ferguson, Niall. *Colossus.* New York: Penguin Books, 2004.

Ferris, James M., and Hilary J. Harmssen." California Foundations: 1999–2009 — Growth Amid Adversity." The Center on Philanthropy and Public Policy, University of Southern California (2012).

Freedom House. *Freedom in the World: Political Rights and Civil Liberties 1970–2008.* New York: Freedom House, 2010.

Frey, William H. *Diversity Explosion: How New Racial Demographics Are Remaking America.*Washington, DC: Brookings Institution Press, 2013.

Friedman, Thomas. *The Lexus and the Olive Tree.* New York: Anchor Books, 2000.

———. *The World Is Flat: A Brief History of the Twenty-First Century.* New York: Farrar, Straus & Giroux, 2005.

Frydman, Carola, and Raven E. Sacks." Executive Compensation: A New View from a Long-Term Perspective, 1936–2005," FEDS Working Paper No.

2007–35, July 2007.

Galbreath, Jeremy." Twenty-First Century Management Rules: The Management of Relationships as Intangible Assets." *Management Decision* 40, no. 2 (2002).

Gammeltoft, Peter." Emerging Multinationals: Outward FDI from the BRICS Countries." *International Journal of Technology and Globalization* 4, no. 1 (2008).

Ghemawat, Pankaj. *World 3.0: Global Prosperity and How to Achieve It.* Boston, MA: Harvard Business Review Press, 2011.

Gibler, Douglas M. *International Military Alliances from 1648 to 2008.* Washington, DC: Congressional Quarterly Press, 2010.

Gitlin, Todd. *Occupy Nation: The Roots, the Spirit, and the Promise of Occupy Wall Street.* New York: HarperCollins, 2012.

Golder, Matt." Democratic Electoral Systems Around the World." *Electoral Studies* (2004).

Goldstein, Joshua, and Juliana Rotich." Digitally Networked Technology in Kenya's 2007–2008 Post-Election Crisis." Berkman Center Research Publication, September 2008.

" Growth in United Nations Membership, 1945–Present," http://www.un.org/en/members/growth.shtml

Habbel, Rolf, Paul Kocourek, and Chuck Lucier." CEO Succession 2005: The Crest of the Wave." *Strategy+Business,* Booz and Co., May 2006.

Hecker, Marc, and Thomas Rid." Jihadistes de tous les pays, dispersez-vous." *Politique internationale* 123 (2009).

———. *War 2.0: Irregular Warfare in the Information Age.* New York: Praeger Security International, 1999.

Hirschman, Albert O." The Paternity of an Index." *American Economic Review* 54, no. 5 (1964).

Hobbes, Thomas. *Leviathan.* London: Penguin, 1988.

Hooper, David, and Kenneth Whyld. *Oxford Companion to Chess.* New York and Oxford: Oxford University Press, 1992.

Horta, Loro." China in Africa: Soft Power, Hard Results." Yale Global Online, November 13, 2009.

Howe, Irving." This Age of Conformity." *Partisan Review* 21, no. 1 (1954).

Huntington, Samuel. *Political Order in Changing Societies.* New Haven: Yale University Press, 1968.

Inglehart, Ronald, and Christian Welzel. *Modernization, Cultural Change and Democracy.* New York and Cambridge: Cambridge University Press, 2005.

Interbrand." Best Global Brands 2011." *Brand Papers,* 2011.

———." Brand Valuation: The Financial Value of Brands." *Brand Papers,* 2011.

Jarvis, Michael, and Jeremy M. Goldberg." Business and Philanthropy: The Blurring of Boundaries." *Business and Development,* Discussion Paper No. 9 (2008).

Johnson, David E., et al.," Preparing and Training for the Full Spectrum of Military Challenges: Insights from the Experience of China, France, the United Kingdom, India and Israel." National Defense Research Institute (2009).

Johnson, Simon, and James Kwak. *13 Bankers: The Wall Street Takeover and the Next Financial Meltdown.* New York: Pantheon, 2010.

Kaplan, Robert. *The World America Made.* New York: Knopf, 2012.

Kaplan, Robert D. *Monsoon: The Indian Ocean and the Future of American Power.* New York: Random House, 2011.

———. *The Coming Anarchy: Shattering the Dreams of the Post-Cold War.* New York: Vintage, 2001.

Kaplan, Steven N., and Bernadette A. Minton." How Has CEO Turnover Changed? Increasingly Performance Sensitive Boards and Increasingly Uneasy CEOS." NBER Working Paper 12465, August 2006.

Karlsson, Per-Ola, and Gary L. Neilson." CEO Succession 2011: The New CEO's First Year." *Strategy+Business,* Booz and Co., Summer 2012.

Kaza, Greg." The Economics of Political Competition." *NRO Financial,* December 17, 2004.

Kenig, Ofer." The Democratization of Party Leaders' Selection Methods: Canada in Comparative Perspective." Canadian Political Science Association conference paper, May 2009.

Kharas, Homi." Development Assistance in the 21st Century." Contribution to the VIII Salamanca Forum: The Fight Against Hunger and Poverty, July 2–4, 2009.

———." Trends and Issues in Development Aid." Washington, DC: Brookings Institution, November 2007.

Kindleberger, Charles P. *The World in Depression, 1929–1939.* Berkeley: University of California Press, 1973.

Koeppel, Dan. *Banana: The Fate of the Fruit That Changed the World.* New York: Plume Publishing, 2008.

Korbel, Josef." The Decline of Democracy." *Worldview,* April 1962.

Kupchan, Charles A. *No One's World: The West, the Rising Rest, and the Coming Global Turn.* New York: Oxford University Press, 2012.

Kurlantzick, Joshua." China's Charm: Implications of Chinese Soft Power." Carnegie Endowment for International Peace Policy Brief 47, June 2006.

———." Chinese Soft Power in Southeast Asia." *The Globalist,* July 2007.

LaFeber, Walter. *The Cambridge History of American Foreign Relations, Vol. 2: The American Search for Opportunity, 1865–1913.* Cambridge, MA: Cambridge University Press, 1995.

Larkin, Philip." Annus Mirabilis." *Collected Poems.* New York: Farrar, Straus & Giroux, 1988.

Leebaert, Derek. *The Fifty-Year Wound: The True Price of America's Cold War Victory.* Boston: Little, Brown and Company, 2002.

Lewis, Myrddin John, Roger Lloyd-Jones, Josephine Maltby, and Mark Matthews. *Personal Capitalism and Corporate Governance: British Manufacturing in the First Half of the Twentieth Century.* Surrey, UK: Ashgate Farn ham, 2011.

Lind, William S., Keith Nightengale, John F. Schmitt, Joseph W. Sutton, and Gary I. Wilson." The Changing Face of War: Into the Fourth Generation." *Marine Corps Gazette* (1989).

Lynn, Barry. *Cornered: The New Monopoly Capitalism and the Economics of Destruction.* New York: Wiley, 2010.

Lynn, Barry, and Phillip Longman." Who Broke America's Jobs Machine?" *Washington Monthly,* March–April 2010.

Machiavelli, Niccolo. *The Prince.* New York: Bantam Books, 1984.

MacMillan, Ian. *Strategy Formulation: Political Concepts.* St. Paul, MN: West Publishing, 1978.

Mallaby, Sebastian. *More Money Than God.* New York: Penguin, 2010.

Mann, Thomas, and Norman Ornstein. *It's Even Worse Than It Looks: How The American Constitutional System Collided with the New Politics of Extremism.* New York: Basic Books, 2012.

Marshall, Monty G., Keith Jaggers, and Ted Robert Gurr." Political Regime Characteristics and Transitions, 1800–2010" (2010), Polity IV Project, http://www.systemicpeace.org/polity/polity4.htm.

Marx, Karl, and Friedrich Engels. *The Communist Manifesto.* New York: Verso, reprint edition 1998.

Mathews, Jessica." Saving America." Thomas Jefferson Foundation Medal Lecture in Citizen Leadership, University of Virginia, April 13, 2012.

McLean, Iain, and Alistair McMillan. *The Concise Oxford Dictionary of Politics.* Oxford: Oxford University Press, 2009.

McNeill, William H. *The Pursuit of Power.* Chicago: University of Chicago Press, 1982.

Micklethwait, John, and Adrian Wooldridge. *The Company: A Short History of a*

Revolutionary Idea. New York: Random House, 2003.

Mills, C. Wright. *The Power Elite.* Oxford and New York: Oxford University Press, 2000.

———. *White Collar: The American Middle Classes.* New York: Oxford University Press, 2002.

Mommsen, Wolfgang." Max Weber in America." *American Scholar,* June 22, 2000.

Morozov, Evgeny. *The Net Delusion: The Dark Side of Internet Freedom.* New York: PublicAffairs, 2011.

Moyers, Bill. *A World of Ideas: Conversations with Thoughtful Men and Women About American Life Today and the Ideas Shaping Our Future.* New York: Doubleday, 1989.

Moyo, Dambisa. *Dead Aid: Why Aid Is Not Working and How There Is a Better Way for Africa.* New York: Farrar, Straus & Giroux, 2009.

Murphy, Cullen. *Are We Rome? The Fall of an Empire and the Fate of America.* Boston: Mariner Books, 2007.

Nadeem, Shehzad. *Dead Ringers: How Outsourcing Is Changing the Way Indians Understand Themselves.* Princeton: Princeton University Press, 2011.

Naim, Moises. *Illicit: How Smugglers, Traffickers and Copycats Are Hijacking the Global Economy.* New York: Doubleday, 2005.

Narud, Hanne Marthe, and Henry Valen." Coalition Membership and Electoral Performance." In Kaare Strom, Wolfgang C. Muller, and Torbjorn Bergman, eds., *Cabinets and Coalition Bargaining: The Democratic Life Cycle in Western Europe.* New York: Oxford University Press, 2010.

National Intelligence Council, Office of the Director of Central Intelligence, *Global Trends 2030: Alternative Worlds.*Washington, DC (2012).

Nietzsche, Friedrich. *Thus Spake Zarathustra.* Mineola: Dover Publications, 1999.

Norris, Pippa, ed. *Critical Citizens: Global Support for Democratic Government.* Oxford: Oxford University Press, 1999.

Nye, Joseph S., Jr. *Bound To Lead: The Changing Nature of American Power.* New York: Basic Books, 1991.

———. *The Future of Power.* New York: PublicAffairs, 2011.

———. *Soft Power: The Means to Success in World Politics.* New York: PublicAffairs, 2005.

Olson, Mancur. *The Logic of Collective Action: Public Goods and the Theory of Groups.* Cambridge, MA: Harvard University Press, 1971.

Pape, Robert A." Soft Balancing Against the United States." *International Security* 30, no. 1 (2005).

Patrick, Stewart." Multilateralism and Its Discontents: The Causes and Consequences of U.S. Ambivalence." In Stewart Patrick and Shepard Forman, eds., *Multilateralism and U.S. Foreign Policy.* Boulder, CO: Lynne Reiner, 2001.

Pew Research Center." State of the News Media 2012." March 19, 2012.

Pharr, Susan, and Robert Putnam. *Disaffected Democracies: What's Troubling the Trilateral Countries.* Princeton: Princeton University Press, 2000.

Quinn, James Brian." Outsourcing Innovation: The New Engine of Growth." *MIT Sloan Management Review,* July 15, 2000.

Reynolds, Glenn. *An Army of Davids: How Markets and Technology Empower Ordinary People to Beat Big Media, Big Government, and Other Goliaths.* New York: Thomas Nelson, 2006.

Rid, Thomas." Cracks in the Jihad." *The Wilson Quarterly,* Winter 2010.

Riesman, David, Nathan Glazer, and Reuel Denney. *The Lonely Crowd: A Study of the Changing American Character.* New Haven: Yale University Press, 1950.

Robson, Gary. *Chess Child: The Story of Ray Robson, America's Youngest Grandmaster.* Seminole, FL: Nipa Hut Press, 2010.

Runyon, Damon. *On Broadway.* New York: Picador, 1975.

Saez, Emmanuel," Striking It Richer: The Evolution of Top Incomes in the United States." Berkeley: University of California Press, March 2012.

Sala-i-Martin, Xavier, and Maxim Pinkovskiy." African Poverty Is Falling . . . Much Faster Than You Think!" NBER Working Paper No. 15775, February 2010.

Saxenian, AnnaLee." The Age of the Agile." In S. Passow and M. Runnbeck, eds., *What's Next? Strategic Views on Foreign Direct Investment.* Jonkoping, Sweden: ISA and UNCTAD, 2005.

———. *The New Argonauts: Regional Advantage in a Global Economy.* Cambridge, MA: Harvard University Press, 2006.

———" The International Mobility of Entrepreneurs and Regional Upgrading in India and China." In Andres Solimano, ed., *The International Mobility of Talent: Types, Causes, and Development Impact.* Oxford: Oxford University Press, 2008.

———." Venture Capital in the 'Periphery': The New Argonauts, Global Search and Local Institution Building." *Economic Geography* 84, no. 4 (2008).

Scaff, Lawrence A. *Max Weber in America.* Princeton: Princeton University Press, 2011.

Schumpeter, J. A. *Essays: On Entrepreneurs, Innovations, Business Cycles, and the Evolution of Capitalism.* New Brunswick and London: Transaction Books, 1949.

Shirky, Clay. *Here Comes Everybody: The Power of Organizing Without Organization.* New York: Penguin Books, 2009.

Singer, P. W. *Wired for War: The Robotics Revolution and Conflict in the Twenty-First Century.* London and New York: Penguin, 2011.

Sloan, Alfred. *My Years with General Motors.* New York: Doubleday, 1963.

Stanko, Michael, et al." Outsourcing Innovation." *MIT Sloan Management Review,* November 30, 2009.

Stein, Ernesto." Fiscal Decentralization and Government Size in Latin America." *Inter-American Development Bank,* January 1998.

Sullivan, Richard." Organizing Workers in the Space Between Unions." American Sociological Association, January 17, 2008.

Sutherland, Benjamin, ed. *Modern Warfare, Intelligence and Deterrence.* London: Profile Books, 2011.

Tharoor, Sashi." Indian Strategic Power: 'Soft.'" *Global Brief,* May 13, 2009.

———." India's Bollywood Power." *Project Syndicate,* January 16, 2008.

Thom, Randall, and Toni Greif." Intangible Assets in the Valuation Process: A Small Business Acquisition Study." *Journal of Academy of Business and Economics,* April 1, 2008.

United Nations Conference on Trade and Development (UNCTAD). *World Investment Report 2012.*

United Nations Secretary General. *Small Arms Report,* 2011.

United States Department of Defense. *Fiscal Year 2012 Budget Request,* February 2012.

United States Department of State. *Treaties in Force: A List of Treaties and Other International Agreements of the United States in Force,* January 1, 2012.

Waltz, Julie, and Vijaya Ramachandran." Brave New World: A Literature Review of Emerging Donors and the Changing Nature of Foreign Assistance." *Center for Global Development,*Working Paper No. 273, November 2011.

Weber, Marianne. *Max Weber: A Biography.* New York: Transaction Books, 1988.

———. *Essays in Sociology,* 5th ed. Oxon, UK: Routledge, 1970.

———. *Economy and Society: An Outline of Interpretive Sociology.* Berkeley: University of California Press, 1978.

Weber, Max. *The Vocation Lectures: Science as a Vocation, Politics as a Vocation.* Indianapolis: Hackett Publishing Company, 2004.

Williamson, Oliver. *Markets and Hierarchies: Analysis and Antitrust Implications.* New York: The Free Press, 1975.

Wohlforth, William C." The Stability of a Unipolar World." *International Security*

24, no. 1 (1999).

World Bank." Aid Architecture: An Overview of the Main Trends in Official Development Assistance Flows." International Development Association, Resource Mobilization, February 2007.

———." Doing Business," 2011.

———." South-South FDI and Political Risk Insurance: Challenges and Opportunities." *MIGA Perspectives,* January 2008.

———." World Development Indicators Database," 2011.

———." World Development Report 2009: Reshaping Economic Geography," (2009). *"World Championship" Oxford Companion to Chess.* New York and Oxford: Oxford University Press, 1992.

Yang, Dean." Migrant Remittances." *Journal of Economic Perspectives* 25, no. 3 (Summer 2011).

Zakaria, Fareed. *The Future of Freedom: Illiberal Democracy at Home and Abroad.* New York: W. W. Norton, 2003.

———. *The Post-American World: Release 2.0.* New York: W. W Norton, 2012.

Zedong, Mao." The Relation of Guerrilla Hostilities to Regular Operations." *On Guerrilla Warfare.* Champaign: First Illinois Paperback, 2000.

Zimmerling, Ruth. *Influence and Power: Variations on a Messy Theme.* New York: Springer Verlag, 2005.

Zuil, Lilla." AIG's Title as World's Largest Insurer Gone Forever." *Insurance Journal,* April 29, 2009.

Zunz, Olivier. *Philanthropy in America: A History.* Princeton: Princeton University Press, 2012.

國家圖書館出版品預行編目資料

微權力：從會議室、軍事衝突、宗教到國家，權力爲何衰退與轉移，世界將屬於誰？/ 摩伊希斯．奈姆(Moisés Naím)著；陳森譯. -- 初版. -- 臺北市：商周出版：家庭傳媒城邦分公司發行，2015.10
面；　公分. --(莫若以明；7)
譯自：The end of power : from boardrooms to battlefields and churches to states, why being in charge isn't what it used to be
ISBN 978-986-272-900-7(平裝)
1.政治經濟　2.權力

550.1657　　104019525

微權力：從會議室、軍事衝突、宗教到國家，權力為何衰退與轉移，世界將屬於誰？

The End of Power: From Boardrooms to Battlefields and Churches to States, Why Being In Charge Isn't What It Used to Be

作　　者 / 摩伊希斯．奈姆（Moisés Naím）
譯　　者 / 陳森
責任編輯 / 余筱嵐
編輯協力 / 李尚遠、楊晴

版　　權 / 林心紅
行銷業務 / 莊晏青、何學文
副總編輯 / 程鳳儀
總 經 理 / 彭之琬
發 行 人 / 何飛鵬
法律顧問 / 台英國際商務法律事務所 羅明通律師
出　　版 / 商周出版
台北市104民生東路二段141號9樓
電話：(02) 25007008　傳眞：(02)25007759
E-mail：bwp.service@cite.com.tw
Blog：http://bwp25007008.pixnet.net/blog
發　　行 / 英屬蓋曼群島商家庭傳媒股份有限公司 城邦分公司
台北市中山區民生東路二段141號2樓
書虫客服服務專線：02-25007718；25007719
服務時間：週一至週五上午 09:30-12:00；下午 13:30-17:00
24小時傳眞專線：02-25001990；25001991
劃撥帳號：19863813；戶名：書虫股份有限公司
讀者服務信箱：service@readingclub.com.tw
城邦讀書花園：www.cite.com.tw
香港發行所 / 城邦（香港）出版集團有限公司
香港灣仔駱克道193號東超商業中心1樓；E-mail：hkcite@biznetvigator.com
電話：(852) 25086231　傳眞：(852) 25789337
馬新發行所 / 城邦（馬新）出版集團 Cite (M) Sdn. Bhd.
41, Jalan Radin Anum, Bandar Baru Sri Petaling, 57000 Kuala Lumpur, Malaysia.
Tel: (603) 90578822　Fax: (603) 90576622　Email: cite@cite.com.my

封面設計 / 楊啓巽
排　　版 / 極翔企業有限公司
印　　刷 / 韋懋實業有限公司

■2015年10月29日初版
■2021年4月22日初版8.1刷
定價400元
Printed in Taiwan

 ISBN 978-986-272-900-7

廣	告	回	函
北區郵政管理登記證			
北臺字第000791號			
郵資已付，免貼郵票			

104　台北市民生東路二段141號2樓

英屬蓋曼群島商家庭傳媒股份有限公司城邦分公司　收

請沿虛線對摺，謝謝！

書號：BA8007　　書名：微權力　　編碼：

請於此處用膠水黏貼

商周出版

讀者回函卡

感謝您購買我們出版的書籍！請費心填寫此回函卡，我們將不定期寄上城邦集團最新的出版訊息。

不定期好禮相贈！
立即加入：商周出版
Facebook 粉絲團

姓名：______________________ 性別：☐男 ☐女

生日：西元__________年__________月__________日

地址：______________________

聯絡電話：______________ 傳真：______________

E-mail ：

學歷：☐ 1. 小學 ☐ 2. 國中 ☐ 3. 高中 ☐ 4. 大學 ☐ 5. 研究所以上

職業：☐ 1. 學生 ☐ 2. 軍公教 ☐ 3. 服務 ☐ 4. 金融 ☐ 5. 製造 ☐ 6. 資訊
☐ 7. 傳播 ☐ 8. 自由業 ☐ 9. 農漁牧 ☐ 10. 家管 ☐ 11. 退休
☐ 12. 其他______________________

您從何種方式得知本書消息？

☐ 1. 書店 ☐ 2. 網路 ☐ 3. 報紙 ☐ 4. 雜誌 ☐ 5. 廣播 ☐ 6. 電視
☐ 7. 親友推薦 ☐ 8. 其他______________

您通常以何種方式購書？

☐ 1. 書店 ☐ 2. 網路 ☐ 3. 傳真訂購 ☐ 4. 郵局劃撥 ☐ 5. 其他______

您喜歡閱讀那些類別的書籍？

☐ 1. 財經商業 ☐ 2. 自然科學 ☐ 3. 歷史 ☐ 4. 法律 ☐ 5. 文學
☐ 6. 休閒旅遊 ☐ 7. 小說 ☐ 8. 人物傳記 ☐ 9. 生活、勵志 ☐ 10. 其他

對我們的建議：______________________

____

____

請於此處用膠水黏貼